SANDRA NOVAES

PAULO LEMINSKI
UMA BIOGRAFIA DA OBRA

KOTTER
EDITORIAL

Editor-executivo: Claudecir de Oliveira Rocha
Editores-adjuntos: João Lucas Dusi
Capa: Jussara Salazar
Foto da capa: Paulo Leminski (autor anônimo) – Acervo Família Leminski
Designer editorial: Fernando Cesar Ribeiro
Revisor: Ivan Justen Santana

Dados Internacionais de Catalogação na Publicação (CIP)
Angélica Ilacqua CRB-8/7057

N818p

Novaes, Sandra
Paulo Leminski : uma biografia da obra / Sandra Novaes. – 1 ed. – Curitiba : Kotter editorial, 2024.
272 p.

ISBN 978-65-5361-326-3

1. Leminski, Paulo, 1944-1989 - Biografia I. Título

24-2861 CDD 928.6981

KOTTER EDITORIAL

Kotter Editorial Ltda.
Rua das Cerejeiras, 194
CEP 82700-510 — Curitiba — PR
www.kotter.com.br | contato@kotter.com.br

SUMÁRIO

Para meus filhos, Christiano, Sylvia,
Fernando e Lucas, com o amor da mãe.

NO AVESSO DO VERSO, A VIDA DA OBRA

Por Salvio Kotter

Sandra Novaes realiza, e assim nos oferece, um mergulho profundo e singular na obra de Paulo Leminski, não através da lente tradicional da biografia, mas pelo prisma inovador da "biografia da obra". Sim, ***Paulo Leminski: Uma Biografia da Obra*** transcende a mera narrativa cronológica da vida do poeta, traçando um mapa intrincado e fascinante da gênese e desenvolvimento do seu universo criativo.

"A palavra se movimentou, criando espaços de pensamentos e de sociabilidades", afirma Novaes, revelando como a linguagem se torna, para Leminski, a própria forma de existir e agir no mundo. Acompanhando a trajetória do "cidadão Paulo Leminski Filho" até a consolidação do "autor Paulo Leminski", o livro expõe as múltiplas faces de um artista inquieto e genial, sempre em movimento entre a disciplina beneditina e a rebeldia beatnik, entre o rigor formalista e a efervescência tropicalista, entre a erudição cosmopolita e o pulsar da rua curitibana.

A autora conduz seu leitor pelas trilhas labirínticas do *Catatau*, decifrando os enigmas dessa obra seminal que, como um mapa, prenuncia os caminhos futuros da produção leminskiana. "O *Catatau* é um impacto, em primeiro lugar, visual. São 206 páginas de uma prosa corrida, sem divisões em capítulos, sem parágrafos, misturando centenas de pontos de interrogação, de exclamação, de pontos finais, de travessões, reticências, dois pontos, vírgula, ponto e vírgula, uma verdadeira confusão visual", descreve Novaes. Explora a explosão criativa dos livros de poemas, as ousadias das traduções e a singularidade dos ensaios biográficos, revelando a força motriz da "paixão da linguagem" que impulsiona a obra leminskiana em todas as suas vertentes.

"Em termos da semiótica de Peirce, a experiência zen seria, eu acho, a tentativa de recuperar a Primeiridade, o ícone, a experiência pura, antes da palavra...", cita Sandra Novaes, revelando a profunda influência da filosofia oriental na construção do universo poético leminskiano.

Paulo Leminski: Uma Biografia da Obra é uma leitura essencial não apenas para os admiradores do poeta, mas para todos aqueles que se interessam pela aventura da criação artística. Através da lente perspicaz de Sandra Novaes, vislumbramos a construção de uma obra singular e multifacetada, que transcende o tempo e o espaço, convidando a mergulhar no universo infinito da palavra leminskiana.

Em tempos de efemeridade, a autora nos presenteia com trabalho robusto, um mergulho profundo na obra de um poeta que, com sua fúria criativa, nos legou um tesouro poético inesgotável. Este livro é um convite a redescobrir Leminski e a celebrar a beleza e a força subversiva da palavra.

ROTEIRO TEÓRICO-DIDÁTICO

Ler a história como literatura,
ver na literatura a história se escrevendo,
isso é possível?
Jacques Leenhardt
Sandra Jatahy Pesavento

Dentre as coisas do meu viver, ler biografias foi uma das mais importantes. Não bastava apenas ler um livro de ficção, logo eu buscava a vida do autor, suas vivências humanas e literárias, o seu tempo no mundo, as suas contemporaneidades. Tudo isso fazia parte daquele ato de leitura. E dessa forma eu tinha a sensação de obter certo domínio sobre aquela obra e aquele autor, eu "sabia" da vida dele e da vida da sua obra.

Foi aí que compreendi que vida e obra se misturam e, por mais que teorias tenham discutido essa questão, tentando desvincular autor e obra ou obra e autor, e o próprio Leminski colocou essa questão, foi muito cedo em minha vida de leitora que pratiquei essa curiosidade.

Assim, na vida adulta, buscando um sujeito para minha tese de doutorado em História, me deparei com a figura emblemática do poeta Paulo Leminski Filho. E decidi escrever a biografia da obra dele, visto que até o ano de 1999, quando apresentei meu projeto para seleção no doutorado na UFPR, não havia nenhuma biografia formal sobre ele. Projeto aprovado, cautelosamente comecei a ler a obra.

A essa tarefa me dediquei durante quatro longos anos, sob orientação da profª. Dra. Ana Maria Burnester e co-orientação da profª. Dra. Anamaria Filizola, o que resultou em tese de doutorado defendida em maio de 2003 na Universidade Federal do Paraná. Com o título *O reverso do verso — Paulo Leminski Filho: a biografia de uma obra*, a tese me permitiu olhar para o indivíduo que habitava o poeta, e Paulo Leminski, a pessoa, tornou-se o objeto indireto dos meus estudos. Debruçar-me sobre a vida de sua obra me possibilitou construir a face humana inevitável de Leminski, paralela à face literária que a pesquisa delineava.

Agora, após duas décadas, decidi transformar aquele texto acadêmico em um livro para apresentar Leminski de uma maneira mais transparente. Há um *roteiro teórico-didático* para que você, leitor, acompanhe passo a passo a maneira como esse livro se construiu. A edição que você tem nas mãos traça o caminho da construção do conjunto de textos produzidos por Paulo Leminski, a partir do qual se constrói a sua vida intelectual e, consequentemente, a sua vida de autor. Para desenvolver esta ideia, pensei primeiramente em premissas que a constituem — tais como os conceitos de intelectual e de autor. Somando-se a eles, trouxe considerações teóricas sobre a biografia, já que é a vida de uma obra que está sendo contada, matéria discutida no primeiro capítulo.

No segundo capítulo, acompanho o início da vida intelectual de Paulo Leminski, a partir do ano de 1963, aos dezenove anos, quando ele conhece os poetas concretos Augusto de Campos, Haroldo de Campos e Décio Pignatari. A partir daí, acompanho o seu caminho de poeta e de prosador, passando pelos poemas e textos que escreveu, pelas circunstâncias de sua produção e de suas publicações.

Esse conjunto de textos toma a forma de uma obra significativa, tanto pela quantidade de textos produzidos como pela sua qualidade. Ao conviver com a diversidade dos trabalhos leminskianos, me deparei com uma produção que envolve poemas, romances, músicas, ensaios críticos e teóricos sobre obras e autores, traduções e biografias.

O trabalho tradutório e biográfico realizado pelo autor constitui a matéria do terceiro e último capítulo do livro. Na conclusão, fecha-se o ciclo da vida e da obra de Leminski, reunindo o *Catatau*, seu primeiro livro editado, por meio de uma edição do autor, e *Metaformose*, publicado postumamente. O círculo formado pelo encontro das duas publicações mencionadas completou, sob meu olhar, o significado de sua obra, o que gerou a emergência em torná-la mais visível, marca definitiva de uma experiência que se incorporou tanto ao meu trajeto intelectual quanto ao de vida.

Muito se pode pensar para escolher os caminhos que levam ao encontro da vida de um indivíduo. Muito mais se pode pensar quando se pretende construir a sua história de vida intelectual. Para realizar tal tarefa, trouxe para o espaço da história a figura de um literato, Paulo Leminski. Conheci o poeta num momento em que minha vida adolescente não me permitia aprofundamentos na obra de quem quer que seja, o que criou, à época, uma distância entre nós. Reencontrá-lo na vida adulta e transformá-lo em sujeito e objeto de minha tese de doutorado significou resgatar não só o seu tempo de vida e trabalho, mas também o meu e o de toda uma geração que viveu os tão falados, discutidos e surpreendentes anos 60 e 70 do século XX.

Admito de antemão minha identificação com o estilo leminskiano. Sua produção poética — e agora falo a partir da perspectiva de leitora comum — sempre me encantou. A outra parte de sua obra, aquela que envolve os seus textos em prosa, seus ensaios (e anseios) teóricos, seus ensaios (e anseios) crípticos sobre obras e autores, seu trabalho como publicitário e tradutor, as letras de música, as publicações em jornais e as biografias que escreveu — só vim a conhecer depois do meu envolvimento com sua história de vida e com sua história de vida-intelectual.

A partir de uma leitura meticulosa, entrei de corpo e alma na obra, o que asseverou o ciclo de uma paixão iniciada com os poemas e firmada com os textos em prosa, teóricos e críticos. O mergulho pleno na vasta obra leminskiana me expôs a uma miríade de autores com os quais o poeta se identificou e que muito o marcaram.

Durante algum tempo, tentei definir o prazer que tais leituras me causaram, a tranquilidade com que as realizei, a indizível sensibilidade que elas provocaram em mim. Ao mesmo tempo, fiz leituras paralelas sobre a teoria da história e da literatura, quando me deparei com a ideia de "slow reading" — mencionada pelo historiador italiano Carlo Ginzburg ao deparar-se com um texto em alemão sob o qual precisou direcionar uma leitura vagarosa a fim de melhor compreendê-lo. Parece que esse procedimento marcou também a minha própria leitura.

Quanto ao trajeto a percorrer, ele é longo. A história aqui elaborada será a história da vida de uma obra e de um sujeito que, produzindo-a, constituiu-se em um autor. O processo de construção de Leminski como escritor determinou os caminhos que segui, entre eventuais desvios, trilhas, e encruzilhadas que se apresentaram. Os vestígios naturais da vida desse sujeito se aplacaram nas entrelinhas do caminho, o que proporcionou a sensação de um corpo mais ou menos completo, posto que a completude é uma busca vã.

A questão da vida e da obra de um autor é recorrente em todos os estudos literários e históricos, quer se trate de uma biografia literária, histórica ou intelectual. Por um lado, entendo como biografia literária aquela que se dedica a trabalhar no entrecruzamento vida e obra de um autor, a exemplo do que disse Robert Bréchon ao escrever *Estranho Estrangeiro, uma biografia de Fernando Pessoa*: a vida explica a obra como a obra explica a vida. Se bem que, dentre as tantas posições com as quais me defrontei nas leituras sobre esse assunto, aquela postulada por Octavio Paz quando escreveu a biografia de Sóror Juana Inés de la Cruz, me parece a mais apropriada a essa situação: "É claro que existe uma relação entre a vida e a obra de um escritor, mas ela nunca é simples. A vida não explica a obra e esta tampouco a vida. Há alguma coisa que está na obra e não está na vida do autor, isso é o que se chama criação e invenção artística e literária." Delineio com essas palavras o perfil deste texto.

A aproximação dos campos da história e da literatura servirá de apoio para a construção aqui edificada e mais: no momento em que a história da obra se misturar à história de vida; quando o tempo da obra revelar o tempo histórico do autor; quando o discurso da literatura se entrelaçar ao discurso da história — a proximidade entre os referidos campos de estudo demonstrará que a produção literária e a produção poética tornam-se inseparaváveis do discurso coletivo de sua época, como bem observou Ivan Teixeira, pois restauram a historicidade do texto e postulam a textualidade da história.

Pensando a literatura como prática social e histórica, acrescentando a essa ideia as discussões formuladas por Michel Foucault sobre a ordem dos discursos, pode-se considerar o fazer literário como um recurso singular entre outros dentro da trama dos discursos que circulam em uma sociedade e em um tempo. Desse ponto de vista, o discurso literário deve ser entendido não como um caso à parte, separado de outras práticas sociais, mas como estrutura que melhor permite ler o espírito de um tempo, inseparável dele.

Assim reconhecido o discurso literário, é possível situá-lo em um âmbito maior, o histórico, não mais como pano de fundo de um contexto mas como parte integrante, constitutiva e formadora dos fatos que contribuem para a instauração do que chamamos de uma época. É preciso abandonar a ideia de que a literatura nos conduz a ausentar-se do mundo. Ao contrário — a literatura possibilita que cada ser humano se reconheça no mundo, não apenas como personagem de uma história singular, mas também como integrante de uma experiência coletiva, enquanto indivíduo que age e reage de muitas formas, dentre elas, essa utilizada por Leminski: o uso da palavra.

A ideia de transformação de um sujeito em autor conduz fatalmente para a ideia de passagem de um lugar para outro, de um ritual mesmo, o qual envolve trabalho pessoal, a escolha de um caminho que, justamente por ser pessoal e consequentemente singular, será narrado. A história de vida é sempre irregular. A de Leminski, como qualquer outra história de vida, possui esse mesmo caráter. Aquele que se torna um autor não tem um caminho dado de antemão a ser percorrido.

Ciente disso, abordo Paulo Leminski a partir de seu duplo estatuto, o do individuo Leminski e o do autor Leminski. A face humana, literária e histórica de um mesmo rosto é a minha busca. Para visualizá-la, sigo a instrução por ele deixada em um de seus poemas, presente no livro *Distraídos venceremos*:

o hóspede despercebido

Deixei alguém nesta sala
que muito se distinguia
de alguém que ninguém se chamava,
quando eu desaparecia.
Comigo se assemelhava,
mas só na superfície.
Bem lá no fundo, eu, palavra,
não passava de um pastiche.
Uns restos, uns traços, um dia,
meus tios, minhas mães e meus pais
me chamarem de volta pra dentro,
eu ainda não volte jamais.
Mas ali, logo ali, nesse espaço,
lá se vai, exemplo de mim,
algo, alguém, mil pedaços,
meio início, meio a meio, sem fim.

(*TODA POESIA*, 2013, p. 197)

Persegui esse algo, esses traços de alguém de mil pedaços, instalados "logo ali, nesse espaço" onde uma obra se construiu e através da qual meu trabalho se deu, em um exercício de recompor o caminho de sua elaboração. Ao segui-lo, busco compreender o processo da construção de um pensamento, o nascimento de uma vida intelectual pois, como diz Hannah Arendt, tal nascimento distingue-se do início do mundo ou de alguém — ele próprio é um iniciador.

Desse modo, não é possível pensar em escrever a história da vida intelectual de Paulo Leminski sem parar em duas definições que a determinam: o conceito de intelectual e o conceito de autor. É importante vasculhar a origem do uso desses termos, a quem eles qualificam, que perfis aí se encaixam e como eles são definidos e redefinidos nos diferentes momentos da história. Dessa forma, é possível se aproximar da imagem que circula hoje sobre o que é um intelectual, o que é um autor. Trata-se de uma busca no tempo e, como tal, histórica. Tocando na gênese dos conceitos, recupero os seus significados e o caminho trilhado por Paulo Leminski, através da construção de sua obra.

Quanto à biografia, ela será pensada teoricamente em seu percurso dentro do campo da história e do campo da literatura, para que se possa desvendar o caráter híbrido que lhe é peculiar, definindo-lhe a fisionomia.

DOS CONCEITOS À FIGURA DE LEMINSKI COMO INTELECTUAL

Cultivei meu ser,
fiz-me pouco a pouco: constituí-me.
Letras me nutriram desde a infância,
mamei nos compêndios (...).
Compulsei índices, e consultei episódios.
(....) tropecei nas vírgulas,
caí no abismo das reticências,
jazi no cárcere dos parênteses,
rolei a mó das maiúsculas,
emagreci o nó górdio das interrogações,
o florete das exclamações me transpassou,
enchi de calos a mão fidalga torcendo páginas.
Catatau (p. 28)

A noção de intelectual se institui no século XII, isto é, na baixa Idade Média. Essa categoria de indivíduos é assim nomeada pela aproximação dos conjuntos de tarefas que realizavam dentro da comunidade. À época, a figura do intelectual constitui-se em mais um homem de ofício dentre os que se instalam nas cidades, onde a divisão do trabalho se impõe. A antiga desestruturação urbana toma nova forma, organiza-se comercial e industrialmente, as novas cidades se tornam centros de irradiação na circulação dos homens, plenas tanto de ideias quanto de mercadorias e lugares de trocas, mercados e encruzilhadas do comércio intelectual. Le Goff descreve os intelectuais daquele período como homens cuja profissão seria escrever ou ensinar.

Segundo Verger, tais figuras poderiam ser incluídas no grupo daqueles denominados como "gens du savoir", termo que é o que melhor resume os diferentes conceitos da época, ao englobar as noções do "vir litteratus" (letrado), "clericus", "magister", "philosophus". Pode-se pensar em outras denominações, como diplomados ou graduados, implícita aí a ideia de escolaridade superior, que se constitui em um dos mais pertinentes critérios de definição desse grupo. Vale ressalvar, entretanto, que a noção de intelectual abrangia também antigos estudantes que não obtiveram nenhum grau, além de outros indivíduos que fizeram seus estudos sem jamais frequentar instituições habilitadas a emitir diplomas.

Apesar da variedade de nomeações, sabe-se que este grupo de letrados, os "litterati", se identifica com outro, formado pelos clérigos e pelos monges, e que ambos estão em posição antagônica em relação aos leigos ou iletrados. Um dos dados mais importantes para qualificar esses grupos de letrados era o domínio do latim, língua científica da época, marca de estatuto intelectual.

Fundamental nesse período é a construção de espaços onde os chamados intelectuais podem ser acomodados. E as universidades entram para a história como redutos onde os saberes são produzidos. Aí começa o que mais tarde será configurado como a vida acadêmica, ou seja, a institucionalização do saber.

Diferentemente da antiguidade clássica, quando cidadãos comuns como Sócrates, Platão e Aristóteles usam do espaço público para colocar e defender as suas ideias, sem existir ainda a figura do professor, nem do filósofo, nem do intelectual, os homens de saber da Idade Média se encerram no espaço privado. O colégio de Chartres, com o mestre Bernardo de Chartres, torna-se um dos grandes centros de educação. Outros vão surgindo e dando origem às Universidades, como é o caso do colégio fundado em 1257 por Roberto de Sorbon, que se transforma mais tarde na Universidade de Paris, a Sorbonne. Já universidades como as de Oxford e Cambridge dão origem aos colégios de mesmo nome.

E um novo panorama surge. Dois modelos de educação se impõem, a escola monástica e a escola urbana, esta última aberta inclusive a estudantes que continuarão laicos, ou seja, acessível a todos, ao menos em princípio. Le Goff cita a evolução da escola como parte da revolução urbana dos séculos X a XIII, de maneira que a relação com a cidade é traço decisivo no modelo do intelectual de então. Estudantes e mestres têm origem na nobreza e na burguesia, mas não se pode negar que os filhos de camponeses tiveram, durante esse período, possibilidades reais de ingressar nas universidades e ascender socialmente. Não obstante, ao final do século XIII essa chance desaparece. As universidades se tornam lugares ocupados pela elite, formas novas são adotadas para o ingresso, inclusive a da hereditariedade.

Seguindo este trajeto é possível comparar e contrapor o intelectual que foi Paulo Leminski com os perfis que o antecederam. A imagem que se criou naquele momento da história restou significativa porque promoveu uma ação, engrenando a máquina da História em nova marcha. A cidade que centraliza esse andamento é Paris. É nela que as coisas acontecem, onde estudantes e seus mestres se aglomeram e ocupam os espaços da cidade. E esses intelectuais que se envolvem nas práticas da comunidade assumem também papéis sociais. São o professor, o tradutor, às vezes o transgressor. Com frequência usa-se o termo "moderni" para denominá-los, e levam dentro de si o sentimento de construir o novo. Ainda segundo Le Goff, os tradutores têm grande importância dentro desse contexto, e passam a ser conhecidos como os primeiros intelectuais especialistas. O ocidente tem acesso, através da tradução para o latim, de textos árabes e versões árabes de textos gregos.

Dentro desse quadro surgem os goliardos, um grupo diferente de intelectuais. De origens diversas, os goliardos podem ser compreendidos como grupo pela atitude ideológica que os orientava. Como clérigos, atuavam com certo anonimato. Voltavam-se contra a ordem social, criticavam a sociedade. Sobre eles pousavam olhares diferentes. Para alguns, foram transgressores, boêmios e pseudo-estudantes, enquanto que outros os viam como uma espécie de *intelligentsia* urbana, revolucionários.

Desse grupo um nome se destaca: Pedro Abelardo (1079-1142). Conhecido pela vida mundana e também pela relação amorosa que viveu com Heloísa, com quem formou um dos pares românticos mais famosos da história medieval, Abelardo provocou e fomentou discussões importantes na Paris de meados do século XII. Construiu uma carreira intelectual brilhante, tornando-se mestre de inúmeros seguidores. Segundo Paul Vignaux, citado por Le Goff, Abelardo foi o cavaleiro da dialética, ao buscar a interação entre a razão e a fé, incentivando que a teologia deveria encontrar na razão e na filosofia qualidades mais humanas, e reivindicando tais atributos para o ensino e a aprendizagem.

O humanismo que se enraíza a seguir em Chartres — um dos mais famosos centros escolares do século XII — tem absolutamente tudo a ver com a razão e com a ciência, vendo no homem, antes de tudo, um ser racional. Trata-se, portanto, de um humanismo racionalista, naturalmente diferente daquele que mais tarde toma forma no século XVIII com Voltaire, no XIX com Émile Zola, e no XX com Jean-Paul Sartre. É nele que se opera a união ativa entre a razão e a fé, que é um dos ensinamentos fundamentais dos intelectuais do século XII. Além disso acontece, por meio desse intelectual, uma reabilitação do trabalho, a redescoberta do "homo faber".

Abelardo é a primeira grande figura de intelectual moderno e é também o primeiro professor. A atuação de Abelardo marca não só esse primeiro momento de existência da figura do intelectual mas também o destino de um quarteirão. A partir daí, a "Rive Gauche", a margem esquerda do rio Sena em Paris, representará para todos um espaço de concentração de artistas, intelectuais, militantes, imagem que ainda perdura até a contemporaneidade. Desse modo e nesse momento da história, construído como figura social, é como um artesão, como um profissional comparável aos demais citadinos, que se sente o intelectual urbano do século XII.

A passagem do século XII para o XIII é marcada pela consolidação das universidades como instituições corporativistas. Transformadas num importante foco de poder, elas passam a ameaçar outros poderes, eclesiásticos e laicos, e dos quais adquirem autonomia através do enfrentamento. Os intelectuais, instalados nesse campo de lutas, embora sejam em sua maioria laicos, acabam por se submeter aos poderes eclesiásticos, que os apoiam nos seus conflitos.

A forte e sangrenta greve que acontece entre 1229-1231 nas universidades paralisa o ensino por quase dois anos, mas é por meio dela que elas definem sua independência. O aval do clero se justifica pelo prestígio que a classe intelectual lhes concedia. Mesmo que estejam longe da ordenação, os universitários passam a ser considerados como clérigos leigos e dependem de jurisdições eclesiásticas.

No decorrer do tempo novos conflitos aparecem. Os clérigos leigos passam a ocupar o lugar dos clérigos da igreja nas suas funções de transmissores de cultura e aos poucos tentam se desligar da proteção religiosa. Escolas laicas são criadas. Surge então um grave problema de ordem material ao intelectual — o da sobrevivência. Ao deixar de se submeter ao clero, quem vai sustentá-lo? Como ele vai ganhar a vida? Aceitando um salário, o intelectual torna-se um trabalhador, aceitando um beneficio torna-se um privilegiado. Diante dessa situação, a Igreja se posiciona, considerando que somente podiam ser professores nas universidades aqueles que aceitassem essa dependência material da igreja. Com isso, o intelectual de fins da Idade Média precisa escolher entre a participação no mundo do trabalho ou a integração nos grupos privilegiados.

Na virada do século XIII para o XIV, o intelectual, antes artesão do saber e agora atuando dentro dos colégios e das universidades, assume um novo perfil: se torna mais literário do que científico, ou seja, menos racionalista. E o rosto do intelectual medieval muda de traços, a nova feição urbana e social dá lugar a outra, mais reservada. Diferentemente do intelectual medieval que se forma no febril ambiente urbano, o meio do humanista é o do grupo, o da Academia fechada, e, quando o verdadeiro humanismo conquista Paris, isto é, no século XVI (1530), ele não é ensinado na universidade, mas dentro de uma instituição para a elite: o Colégio dos Leitores Reais, o futuro College de France, fundado por Francisco I, rei da França. Transfigurados, os humanistas abandonam o contato com a massa, uma das tarefas capitais do intelectual, e com isso desfazem o laço entre a ciência e o ensino.

O século XVI vem com a marca do Renascimento. A palavra do período, "humanitas", que em latim significa cultura, agrega também outros significados, tais como moral, polidez e cortesia. O humanismo traz consigo um valor de sabedoria e toda uma filosofia de vida que coloca o homem, isto é, a natureza humana, em relevância.

Para ocupar o lugar de intelectual da época, filólogos e filósofos cultos e eruditos. Homero, Vergílio, e outros poetas latinos inspiram os pensadores do XVI. O monge francês François Rabelais (1494-1553) escritor e médico, o filósofo holandês Erasmo de Roterdam (1467-1536), o poeta francês Pierre de Ronsard (1524-1585), o filósofo e jurista francês Michel de Montaigne (1533-1592), o tradutor francês Jacques Amyot (1513-1593), que trabalhou sobretudo na tradução das biografias de Plutarco, *Vidas paralelas*, o escritor espanhol Miguel de Cervantes (1547-1616), e o poeta e dramaturgo inglês William Shakespeare (1564-1616) são nomes que marcam a vida intelectual do século XVI.

Ao chegar ao século XVII, a França explode culturalmente e domina a vida intelectual da Europa. Prova disso: a fundação da Academia Francesa, por Richelieu, em 1635. A ideia clássica do século anterior mantém seu lugar: o classicismo é um humanismo. A máxima será retomada por Sartre no século XX, quando ele dirá: o existencialismo é um humanismo. A noção de humanismo se desloca no tempo, e acompanha, sob tons diferenciados, o caminho daqueles que se instituem como pensadores, construindo a figura que só no final do século XIX vai adquirir qualidades mais aproximadas do que se entende, na contemporaneidade, sobre o que é um intelectual.

No século XVII, o homem e sua natureza continuam como objetos privilegiados. Seguir o padrão clássico é o que garante o lugar dos escritores no espaço cultural de então. E fazer isso significa produzir uma literatura social, conforme descrita por Lagarde e Michard em sua compilação dos grandes autores do período. Em suma, promover a adequação do homem ao meio. Além disso, uma aura de perfeição envolve o intelectual da época, como evidencia a descrição a seguir: cultivado sem ser pedante, comedido, discreto e galante, aquele que possui uma elegância moral, e que é, sobretudo, honesto.

René Descartes (1596-1650), o filósofo da razão, escreve aquela que será considerada a primeira grande obra filosófica e científica francesa, *Le discours de la méthode*. A dramaturgia encontra um campo fértil. Dois grandes nomes: Pierre Comeille (1606-1684) e Jean Baptiste Poquelin, conhecido como Moliére (1622-1673). Os temas dominantes das peças destes dois autores demarcam a ideologia do momento. No primeiro, a grandeza e a liberdade do homem. No outro, a questão moral e social se intercalam mas, acima de tudo, há o intento de, a partir dessa produção, agradar a um público específico. Textos como *Escola de mulheres*, *As preciosas ridículas* e *Don Juan*, de Molière, perduram, três séculos depois, cumprindo uma regra maior do classicismo, que é a de dar prazer ao público.

Para pensar a forma que a figura do intelectual assume no século XVIII, é possível visualizá-la ao analisar o texto de Robert Darnton, *Boemia literária e revolução*, em que algumas marcas interessantes do intelectual do Iluminismo são evidenciadas. Trata-se claramente de uma visão do homem de letras. Vasculhando arquivos e penetrando num mundo não mais de superfície, Darnton encontra marcas que se incorporam aos intelectuais dos séculos seguintes, no que ele define como uma tentativa de alargamento da história intelectual.

A primeira delas, os "philosophes", ocupam lugar de destaque na sociedade. O status do escritor do século XVIII evolui e eles adquirem grande prestígio. São autores cuja carreira se desenvolve em uma atmosfera de nobreza, como diz Darnton, e, sob a liderança de Voltaire, sentem-se autorizados a qualificar-se como um grupo, uma classe.

Foucault acrescentará a esse fato a observação de que o papel mais importante vivido por Voltaire nesse momento da história é o de encarnar uma outra imagem de intelectual, a do escritor-jurista. Essa nova prática incorpora uma função política e social não exercida pelo intelectual dos séculos anteriores, cujo maior papel era o da transmissão do saber.

Comprometendo-se dessa forma com o estado e a sociedade, esse novo intelectual vai propagar a necessidade da verdade e da justiça, o intento de transformar a razão em uma nova religião, verdade e razão constituindo-se como uma só entidade. Essa nova atitude modifica a ação dos intelectuais e mantém Paris como o centro intelectual da Europa, ao receber estudiosos e escritores das mais diversas origens.

Conforme Casanova observa em *A república mundial das letras*, a percepção de pátria que se incorpora à capital francesa dá a ela para sempre o título de centro de uma república sem fronteiras ou limites, pátria universal isenta de qualquer patriotismo. O Estado francês, monárquico, usa de estratégias para recrutar uma nova elite intelectual. Eles têm seu lugar no "Grand Monde", são amparados pelo Estado. Esses escritores-filósofos se encaixam bem na qualificação de "gens de lettres" e a Academia Francesa se torna uma espécie de sede ou clube para eles, um lugar para cooptar novos "philosophes". Os nomes mais representativos são, sem dúvida, Charles-Louis de Secondat, barão de Montesquieu (1689-1755), François-Marie Arouet, conhecido como Voltaire (1694-1778), Jean-Jacques Rousseau, (1712-1778), Denis Diderot (1713-1784).

Entre 1751 e 1776 ocorre o grande evento cultural do período, com a elaboração da grande *Encyclopédie Française*, cujo objetivo era consolidar as ideias racionalistas defendidas pelos "philosophes" e fazer com que um público significativo tivesse acesso a elas.

Em 1789, o desencadeamento da Revolução Francesa — acontecimento de repercussão mundial — determina novos valores, entre eles a ideia de progresso e a tentativa de recuperação dos costumes, um tanto degradados neste período. Os escritores se envolvem na luta política e social: Lamartine e Hugo são eleitos deputados, Chateaubriand toma-se liberal, pressente o advento da democracia, a qual o historiador

Tocqueville considera um fato divino. O que esse século vai consolidar é a ideia de que só o talento não basta para se tomar um autor. Sobre a essa experiência desse novo sentimento, Marshall Berman, citado por Harvey, vai dizer que:

> há uma modalidade de experiência vital — experiência do espaço e do tempo, do eu e dos outros, das possibilidades e perigos da vida — que é partilhada por homens e mulheres em todo o mundo atual. Denominarei esse corpo de experiências de experiência "modernidade". Ser moderno é encontrar-se num ambiente que promete aventura, poder, alegria, crescimento, transformação de si e do mundo — e, ao mesmo tempo, que ameaça destruir tudo o que temos, tudo o que sabemos, tudo o que somos (...) pode-se dizer que a modernidade une toda a humanidade. Mas trata-se de uma unidade paradoxal, uma unidade de desunidade; ela nos arroja num redemoinho de perpétua desintegração e renovação, de luta e contradição, de ambiguidade e angústia.

Os intelectuais, sensíveis a essas mudanças e tocados pela vulnerabilidade de sua condição humana, fazem de seus textos representações do seu estado de espírito, tanto que uma variedade de escritores de diferentes lugares e épocas — Goethe (1749-1832), Marx (1818-1883), Baudelaire (1821-1867), Dostoiévski (1821-1881) — enfrentaram e tentaram lidar com essa sensação avassaladora de fragmentação, efemeridade e mudança caótica.

Charles Baudelaire é o autor que melhor representa o intelectual moderno do XIX. A partir de um texto, *O pintor da vida moderna*, em que comenta o trabalho do desenhista Constantin Guys, Baudelaire recupera o sentido da palavra *flâneur*, usada já desde o século XVI, derivada do verbo "flâner". O termo qualifica o sujeito que gosta de estar sem fazer nada, dando-lhe uma acepção moderna, isto é, não como aquele que apenas caminha sem fazer nada, mas como aquele que, caminhando pelas ruas, observa a multidão da cidade grande. É nesse caminhante observador do mundo urbano que Baudelaire vislumbra o herói da modernidade, um herói destituído de feitos mas impregnado das forças do cotidiano. É aí que Baudelaire inventa a palavra e a coisa: "la modernité".

Outros autores que marcam o século XIX são: Edgar Allan Poe (1809-1849), que pode ser compreendido como um precursor dessa modernidade; Gustave Flaubert (1821-1880), com seu famoso romance *Madame Bovary*; Stéphane Mallarmé (1842-1898), o poeta que muda para sempre a concepção da poesia e da linguagem poética e que vai influenciar toda uma geração de intelectuais no século XX (inclusive Paulo Leminski); Arthur Rimbaud (1854-1891), encarnação do gênio e do poeta maldito.

Há outros, tão inovadores, modernos e fundamentais quanto aqueles, e que vivem boa parte de suas vidas e produzem grande parte de seus textos na primeira metade do século XX: Marcel Proust (1871-1922), Gertrude Stein (1874-1946), Virginia Woolf (1882-1941), James Joyce (1882-1941), Kafka (1883-1924).

No Brasil, Machado de Assis (1839-1908), Aluísio Azevedo (1857-1913), Cruz e Sousa (1861-1898), Olavo Bilac (1865-1918), Euclides da Cunha (1866-1909), Lima Barreto (1881-1922), Monteiro Lobato (1882-1948), para citar alguns.

Entre os olhares devotados ao século XIX, o de Walter Benjamin (1892-1940) é especialmente interessante. Hannah Arendt (1906-1975), no ensaio biográfico que elaborou sobre ele, afirma que seus gestos e o modo como sustinha a cabeça ao ouvir e falar, a forma como se movia, e principalmente seu estilo de falar, até a escolha das palavras e a forma de sua sintaxe, por fim seus gostos absolutamente idiossincráticos — tudo isso parecia tão antiquado como se tivesse vindo à deriva do século XIX ao XX. Hannah pondera, especulando se algum dia Benjamin sentiu-se à vontade na Alemanha do século XX.

Por meio dos diversos estudos que fez sobre Baudelaire, Benjamin escrutinou o século XIX com desenvoltura, intimidade e paixão. Quando evoca a imagem do "flâneur", delineia como esse intelectual se encaixava no seu tempo: a assimilação do literato à sociedade se consumou no bulevar. Era no bulevar que ele tinha à disposição o primeiro incidente, chiste ou boato. No bulevar passava suas horas ociosas, exibindo-se às pessoas como parcela de seu horário de trabalho, em um ócio que, aos olhos do público, era necessário para seu aperfeiçoamento.

Quanto a sua produção, o intelectual do XIX vai se deparar com uma nova forma de trabalho, o folhetim, uma atividade literária cotidiana que se oferecia através de assinaturas para os leitores. Quem não tivesse a disponibilidade financeira para isso dependia dos cafés, onde, muitas vezes, grupos de várias pessoas rodeavam um único exemplar. Outro segmento que se abre no século XIX é o do mercado literário, na esteira do folhetim, espaço no qual muitos autores se tornaram conhecidos. Poe, por exemplo, aos vinte e oito anos (1837) já era famoso pelos textos que escrevia no *Literary Messenger*, onde trabalhou durante dois anos e, de acordo com seu biógrafo Hervey Allen, publicou trinta e sete críticas de livros e periódicos americanos e estrangeiros, nove contos, quatro poemas, e trechos de seu drama *Policiano*. Foi nas páginas do *Messenger* que Poe apareceu na arena americana como o maior gladiador literário de sua época.

Com a conquista da fama, o desejo de alguns literatos de seguir uma carreira política se torna uma prática, mas com marcantes exceções. Ironicamente, Baudelaire permaneceu mal colocado no mercado literário até o fim da vida.

Assim, à imagem do ócio, do caminhante, daquele que, nos cafés, fica à espreita dos fatos do cotidiano, do que sofre de solidão e melancolia em meio à multidão da nova cidade que cresce e sufoca, junta-se a do dândi, criação dos ingleses, segundo Baudelaire, que se cristaliza e que tem em Proust o seu maior exemplo.

Há ainda um autor extremamente importante cuja produção se situa mais ao final do XIX, que é Émile Zola (1840-1902). Além da sua significativa criação literária, o que o notabiliza é o seu engajamento social e político. Envolve-se no polêmico "Caso Dreyfus", ao escrever o famoso artigo *J'Accuse*, em 1898, em defesa daquele que considera inocente e injustamente julgado pelo Estado francês, o Capitão Alfred Dreyfus, que teria fornecido documentos secretos ao exército alemão. Os que assim se colocam são chamados pelos anti-dreyfus de intelectuais.

Portanto, a palavra adquire nesse momento um sentido pejorativo, segundo Helenice Rodrigues da Silva, e denominará os intelectuais de esquerda. Passados os conflitos, revisto o processo, o neologismo "intelectual", que designava originalmente uma "avant-garde" cultural e política que ousava desafiar a razão do Estado, se mantém, seja para nomear um grupo social, seja para qualificar uma maneira de encarar o mundo social em nome dos valores universais, contra as hierarquias estabelecidas.

Com isso Zola dá continuidade à figura do intelectual pré-configurada por Voltaire no século XVIII, como aquele que defende os valores da verdade e da justiça social. É nos anos 50-60 do século XX, com Sartre (1905-1980), que o substantivo "intelectual" se estabelece definitivamente e cumpre o seu longo percurso de significações.

O sentimento da modernidade, o tempo fugidio à la Proust, o tempo melancólico à la Baudelaire, atravessam a linha do XIX para o XX. A noção do efêmero vem junto, a sensação de esfacelamento do homem moderno antecipa as guerras que viriam. Esses sentimentos afetam o processo de continuidade histórica, de modo que perceber os elementos eternos e imutáveis desse período fica comprometido em meio a tantas disrupções radicais.

O reflexo das duas grandes guerras (1914-1918 e 1939-1945) se faz sentir na produção intelectual da primeira metade do século XX. O projeto existencialista sartreano determina a atitude dos intelectuais nos anos 60 e 70. Ele se estrutura com base nas filosofias do dinamarquês Sören Kierkegaard (1813-1855) e do alemão Martin Heidegger (1889-1976). A ideia chave do movimento é a de que a existência precede a essência.

O termo existencialismo fica tão em voga na França (e no mundo) que alguns cafés, algumas músicas e até um certo jeito de se vestir eram chamados de existencialistas. Muitos partilharam dessa ideologia cuja tônica era o exercício de uma ação efetiva e o total engajamento à proposta. Entre eles, Albert Camus (1913-1960), que nos anos 50 se torna dissidente do movimento por causa de uma grave crise ideológica com Sartre, e Simone de Beauvoir (1908-1986), uma das primeiras mulheres a assumir um papel político-ideológico de grande significação para a história intelectual do nosso tempo.

Sartre ocupa um lugar de suma importância naquele momento da história, e se torna então o símbolo do intelectual completo. A partir dele, o substantivo "intelectual" adquire uma acepção muito forte. Esse estatuto do intelectual incorporado por Sartre só será redimensionado pela figura do filósofo Michel Foucault (1926-1984), a partir da compreensão que seu trabalho obteve dentro do campo intelectual dos anos 70-80. A obra de Foucault atravessa diferentes áreas tais como a filosofia, a história, a linguística, a psicanálise, e demora para ser assimilada em virtude da multiplicidade de temas e de pontos de vista.

O historiador Roger Chartier (1945), em uma entrevista com alguns intelectuais que em 2001 foi transformada em livro, quando perguntado sobre o papel do intelectual contemporâneo afirma que é preciso se distanciar do modelo clássico de intelectual à la Sartre, que se pronuncia sobre a totalidade dos problemas em uma sociedade. Pelo contrário, falando só da França, poderia citar Foucault ou Bourdieu (1930-2001), cujas intervenções no mundo social vinculam-se estreitamente com trabalhos, estudos e conhecimentos em um campo particular. A posição de Chartier atualiza a imagem do intelectual a partir dos anos 70 do século XX, justamente quando a expressão "pós-moderno" surge, para tentar dar conta de algumas transformações que aparecem a partir daqueles anos.

Ao pensar sobre a pós-modernidade, nos anos 80, Paulo Leminski considera que

> ninguém pode prever o novo homem que está nascendo (...), no "pós-moderno", passado e futuro se confundem num círculo irreversível. Dançou

> todo um conceito romântico de "originalidade". Tudo já foi feito, tudo já foi dito. Entramos na era da citação, da tradução. (...). No "pós-moderno" a humanidade começa a girar em círculos, em torno de sua própria história (...). O homem está vivendo num mundo totalmente humano. Quando precisa de alguma coisa nova, saqueia o passado (...) o Japão é o país "pós-moderno" por excelência (...), a nipomania que toma conta do Ocidente "pós-moderno": culinária, haikai, Kurosawa, Mishima (...), artes marciais, "sashimi" e "ikebana". O projeto pós-moderno é transformar a vida em arte, coisa em que os japoneses sempre foram mestres.

Questionando também esse conceito ainda tão difuso no final dos anos 90, David Harvey indaga se a vida social se modificou tanto a partir dos anos 70 a ponto de ser possível afirmar, inequivocamente, que vivia-se em uma cultura pós-moderna, em uma época pós-moderna. Já Leyla Perrone-Moisés, em *Altas Literaturas*, demonstra que, como movimento estético-filosófico, o início da pós-modernidade varia de acordo com o teórico que o discute:

> Vattimo aponta o final do século XX; (...) Lyotard e Foster elegem o final dos anos 50; Jameson os anos 60 e o já citado Harvey escolhe o período entre 1968 e 1972. (...) Há, entretanto, um consenso: começou depois da Segunda Guerra Mundial, manifestou-se mais claramente na arquitetura, generalizou-se no discurso teórico a partir do pós-estruturalismo francês, e tornou-se discurso dominante nos meios acadêmicos norte-americanos (...). O pós-moderno tem sido isto em Kafka, Borges, Brecht, no "novo romance" francês, em Barthes, (logo ele que duvidava até de ser moderno!) e até bem mais longe, em Cervantes e em Montaigne (Lyotard). Se isso se deve a uma "leitura sincrônica" dos autores do passado, esta é uma atitude tipicamente... moderna.

No Brasil, o percurso do intelectual da primeira metade do século XX tem em *Intelectuais à brasileira*, de Sergio Miceli, um de seus melhores analistas. Trata-se de um tratado denso e bem organizado que analisa a trajetória social de uma categoria de letrados atuantes entre 1889-1945, período da República Velha e do governo Vargas, tais como: Lima Barreto (1881-1922), Augusto dos Anjos (1884-1914), Manuel Bandeira (1886-1968), Oswald de Andrade (1890-1954), Mário de Andrade (1893-1945), Graciliano Ramos (1892-1953), Cassiano Ricardo (1895-1975), José Lins do Rêgo (1901-1957), entre outros. Passando pela geração pré-modernista e modernista, a tônica desse texto é uma constatação de que a classe pensante no Brasil não escaparia à cooptação pelo Estado Novo de Getúlio Vargas.

Numa entrevista à revista *Veja*, em 2001, Miceli atualiza a discussão e fala do impacto que causou no Brasil a primeira edição de sua obra. Constata que, vinte anos depois, pouca coisa havia mudado, sobretudo em relação à cooptação. Segundo ele, os intelectuais brasileiros não resistem à tentação do poder e uma grande maioria deles faz parte do Estado, ocupando lugares políticos na administração. Entre as razões que conduzem a intelectualidade a esse caminho está a ideia de que o mundo intelectual se adensou no Brasil, pois a rede universitária se ampliara, a indústria cultural se tornara mais forte, havia mais editoras e, consequentemente, mais publicações. Outra razão destacada sugere que o intelectual brasileiro não consegue ser independente, pois mesmo dentro das universidades há disputas intensas terríveis pelo poder. Miceli é contundente quando comenta que para o intelectual brasileiro esse processo de cooptação é um dado estrutural: sempre esteve no centro da nossa vida intelectual.

Há ainda indivíduos que se utilizam do ambiente intelectual para intenções políticas fora desse ambiente. Desse modo, muitas vezes fica difícil traçar a fronteira entre o mundo intelectual e o mundo político. O texto de Leyla Perrone-Moisés anteriormente citado é um dos mais importantes estudos sobre os intelectuais da modernidade e da pós-modernidade.

Ao pensar sobre a categoria dos autores-críticos, configuração dada a determinado tipo de escritores no final do século XIX (e que aparece melhor no tópico seguinte deste trabalho, *O que é um autor*), Leyla aproxima autores de diferentes nacionalidades, diferentes tempos e diferentes formas de escrituras, mas que têm em comum uma obra crítica extensa e abrangente, tais como o americano Ezra Pound (1885-1972), o inglês T. S. Eliot (1888-1965), o argentino Jorge Luis Borges (1899-1986), o mexicano Octavio Paz (1914-1998), o italiano Italo Calvino (1923-1985), o francês Michel Butor (1926-2016), o brasileiro Haroldo de Campos (1929-2003), e o francês Philippe Sollers (1936-2003).

Como veremos, o tradutor e poeta-crítico Haroldo de Campos exerceu decisiva influência sobre Paulo Leminski. A propósito, um dos grandes méritos do texto de Leyla é o de olhar também para os escritores-críticos no seu exercício de leitores. Paulo Leminski veio a escrever sobre muitos autores e exerceu seu papel de leitor, demarcando sua trajetória de leitura em um tempo e espaço históricos por meio de escolhas pessoais, discussão de que tratarei mais adiante.

Outro aspecto essencial colocado por Leyla Perrone-Moisés é o da relação estabelecida entre a história e a literatura nesse trabalho com escritores-críticos. Para ela, não é o leitor comum, mas o leitor que se torna escritor que define o futuro das formas e dos valores, ou seja, o que leva a literatura a prosseguir sua história não são as leituras anônimas e tácitas, mas as leituras ativas daqueles que as prolongarão, por escrito, em novas obras.

Dessa forma, pode-se pensar na linha cronológica da figura do intelectual até a contemporaneidade como a conclusão que se estruturou paulatinamente, segundo os tempos e as mentalidades. Pensando foucaultianamente, qualidades se sedimentaram nessa figura até a imagem que hoje se tem dela.

Minha intenção com esse percurso de construção é a de detectar o que encontro dessa figura em Paulo Leminski — e o que dele não encontro nela, em uma tentativa de formar uma terceira definição que o diferencie do padrão estabelecido.

Essa figura distinta já está diante de mim. De aparência meio beatnik, meio hippie, ela circula pela Curitiba dos anos 60/70. Nas fotos que acompanham as notícias buscadas nos jornais da época, em arquivos públicos, não dá para dizer que exista alguma diferença entre a imagem de trinta anos atrás e a de qualquer pessoa que circulasse em 2003, ano da conclusão dessa tese, pelas ruas de Curitiba. Na camiseta branca básica de atitude totalmente de vanguarda, um poema:

nothing to lose
nothing to choose
nothing to blues

Na calça jeans e nas sandálias, nos óculos arredondados, na barba e no farto bigode — traço tão marcante na sua fisionomia que parece que nasceu com ele e que alguns anos mais tarde lhe serviria de proteção para esconder a boca com alguns dentes ausentes — essa figura é a parte aparente de um intelectual que deu o que falar, bem e mal, na Curitiba perdida de Dalton Trevisan. Talvez Leminski risse, ou quem sabe, ficasse irado com essa observação.

Como um intelectual pós-moderno, Paulo Leminski Filho caminha pela cidade, não de todo encaixado nela, mas já sem o susto que a relação homem/cidade provoca na modernidade. O poeta, que morre prematuramente aos 44 anos, que será velado na capela da Reitoria da Universidade Federal do Paraná, que é transformado em ícone da cidade, que será considerado um dos maiores poetas brasileiros dos anos 70/80 (e até o presente), que entre outras coisas será cidadão honorário póstumo do Paraná — atuou na vida prática e na vida literária sob o signo da negação, como se poderá perceber ao longo deste livro.

O "poleminski", como Ivan Justen Santana me lembrou que o chamavam, foi autodidata. A lenda diz que o poeta "falava seis idiomas e desconfiava de mais uns oito". Recusou seguir o caminho da universidade, embora tenha cursado por algum tempo Direito na UFPR, onde ingressou classificando-se em 2° lugar no vestibular; e o curso de Letras na PUC-PR (onde foi o 10° colocado no exame).

Sobre isso, Leminski comenta ironicamente: "a universidade, instituição magna da classe dominante no plano da cultura, ensina literatura, canoniza autores, estabelece normas, legisla, condiciona o gosto e os critérios de apreciação e julgamento". Mais tarde, em outra declaração, reafirma seu posicionamento:

> Não sou teórico no sentido como a universidade entende. Sou uma espécie de pensador selvagem, assim no sentido que se fala em capitalismo selvagem. Vou lá, ataco um lado, ataco outro, meu pensamento é um pensamento assistemático, como, aliás, eu acho, é o pensamento criador. O pensamento que alimenta e abastece uma experiência criativa tem que ser pensamento selvagem, não pode ser canalizado por programas, por roteiros, tem que ser mais ou menos nos caminhos da paixão.

Sentia-se intelectualmente limitado pelo provincianismo de Curitiba, mas nunca saiu dela e o mais longe que chegou em termos geográficos foi no Rio de Janeiro e em São Paulo. Em um espírito anti-nacionalista, achava que o Brasil, em plena ditadura, era uma abstração jurídica, e disse que gostaria de pertencer a uma nação onde pudesse ser patriota.

Localizado próximo à Boca Maldita — lugar no centro da cidade que costuma reunir políticos, intelectuais e figuras urbanas típicas —, um apartamento serviu a Leminski de reduto no início da vida de trabalho como professor e letrado. Serviu também de laboratório para suas experiências poéticas iniciais, para os experimentos com a palavra e com a música, para os encontros com amigos.

Paulo Vítola, um desses amigos de toda a vida, comentou em um artigo escrito a quatro mãos com Cesar Marchesini, preparado por conta dos dez anos da morte de Leminski:

> Anos 60, Edifício Garcez, Boca Maldita. Paulo Leminski professor de História, Literatura e Redação do Curso Abreu pré-vestibular, saindo de um treino na Academia Kodokan, convida alguns alunos, amigos meus, para ir até a casa dele. Estou ali por acaso. Não sou seu aluno, nem o conheço, mas também sou convidado. São mais ou menos três

> horas de uma daquelas tardes tediosas que costumam se arrastar sobre o fim de nossa adolescência em Curitiba, cidade chata, provinciana, acanhada. O apartamento fica na Doutor Muricy, no Edifício São Bernardo, a meia quadra da Biblioteca Pública. Uma caminhada, alguns degraus e estamos na sala de estar, sentados no chão em torno de um toca-disco portátil. Paulo acende um incenso e propõe uma audição de ópera chinesa. Antes de dar o play faz uma breve introdução sobre o autor e a obra, que logo revela-se mais interessante do que a peça que passamos a ouvir. (...) Começou aí e assim a amizade que me ligou a Leminski por mais de 25 anos (...) tudo rolou com tal intensidade que ainda hoje as histórias e personagens desse tempo formam uma selva espessa em minha memória. Um dia, quem sabe, eu respiro fundo e começo a contar. Por enquanto, contentem-se com esta cena do primeiro encontro, emblemática da estranheza com que a cidade sempre contemplou a personalidade perigosamente fascinante do maior agitador cultural de minha geração.

Desde muito jovem Leminski abriu caminhos e delineou o perfil que mais tarde se concretizou. Fugia do padrão de intelectual contemporâneo, aquele produzido nas universidades, herança da Idade Média. De certa forma, porém, Leminski encarna também a imagem do intelectual artesão, a do "litteratus" e do letrado, daquele que escreve e ensina, mas que se coloca distante dos academicismos.

Inquieto por natureza, o poeta estabelece, em relação às instituições, relações sempre passageiras, desde o mosteiro, no início da adolescência, até as aulas no cursinho como professor. Por outro lado, vai estar sempre atento à possibilidade de interlocução com intelectuais, buscando contato com nomes significativos do cenário nacional, com os quais se comunica desde os dezenove anos. Tem grande admiração pela geração de intelectuais brasileiros anterior à sua. Em um texto escrito entre os anos 70/80, intitulado *Duas ditaduras* (referindo-se à ditadura política e à econômica que acontece em função do golpe militar de 64), ele revela:

> No período compreendido entre a Constituição de 46, a mais liberal que já tivemos, e o golpe de 64, cresceu e produziu uma das gerações mais brilhantes que o Brasil já conheceu. Uma geração que se honra de nomes como: Glauber Rocha, Darcy Ribeiro, Celso Furtado, os irmãos Campos, Décio Pignatari, Paulo Francis, Millôr Fernandes, Chico Anísio, Lígia Clark, Ferreira Gullar, Nelson Pereira dos Santos, Tom Jobim, Zé Celso, Hélio Oiticica, Mário Faustino, Reynaldo Jardim (...). Essa é a geração que hoje está no poder cultural.
>
> (...)
>
> De uma forma ou de outra, todos eles tiveram seu trabalho afetado pelo golpe de 64, agravado em 68, quando todo um projeto geracional de um Brasil moderno, mais justo e mais emocionante de viver, foi bloqueado pelo que o país tinha de mais reacionário e obscurantista, as forças dos feudalistas, armadas de satélites artificiais e tanques de guerra.
>
> A geração que sai nos começos de 70 encontra um deserto diante de si.

Esse deserto das próximas décadas verá surgir um intelectual ligado ao seu tempo, que gostava de discutir suas ideias, que dava palestras e entrevistas, que produzia compulsivamente e estava sempre em posição de alerta, no eterno "work in progress" de Joyce. Seu repertório era extremamente diversificado. Ademir Assunção, poeta e jornalista paulista, afirmou que pelo menos 70% dos poetas de sua geração receberam influência dele, que os poetas de então estavam mais para Leminski do que para Drummond. Meses depois deste depoimento, em uma matéria preparada para a revista Medusa, o mesmo Ademir Assunção faz uma descrição simples e abrangente de Leminski:

> Sua multiplicidade atrai referências de diversas épocas e culturas: da poesia clássica chinesa ao blues afro-americano, da patafísica de Jarry ao vigor samurai de Yukio Mishima, dos clássicos gregos ao rock'n'roll, do haicai japonês ao tropicalismo, de Cruz e Sousa a Leon Trótski, de James Joyce a John Fante, de Samuel Beckett a Cartola, de poemas do

> Egito Antigo ao videotexto, do supra-erudito ao supremo popular, do universo cósmico de uma biblioteca aos movimentos mundanos.

O sentimento de estar frente ao deserto, ao vazio, em um reflexo deixado pelos anos difíceis da repressão, aparece frequentemente no discurso literário da época. Essa sensação foi experimentada por muitos outros intelectuais além de Leminski, naturalmente, mas é possível fazer, a posteriori, uma avaliação e entender esse vazio de um outro jeito.

Em 1985, Flora Süssekind escreve *Literatura e vida literária*, onde pensa amadurecidamente a literatura nos anos de autoritarismo, e afirma que o uso da expressão vazio cultural circulou de tal forma nas últimas duas décadas que se tornara um verdadeiro lugar comum.

> (...) não houve vazio, houve um volume significativo de publicações. É só pensar na recente ampliação do mercado editorial no Brasil, possível graças à conquista de público realizada nos anos 70. Por outro lado, se estas vias privilegiadas pela ficção brasileira demonstram esgotamento e certa acomodação estética, nem todos os seus produtos têm sido de má qualidade. Basta pensar no aproveitamento do "realismo mágico" por Murilo Rubião, (...) na qualidade dos dois primeiros volumes de memórias de Pedro Nava, no experimentalismo do *Catatau*, de Paulo Leminski, num romance como o cruel *A hora da estrela*, de Clarice Lispector, (...) ou na capacidade revelada por Haroldo de Campos em *Galáxias* de tensionar ao extremo os limites mesmos da prosa, da trama e da verossimilhança realista tão cara à nossa ficção.

Leminski não produz uma poesia de cunho político-ideológico, ao contrário: afirma, com a característica ironia, estar em outra dicção poética:

eu queria tanto
ser um poeta maldito
a massa sofrendo
enquanto eu profundo medito

eu queria tanto
ser um poeta social
rosto queimado
pelo hálito das multidões

em vez
olha eu aqui
pondo sal
nesta sopa rala
que mal vai dar para dois.

(*TODA POESIA*, 2013, p. 90)

Sobre esse poema, um comentário de Leminski:

> Ah, isso me assombrou durante anos. Nesse poema estou zombando de mim mesmo. No terceiro mundo a gente tem consciência pesada de ter almoçado e jantado. A felicidade geral do povo é da alçada de duas coisas: da administração pública ou da revolução. A poesia é absolutamente inadequada para fazer isso. Quando o poeta faz um poema social ele está apenas dando uma alívio para a consciência de classe média. (...) A verdade é que a poesia articula muito mal no real histórico imediato.

Escreveu também um longo artigo intitulado *Literatura e classes sociais*, na revista *Polo Cultural*, cujo sub-título já dá a medida do conteúdo: "A massa ainda comerá do biscoito fino que fabrico (Oswald de Andrade)". O desejo oswaldiano de chegar às massas faz parte também do caminho intelectual de Leminski — chegar a ela não de forma banal, oferecendo o pão de cada dia, a poesia corriqueira, mas sim uma outra poesia, elaborada e caprichada.

O poeta disse, em Memória de Vida: "Para mim tanto a universidade quanto uma academia de letras não têm nada a ver. Eu não me movo neste universo. A poesia que faço é para ser publicada em jornal, na minha coluna e comprada na banca (...) publicar em jornal leva a gente a ficar mais gente, mais em estado de massa. Hoje eu quero carne crua servida de pé no balcão. Carne humana, de preferência."

O caminho ideológico de Leminski é sempre com e pela palavra, a poesia como arma. Em *Envie meu dicionário*, coletânea de cartas que enviou a Régis Bonvicino, o poeta afirma que a revolução é sempre no plano pragmático da mensagem; o que lhe interessava, o que queria, no fundo, era mudar a vida, alterar as relações de propriedade e distribuição das riquezas, os equilíbrios de poder, este sim seria o grande poema. Lemiski conclui: "nossos poemas são indícios dele meramente".

Tal posição se confirma na poesia:

> en la lucha de clases
> todas las armas son buenas
> piedras
> noches
> poemas
>
> (*TODA POESIA*, 2013, p. 93)

Assim, essa figura de intelectual é, durante todo o tempo, contornada por palavras:

plena pausa

Lugar onde se faz
o que já foi feito,
branco da página,
soma de todos os textos,
foi-se o tempo
quando, escrevendo,
era preciso
uma folha isenta.

Nenhuma página
jamais foi limpa.
Mesmo a mais Saara,
ártica, significa.
Nunca houve isso,
uma página em branco.
No fundo, todas gritam,
pálidas de tanto.

(TODA POESIA, 2013, p. 185)

O vazio pede para ser preenchido e Paulo Leminski não se furta a esse trabalho. Não há, para ele, página em branco. Esse intelectual, que suscita sentimentos extremados, mostra bem os vestígios deixados pela modernidade no homem pós-moderno. Em Leminski há: uma parte da consciência da modernidade e da cotidianeidade de Baudelaire, uma sensação do desassossego de Fernando Pessoa; uma sensibilidade precoce, parecida com a de Arthur Rimbaud, uma erudição e uma pretensão adquiridas pela afinidade com James Joyce, a busca de uma linguagem com novos sentidos e de uma escritura que rasga os padrões, como Mallarmé. Isso ele recebe dos que o antecedem.

Para os que o acompanham em seu tempo e depois dele, ele deixa a ideia de que a poesia é uma linguagem e não apenas uma técnica ou expressão lírica. E que requer muito trabalho. É famosa a sua frase: "não sou poeta de final de semana".

Quanto ao mais, o intelectual Leminski se faz contornar também pela prosa, pela música, pela tradução, pelas dezenas de ensaios publicados em inúmeros jornais e revistas nos anos 70/80, cujo conteúdo é tão diversificado quanto a totalidade de sua obra. A publicidade e a televisão também são áreas em que ele trabalha, fazendo jus a uma das muitas alcunhas que, mesmo depois da morte, continua a receber: poeta multimídia. Esse movimento de trabalhar com os meios de comunicação demonstra que, embora ele não tenha pertencido a uma geração informatizada — sentado à frente de uma máquina de escrever Remington apelidada de Filomena — teve plena consciência de que o mundo já tinha se tornado uma aldeia global:

> Os gestos "pós-modernos" correspondem a um mundo: a) totalmente urbano; b) onde prevalece o setor terciário (serviços); c) onde a empresa adquiriu um caráter abstrato, impessoal, "sociedades anônimas"; e d) "last but not least", onde a indústria e a tecnologia eletrônica adquirem uma importância tão grande na vida das pessoas que se pode dizer, com McLuhan, que o próprio sistema nervoso do homem começa, por fim, a ser exteriorizado, sob forma de tecnologia. Como todas as revoluções e inovações, a era "hightech" eletro-computadorizada apanhou todas as pessoas desprevenidas. Hábitos tradicionais e objetivos de vida "clássicos" entram bruscamente em cheque (sic), substituídos por gestos cujo destino desconhecemos. (...) o "homo-post-modernus" é o resultado, agente e paciente desta nova realidade. (...). Todos sabem (no mundo "pós-moderno", todos sabem) que o chamado processo civilizatório, a sociedade industrial, está depredando e destruindo inexoravelmente os recursos naturais do planeta. (...) O "pós-moderno", é a apoteose do lixo. Diante de nós, só temos a reciclagem do lixo. O passado sob forma de "dejeto", sobra, resto, monturo, o sambaqui, o "sebo", o ferro-velho. (...).

> A cultura "pós-moderna" adquire sua coloração (...) da muito presente perspectiva de uma hecatombe nuclear. Não se faz mais futuro como antes. De que é que adianta alguém fazer uma obra que só vai ser assimilada e compreendida daqui a cem anos, se não sabemos se o mundo e a humanidade vão durar até lá? O clima "pós-moderno" é pré-apocalíptico.

Além dos efeitos da globalização, o poeta sofre também as consequências de pertencer a uma geração que entra para a história do país por vias bem conturbadas, a geração de 68, sob impacto de mudanças cruciais, políticas, morais, filosóficas e existenciais. Leminski relata, com a síntese que lhe é característica, os acontecimentos da época:

> 1968: MAIS QUE UM ANO
>
> mundo:
>
> contestação, rebelião estudantil na França, "primavera em praga", / riots nos "campus" universitários americanos, / os "powers" (black, red, gay, women's lib), a pílula, o aborto, /
> o martírio do vietnã / radicalização em sentido socialista na américa latina, / movimento hippie, beatles, love and peace, "flower children" / cultura pop, psicodelismo, zen / sociedade alternativa, permissividade, age of aquarius, "hair" / rock, dylan, hendrix / homem na lua, mcluhan, aldeia global, o meio é a mensagem, andy warhol, / contracultura, the greening of amerika, woodstock, "living theatre", / misticismo, hinduísmo, hare krishna, astrologia, meditação transcendental

Diante de todos estes fatos ninguém pode mesmo passar impune. Uma página como essa jamais é uma página em branco, como diz o poema. Assim contextualizado, é possível entender a energia e a emergência que regem a produção intelectual de Paulo Leminski. Dentre tantos escritores que surgem nos anos 60/70, ele se torna um intelectual que marca a história literária brasileira.

O conceito de autor

Quando eu aprendi a ler e escrever,
eu devorava os livros!
Eu pensava que livro é como árvore,
é como bicho: coisa que nasce!
Não descobria que era um autor!
Lá pelas tantas, eu descobri que era um autor!
Aí disse: "Eu também quero".
Clarice Lispector

PARA PENSAR SOBRE O AUTOR EM GERAL E TAMBÉM PARA compreendê-lo melhor, recorro ao texto de Foucault *O que é um autor?* e me detenho na leitura do livro de Roger Chartier, *A ordem dos livros*. A história do autor só existe profundamente entrelaçada com a história daquilo que criou um espaço e permitiu ao autor instalar-se num determinado lugar.

Assim, a história do autor caminha par e passo com a história do livro e tudo que a configura, tal como o manuscrito, o copista, o códex, a impressão, o livro impresso, o livreiro-editor, o leitor, a leitura, a forma material do livro tal qual conhecemos hoje. É no entremeio desses elementos que a figura do autor vai se mostrando, buscando acomodar-se num e noutro lugar, impondo-se ou desaparecendo. E uma coisa é certa: uma cultura do escrito é o que sustenta tanto a história do livro quanto a do autor.

A associação de tal figura à do impresso aparece nas definições da palavra autor, no final do século XVII. Em 1680, o *Dictionnaire Français* de Richelet define autor como o primeiro que inventou alguma coisa, que disse alguma coisa, que é a causa de alguma coisa que se realizou, e em seguida acrescenta que autor é aquele que compôs algum livro editado.

Dez anos mais tarde, em 1690, o *Dictionnaire Universel* de Furetière traz a definição: autor, em matéria de literatura, diz-se de todos aqueles que trouxeram à luz algum livro, aqueles que se fizeram editar. Essas definições já evidenciam a diferença entre ser um escritor e um autor. Para tornar-se um autor, o escritor deve fazer-se publicar e fazer circular o texto impresso, o que significa que o termo autor não pode ser aplicado a qualquer um que escreve.

A categoria de autor, porém, já havia sido definida um século antes, em 1584, quando duas bibliotecas, a de La Croix du Maine e a de Antoine Verdier, organizaram pela primeira vez um catálogo reunindo nomes de autores e suas obras. A relação foi organizada em ordem alfabética e reunia autores que escreveram em francês nos 150 anos anteriores. Nela se encontra também a descrição do impresso, onde foi publicado, o ano da publicação e, fato importante, uma relação de três nomes que compõem a obra: o do autor, o de para quem é dedicada a obra (protetor ou o patrocinador) e ainda o do livreiro ou editor-impressor. Sobre isso, Chartier comenta que o terço superior da página de rosto é consagrado à relação fundamental que domina toda a atividade literária até a metade do século XVIII: aquela que liga um autor, já constituído como tal, ao protetor do qual ele espera apoio e gratificação.

Esses catálogos propõem também a necessidade de se pensar uma vida de autores, instaurando a biografia do autor como referência fundamental da escrita. Este fato é um primeiro indício do primado do autor — definido como indivíduo real, cuja vida pode ser contada, e que vai ocupar, em meados do século XIX, um papel de relevância dentro da crítica literária. Assim, pode-se observar que, no momento de sua elaboração, o manuscrito faz o autor tanto quanto o impresso, e tanto um quanto outro anunciam em seus títulos para cada autor as suas composições impressas e outras, ou o conjunto das obras impressas e não impressas.

Importante observar que no fim do século XVI a distinção entre escritor e autor ainda não é nítida, embora já existam indicações de que a categoria de autor constitui o princípio fundamental da classificação do discurso, mesmo se alguns deles não possuam existência impressa. Essa primeira tentativa de du Maine e de Verdier de reunir autores e obras antecipa o que muito mais tarde Foucault vai pensar, quando prevê para determinados textos a função-autor, que circunda esses textos, classificando-os.

É no início do século XVII que a categoria de autor se define, diferenciando-o do escritor, tendo como primeiro critério o reconhecimento real da paternidade literária sobre o texto, quando seu nome vem impresso nas páginas de rosto das publicações. Outras marcas surgem e vão, aos poucos, mostrando as feições da figura do Autor, sempre envolvida com o caminho seguido pelo impresso.

A mais espetacular dessas marcas é a da representação física do autor em seu livro. O retrato do autor, que torna imediatamente visível a atribuição do texto a um eu singular, é frequente no livro impresso do século XVI, segundo Peter Burke[1]. E a partir daí a escrita se torna a marca de uma individualidade, de uma originalidade — o autor se afirma como criador e construtor de seu próprio discurso.

Consciente da autoridade que detém sobre os seus escritos, o autor se permite interferir na produção material, na forma como seu livro será editado. Um regime jurídico se instala entre autores e impressores. Contratos são firmados levando em conta todos os detalhes

1. Em artigo sobre a biografia renascentista, Peter Burke, comentando sobre a noção de individualismo vigente no Renascimento, mostra que, se por um lado há nesse período uma proliferação de biografias, o que pode representar "um desabrochar do indivíduo", conforme Jacob Burckhardt, citado por Burke, por outro mostra que a noção de individualidade ainda não é bem nítida nesse período. Prova disso é que as biografias do renascimento são carregadas de "curiosidades" ou anedotas "sobre uma pessoa já contadas sobre outras pessoas", o que significa que há características "individuais" que atravessam muitos dos biografados. Além disso, o uso do retrato do autor impresso na capa de rosto de um livro, e que marcaria a sua propriedade sobre um texto, acontece de forma surpreendente pois, segundo Burke, a mesma matriz de madeira de um retrato de autor era usada para "imprimir retratos de indivíduos diferentes nos livros impressos do século XV e XVI". BURKE, P. *A invenção da biografia e o individualismo renascentista*. In: Estudos Históricos, Rio de Janeiro, v.1, n. 19, p. 83-97, 1997.

da produção do livro, e assim essas convenções atestam claramente a vontade dos autores de estabelecerem a sua autoridade sobre o modo de circulação de seus textos, conforme Chartier.

A intenção de controlar o próprio texto, embora pareça um fato novo, já existia na época do manuscrito, nos séculos XIV e XV, quando a produção do texto era partilhada entre o autor e o copista, o que poderia significar a possibilidade de adulteração das intenções do autor. Isso deixa claro que se instaura, desde os últimos séculos do livro copiado à mão, uma forte relação entre o autor e o livro como objeto.

Outra marca da relação do autor com o impresso se mostra no século XVIII, momento em que os próprios autores pretendem intermediar as negociações de seus livros com os impressores ou livreiros que vão publicá-los. Esse é o momento também em que os autores, desejosos de viver de sua pena, querem se profissionalizar. A ideia de que é possível viver de escritura (fato que Voltaire ironiza dizendo: a infeliz espécie que escreve para viver, referindo-se aos escritores do submundo literário do século XVIII) nos remete aos primeiros anos desse século, quando autores e livreiros discutem o direito de propriedade dos textos judicialmente.

É o caso do "statute" de 1709, que tenta quebrar os monopólios dos livreiros londrinos, atribuindo aos autores o direito de eles mesmos pedirem um "copyright"[2]. Entre um embargo e outro, decide-se pelos direitos do autor na medida em que a obra produzida por um autor é aí encarada como fruto de um trabalho que lhe é pessoal, do qual ele deve ter a liberdade de dispor como lhe aprouver. E ainda, quer seja ele encarado como uma propriedade plena, quer seja identificado como uma recompensa, o direito do autor sobre sua obra encontra sua justificativa fundamental na assemelhação da escrita a um trabalho.

Nos anos 30 do século XX surge um movimento literário de crítica, o "new criticismo", que se ocupa da história do livro no mundo de língua inglesa. Para estes pensadores, a história do texto é uma

---

2. Segundo Chartier, a noção de "copyright", entendida como um direito de propriedade de um autor sobre uma obra original produzida por seu gênio criador, data de 1728.

história sem autor e sem leitor. O texto basta-se a si mesmo, o que significa dizer que as questões da autoria e da recepção dos textos não interferem no seu significado. O texto significa na sua materialidade. Essa postura tira o autor de cena. Para os adeptos dessa ideia, o essencial na questão da história do livro está no processo de fabricação do livro, tomado a partir das marcas que ele deixou nos próprios objetos, explicado pelas decisões editoriais.

Já na história francesa, os livros têm leitores mas não têm autores. Essa história vai se preocupar com a hierarquia do meio que fabricava e vendia livros: negociantes-livreiros, tipógrafos, operários, compositores, impressores, fundidores de livro, gravadores de encadernações. Fora isso, há uma preocupação com os leitores, ou seja, com uma sociologia da leitura, o que pode ser pensado em termos mais atuais como uma preocupação com as práticas sociais da leitura. A ausência do autor aí se justifica pela mentalidade dos historiadores da época, que acreditavam que pensar sobre o autor não era tarefa sua, mas de outros especialistas, tais como biógrafos, por exemplo.

Diante dessas ausências e presenças do autor na história do livro, Chartier constata que, quer ignore o autor ou o deixe a cargo de outros especialistas, a história do livro tem sido praticada como se suas técnicas e descobertas fossem irrelevantes para a história dos produtores de textos, ou como se esta fosse destituída de qualquer importância para a compreensão das obras.

No entanto, se pensarmos numa história da noção de autor, é em meados do século XVIII, segundo João Adolfo Hansen, que o autor começa a ser produzido pela critica literária como um efeito infinito da interpretação. Com isso, a figura do autor se aproxima daquela da exegese cristã, que alegava a santidade do autor quando havia a necessidade de demonstrar o valor de um texto. Os sentimentos e as experiências vividas na vida cotidiana passam a ser motivo de busca desses traços nos textos produzidos pelos autores da época.

E aí se instala o primado do autor, que já se insinuava no século XVII, instigado pela crítica que, na tentativa de explicar o texto através da vida, passa a buscar as intenções ocultas do autor, as quais poderiam estar ali no texto, mesmo sem que ele tivesse consciência disso. Para entender esse lugar ocupado pelo autor no século XVIII, é preciso lembrar Jean-Benoit Puech, que afirmou: "o autor moderno nasce no século XVIII, quando o campo literário que se institucionalizou a partir da metade do século XVII adquire uma autonomia irreversível. A demanda do público é enorme; o mercado se libera; as redes de sociabilidades, os círculos de intelectuais e os salões mundanos onde burguesia e aristocracia se misturam se tomam mais abertos e ativos."

Desta forma, a noção idealista e sublimada do autor se fortalece no século XIX romântico. A crença na subjetividade, em uma história de vida cuja significação orienta a significação dos textos, faz com que a noção de autoria seja entendida como a presença do indivíduo-autor na obra. Segundo Leyla Perrone-Moisés, essa crença da presença do autor em seu texto provém da crítica literária, que atingiu a plenitude de seus meios e de seu poder como instituição autônoma no final do XIX.

O escritor e crítico francês Saint-Beuve (1804-1869) é a figura mais eminente deste movimento de efetivação da crítica literária na primeira metade do XIX. É ele quem promove o exercício da biografia como possibilidade de entendimento da obra de um autor. O famoso dispositivo do homem e da obra, sobretudo depois de Saint-Beuve, se imporá como o princípio da biografia e da história literária.

O movimento romântico da primeira metade do século XIX rompe com determinados códigos que orientavam a produção literária até então. Entre eles, o código moral, o estético, o de gênero, o de estilo, o canônico. Dessa forma, liberta esses autores, e mais tarde também os do século XX, das amarras do passado, e os coloca à vontade para sentir e refletir, a partir de seus textos, o seu universo interior.

Há uma preocupação com a própria escritura, há a necessidade de buscar individualmente suas razões de escrever e as razões para fazê-lo de determinada maneira. Em função disso, nasce uma nova categoria de autor, a dos escritores-críticos — note-se que o exercício intensivo da atividade crítica pelos escritores é uma característica da modernidade. Isso significa que, paralelamente à produção de seus textos, eles escrevem textos teóricos de crítica sobre outros autores. Esse exercício lhes permite um maior conhecimento de seu próprio oficio de escritores e também lhes dá um rumo para a sua própria escrita.

Baudelaire, mais uma vez, é um belo exemplo: produziu um bom número de textos críticos. Segundo Marilene Weinhardt, Baudelaire fez minuciosa resenha de *Madame Bovary*, e escreveu exaustivamente sobre Victor Hugo e Théophile Gautier, dedicando sua obra máxima (*As Flores do Mal*) a este último, a quem identifica como poeta impecável.

Diferente da crítica literária institucionalizada, que trabalha com a análise, a crítica dos escritores lida diretamente com valores e exerce sem pudores a faculdade de julgar; na medida em que escolhe falar de certos escritores do passado e não de outros, os escritores-críticos efetuam um primeiro julgamento. Essa escolha é importante, pois determina as preferências e as afinidades individuais, antecipando a fórmula ditada por Paul Valéry (1871-1945): ler, eleger.

Essa fórmula é perfeitamente aceitável pois, para aquele que se dedica à leitura como instrumento de conhecimento e de prazer, ler é eleger, escolher, marcar o lugar de certos autores dentro da própria trajetória de leitura de cada um.

Recuperando então a ideia do autor-presença no decorrer do século XIX romântico, e a dos escritores-críticos mais no final do mesmo século, cabe encaixar aqui a figura do editor, que entra nesse movimento praticamente junto com a figura do autor.

A história da edição começa no século XIX, se pensarmos numa definição moderna de editor, como ofício particular definido mediante critérios intelectuais mais que técnicos ou comerciais. Daí a luta entre os editores, que se constituem a si mesmos como intelectuais, e os autores, quando a edição já é uma profissão distanciada do mundo mecânico, da oficina de impressão e do mundo comercial da livraria.

Não se pode esquecer porém, que a palavra edição já se prestou a outros usos, como, por exemplo, quando publicar um texto era lê-lo em voz alta em um salão, em uma sociedade ilustrada, em um cenáculo literário, ou ainda quando, em momentos posteriores, ela se vincula ao comércio de livraria.

Dessa forma, é no século XIX que editores e autores, investidos de novos papéis, vão estabelecer relações nem sempre idílicas. Os autores de então tentaram realmente se profissionalizar, o que lhes trouxe implicações econômicas. Há uma forte preocupação com a forma material de seus textos, como eles serão publicados e divulgados. E, se no século XVIII houve um momento em que viver da própria pena era a intenção de alguns dos autores, essa intenção é diferente da que se configura nos autores do século seguinte, pois entre os primeiros a questão econômica não tinha papel importante, visto que a maioria deles vivia de sua própria fortuna e, quando não, de mecenato ou patronato. Isso dava aos livreiros-editores do século XVIII a liberdade para manipular o processo de edição dos textos.

Já os editores do século XIX, pressionados pela questão econômica que advém da profissionalização dos autores e, ao mesmo tempo, se colocando como intelectuais que faziam livros, nem sempre terão a sua vontade coincidindo com a dos autores, o que gerou um conflito que se insinua no século XIX e vai se estabelecer no século XX, sobretudo no que diz respeito à questão dos direitos autorais, que serão revisitados e reconsiderados no decorrer do novo século.

Se aparece no autor do século XIX esse lado prático da efetivação de uma profissionalização, não se pode esquecer do outro lado, aquele em que ele é sacralizado e priorizado pela crítica dentro do sistema literário constituído pelo autor, o texto e o leitor. Essa hipertrofia da noção de autor — termo utilizado por Regina Zilberman — nas primeiras décadas do novo século, se dissipa, se dilui, até que, por volta dos anos 70, ela cede o lugar para o texto e, consequentemente, para o leitor.

É no cenário dos anos 60/70 do século XX que o paradigma denominado crítico-estruturalista vai trabalhar com a noção de apagamento do sujeito. É a partir desse momento que o primado do autor passa a ser questionado. Dois autores assumem, embora não exatamente da mesma forma, a frente dessa discussão: Roland Barthes e Michel Foucault.

Num artigo publicado em 1968, intitulado *A Morte do Autor*, Barthes propõe o afastamento do autor como presença no texto, privilegiando com isso a escritura, que passa a ocupar um outro lugar, não mais aquele representativo de uma subjetividade. O autor não é mais o pai de seu texto. Negada a origem de uma voz, chega-se à substituição do "eu falo" por "isto fala". A noção de criação desaparece junto com o autor, dando lugar ao leitor, que nasce com a morte desse mesmo autor.

Já o texto publicado por Foucault em 1969, *O que é um autor?*, torna-se vítima de má interpretação, quando lhe é atribuída a tão propagada morte do sujeito, cristalizada como a morte do autor. Na verdade, o questionamento proposto por Foucault vai buscar, historicamente, um entendimento de como a figura do autor chegou ao tão propagado primado, e também uma constatação de que há elementos que impedem efetivamente o desaparecimento do autor.

Demonstro aqui alguns dos caminhos percorridos por Foucault. Três pontos são essenciais: a noção da função-autor, a da diferença entre o nome próprio e o nome de autor, e a noção de obra.

Basicamente, a função-autor caracteriza um discurso que se opõe a outros discursos, ela não se exerce da mesma maneira sobre todos esses discursos, mas é historicamente imputada a determinado tipo de textos e é uma forma de retirar do sujeito o papel de fundamento originário e de o analisar como uma função variável e complexa dos discursos.

Quanto ao nome, Foucault explica que o nome do autor circula de forma diferente do nome próprio, pois é mais do que uma indicação, um dedo apontado para alguém; em certa medida é o equivalente a uma descrição. O nome do autor contorna e recorta certos textos, diferenciando-os de outros. Já a noção de obra é instigante. Foucault parte de questões aparentemente simples como: "O que é uma obra? Ela é o conjunto de tudo que o autor escreveu? E se ele não fosse um autor, o que ele deixou nos seus papéis, o que dele se herdou, poderia chamar-se uma obra?"

Assim, ao pensar para o autor um papel de função de um texto, Foucault está ao mesmo tempo pensando para os sujeitos a possibilidade de uma variação de papéis que eles podem ocupar na esfera do social, entre eles o de ser função de um texto. Com isso ele rompe com a noção de sujeito unitário, íntegro, e introduz a ideia de sujeito fragmentado, que vai permear a segunda metade do século XX, ou o que entendemos por modernidade tardia, ou ainda, a pós-modernidade.

Percebe-se, então, no final do século XX, uma diluição de fronteiras. O mundo pós-moderno mostra uma evidente descentralização. Há um movimento de coexistência de diferenças. Há a aceitação da necessidade de partilhar experiências. Há a consciência de que a inteireza é uma utopia e que é a soma das partes das quais somos feitos que traça o perfil do que somos. Essa flexibilidade pós-moderna no modo de pensar o mundo atinge a tudo e todos, inclusive as categorias aqui pensadas de autor, leitor, crítica. Há um relaxamento de papéis. E o que entra em questão com essa nova atitude é o conceito de identidade.

Stuart Hall afirmou: "há uma mudança nas paisagens culturais de classe, gênero, sexualidade, etnia, raça e nacionalidade, que, no passado, nos tinham fornecido sólidas localizações como indivíduos sociais, e estas transformações estão também mudando nossas identidades pessoais. Esse processo de transformação é visceral e, na medida em que papéis sociais e identidades pessoais se descentralizam, o sujeito se depara com a perda de um sentido de si".

Diante deste quadro de circunstâncias, como pensar o lugar de um autor a partir de meados e final do século XX e também início do século XXI? Há que se pensar numa nova concepção de sujeito e consequentemente de identidade, e pensar também que a identidade somente se torna uma questão quando está em crise, quando algo que se supõe fixo, coerente e estável é deslocado pela experiência da dúvida e da incerteza.

Esse autor de quem falo não é mais o sujeito do Iluminismo, para quem o centro do eu era a identidade de uma pessoa; não possui mais a concepção sociológica clássica de que a identidade é formada na interação entre o eu e a sociedade, em que ela preenche o espaço entre o interior e o exterior, ou seja, entre o mundo pessoal e o mundo público.

O autor pós-moderno, tanto quanto o autor moderno, é um sujeito dilacerado, contraditório, caminhante em busca dos seus eus, consciente da pluralidade de que é feito: parceiro do outro em sua frágil condição humana. Ele não é mais o pai de seu texto nem o ser endeusado e sacralizado de outrora. A pós-modernidade faz com que o indivíduo-autor apresente-se, no conjunto de suas diferenças, como um ser singular ao mesmo tempo em que o instala no coletivo como forma possível de reconhecimento de si mesmo. A palavra que rege a modernidade e a pós-modernidade é "cotidianeidade", expressão do fragmentário que se constrói ao mesmo tempo como uma totalidade.

Não há dúvida, depois de toda essa análise, que o indivíduo Paulo Leminski, mais do que um autor à frente de seu tempo, como colocam alguns, foi um autor do seu tempo. Legou um vasto conjunto de textos editados, tem seu nome reconhecido e imediatamente associado a uma condição de escritor e poeta. Encaixa-se também na figura dos escritores-críticos por conta dos vários ensaios que escreveu sobre obras e autores; tem uma preocupação constante com a publicação de seus textos, não só em Curitiba como fora dela.

Em novembro de 1976, um ano depois da publicação do *Catatau*, em uma carta a Régis Bonvicino, ele comenta: "Agora, veja bem, eu produzo muito mas publico muito pouco. A seleção para publicar é trabalho social, consultas, recolher opiniões, ver o impacto, corrigir, ouvir os outros, criar distanciamento do produto da gente mesmo, ver se aquilo tem razão de ser, só então publicar."

A biografia: considerações teóricas

> Pensar no passado não como uma coisa, um objeto, mas como o reduto das experiências de outros sujeitos com os quais é possível estabelecer um diálogo, exige do historiador o abandono de concepções e conceitos cristalizados e a adoção de uma atitude crítica em relação não só aos seus próprios valores, como também aos valores vividos por outros sujeitos, situando-os em seu tempo, lugar e nas suas circunstâncias.
>
> *Ivone Cordeiro Barbosa*

As histórias de vida sempre me interessaram. Junto com a minha, essas outras histórias foram se misturando. Quietas em seus cantos, elas falam e mostram, inserem seus protagonistas na ação de viver, investem-nos de humanidade e, assim, permitem uma aproximação entre nós. É nessa interação que uma outra história vai se construindo, que é a da relação que mantemos com estes indivíduos-personagens, cujas palavras e vidas se integram a nossa vida-a-vida, como disse Clarice Lispector. A biografia, considerada por alguns como um gênero menor no contexto da História, tem implicações teóricas bastante pertinentes.

Contar a vida de uma pessoa é uma atitude muito antiga. E esse contar apresenta dificuldades que se colocam tanto para o biógrafo quanto para o teórico das histórias de vida. Para delinear estas dificuldades é preciso acompanhar de perto o percurso da biografia no que diz respeito ao seu estatuto dentro do campo da história.

Segundo Raymond Queneau, romancista, poeta e crítico francês, houve épocas em que se podia narrar a vida de um homem abstraindo-se de qualquer fato histórico. Houve épocas, talvez mais próximas, em que era possível relatar um fato histórico abstraindo-se de qualquer destino individual. Vive-se hoje uma fase intermediária: mais do que nunca a biografia está no centro das preocupações dos historiadores.

Como gênero, a biografia apresenta problemas, pois, ao mesmo tempo em que suscita o interesse do público leitor em geral, provoca dificuldades no campo teórico. Há quem pense numa total inviabilidade de realizar esta tarefa, diante da pergunta: é possível escrever a vida de um indivíduo? Tal questão, levantada no século XVIII, e ainda com repercussões no decorrer dos séculos XIX e XX, é conflitante porque tem a ver com o modo pelo qual ao longo dos séculos, em inúmeras sociedades, se elaborou lentamente não a percepção do eu, mas sua noção e conceito.

O clássico exemplo de Rousseau, no século XVIII, quando escreve suas *Confissões*, sua autobiografia, e acredita não só que é possível narrar a vida de um indivíduo, mas ainda fazê-lo de forma verídica, mostra a oscilação das noções de indivíduo e de verdade em momentos diferentes da história. Sobre a razão que levou Rousseau a escrever esse texto, há uma curiosidade. Não suportando as deturpações de sua imagem pública pelos contemporâneos, ele entende que a solução para acabar com elas seja escrever sua própria história.

O texto das *Confissões* abre-se com a seguinte frase: "Tomo uma resolução de que jamais houve exemplo e que não terá imitador. Quero mostrar aos meus semelhantes um homem em toda a verdade de sua natureza, e esse homem serei eu." Ao escrevê-la, Rousseau não avaliou o risco a que estava sujeito por pretender contar a própria vida, pois, assim o fazendo, ele ou qualquer indivíduo que tenha essa pretensão se colocam inevitavelmente diante de uma grande probabilidade de cometer profundas alterações da verdade dessa vida, além de deixar escapar, sem se dar conta, alguma coisa do privado. O efeito do texto confessional de Rousseau, conforme a interpretação de Catherine Bonnet, só provocou mais interesse na questão biográfica e, com esse escrito, ele desvendou para o público suas fraquezas e seus defeitos mais secretos.

O tempo mostra essa dificuldade de trabalhar com a verdade de uma vida sobretudo em meados do século seguinte, o XIX, quando, com a modernidade, a subjetividade é posta em questão. O homem moderno padece de agudo sofrimento interior, a complexidade da identidade, sua formação progressiva e não-linear e suas contradições se tornaram protagonistas dos problemas biográficos com que se depararam os historiadores, o que dificulta a tarefa biográfica e muito mais a autobiográfica.

Assim é que, no final do século XIX, começo do século XX, o surgimento da psicanálise e novas tendências na literatura (basta citar Proust, Joyce e Musil) tornam os historiadores mais preocupados com as questões relativas à biografia e mais conscientes da complexidade do biografar. Entre os muitos que pensaram sobre isso, está o historiador francês Marc Ferro (1924-2021), que num artigo publicado em 1989 comenta uma tendência dos historiadores do século XIX e início do século XX em se preocuparem com as ideias dos homens mais do que com suas vidas privadas.

Sabe-se que as noções de público e privado se assentam na modernidade do século XIX e se transformam em elementos constitutivos do que se chama de gênero biográfico. A observação de Ferro, no entanto, tem origem no debate das ideias que anima a história logo depois da Revolução Francesa, e também tem a ver com o marxismo que percorre o período.

Ferro diz: "combatia-se o bonapartismo mais do que Bonaparte, os historiadores daquele tempo estudavam muito sobre Danton ou Robespierre mas como encarnação de uma ideia e não sob o ponto de vista de uma biografia".

Pensava-se, naquele momento da história, que as ideias de um sujeito não tinham necessariamente que passar pelas circunstâncias de sua vida pessoal. E também porque, para muitos historiadores, nem o cotidiano, nem a história local davam conta de mostrar as transformações sociais, pois a vida cotidiana durante muito tempo não foi considerada como objeto da história.

Uma brecha se abre nos séculos XVII e XVIII, quando se trata de grandes figuras públicas. Nesse caso, como aponta a historiadora Sabina Loriga, acreditava-se que o destino individual de homens ilustres permitisse compreender as escolhas de uma nação.

Na realidade, a biografia só vai ser pensada como possibilidade de uma história individual de sujeitos comuns, e não mais de heróis, em meados do século XIX, isto é, na modernidade, quando o indivíduo comum, tomando-se objeto do relato biográfico, torna-se um herói — diferente do herói de outrora que, para exercer esse papel, deveria ter praticado um ato heroico.

Desse modo, pensar a biografia é compreender que, tanto quanto um problema histórico, ela é também um problema ético e estético. É compreender as suas implicações morais, sociais, políticas. É ter em mente o sujeito, se dar conta das diferentes razões pelas quais ele é contado, dos diferentes olhares que lhe são voltados, dos diferentes modos de contar. A biografia possui, indubitavelmente, um caráter transgressivo. O jogo entre o público e o privado é, sem dúvida, um dos fatores que mais desperta o interesse dos leitores por esse gênero.

Teoricamente, em relação às biografias de literatos, como neste nosso caso, já se compreende e já se tem como consumado o fato de que, necessariamente, a vida não explica a obra, da mesma forma que a obra não explica a vida. Há, no entanto, no leitor, a sensação de que se ele souber mais sobre a vida do autor, a sua aproximação com o texto será maior. Entra aí a necessidade da identificação do leitor com o autor naquilo que diz respeito às questões do viver, aos vazios da existência, às buscas de caminhos para o exercício do cotidiano. Nesses momentos há uma necessidade de humanizar o autor, de pensar nele como um igual, como argumenta o crítico Harold Bloom. A biografia surge então como o lugar possível para o assentamento dessa necessidade que é real e que se materializa sobretudo em textos literários, filosóficos, em ensaios que tratem da experiência humana, pois, conforme Bloom:

> lemos biografias não como um suplemento à leitura do autor, mas como uma segunda tentativa de compreender o que sempre nos escapa, que é o impulso de identificação com aquele autor. Este impulso, embora (...) contestado, é uma das bases da experiência do sublime na leitura. Os críticos não se cansam de dizer que não, mas há algo em nós que nos faz crer que entenderíamos melhor Hamlet se soubéssemos tanto sobre a vida de Shakespeare quanto sabemos sobre Goethe e Freud, Byron e Oscar Wilde.

A convicção de Bloom, refletida no título do artigo citado (*A inevitável presença do autor*), mostra-se de maneira irônica no texto ao dizer que a morte do autor não passa de uma figura de linguagem parisiense, referindo-se a Barthes, e de certa forma também a Foucault. O artigo nos conduz para uma compreensão de que só morrem ficticiamente, segundo ele, os poetas fracos, porque os poetas fortes, os que resistem, não morrem nunca, nem na morte verdadeira, vivendo para sempre.

Assim percebendo a biografia, explica-se o lugar que ela ocupa a partir de meados do século XX, e as parcerias que se estabelecem, não só aquela entre a história e a literatura, que é a mais comum, mas também entre outras disciplinas das ditas ciências humanas, como a sociologia, a antropologia, a filosofia, a linguística, a psicologia, a psicanálise. Pois se a vida de uma pessoa a situa historicamente no mundo, também revela suas relações com o mundo, através da palavra, das relações sociais nas quais ela se insere, do seu olhar sobre si e sobre o viver do outro, da necessidade de conhecer a si e ao outro, do conflito permanente entre o ser e o parecer.

A biografia reflete esse caminhar dos seres no mundo e mostra como viveram suas vidas, como se moveram no mundo e como foram afetados pelo tempo histórico.

Há hoje um fato: a instigante e imensa publicação biográfica, a partir de meados do século XX e que se estende ao início do século XXI. Nunca se escreveu nem se publicou tantas biografias, como atualmente[3], das mais banais às mais eruditas e éticas, produzidas tanto por franco-atiradores quanto por especialistas.

Que fato é este? O que ele significa? Que heróis são estes? Heróis de feitos ou de fatos? Sim, porque como diz Maria Zambrano: "Por vezes umas quantas palavras ignoradas alcançam um eco que ressoa num espaço de séculos; nelas transparece uma atitude essencial: palavras são factos, acção fecunda. Pode esquecer-se quem disse estas palavras, e até podem ser esquecidas as próprias palavras. Mas fica a actuar, vivo e duradouro, o seu sentido."

Pensada a biografia como representação discursiva da vida de um sujeito, ela desperta um público que nem sempre é o que se pode chamar de público leitor, mas que se sente motivado a lê-la por razões já mencionadas. Esse fato provoca no mercado editorial um movimento incomum e faz com que a biografia, como gênero, sustente, entre outras coisas, a mídia, a moda, o mercado livreiro.

Para escrever a história da vida intelectual, literária e poética de Paulo Leminski, é necessário pensar antes sobre a biografia nos seus termos e significações tradicionais. Quando a biografia é fruto de um trabalho de pesquisa histórica, reconstituir o seu caminho é importante para compr75eender as transformações pelas quais passou enquanto forma, conteúdo, objetivos e também para perceber de que modo essas alterações atingem o biógrafo em sua tarefa de contar a história dos sujeitos e quais as implicações que daí resultam.

Nas enciclopédias em geral, encontra-se a definição de biografia como "o relato da vida de uma pessoa". Como gênero, a biografia

---

3. Ao comentar o assunto, Benito Schmidt observa que "nos últimos anos, as biografias têm alcançado um grande sucesso editorial no Brasil, igualando até as vendagens dos manuais de auto-ajuda e dos livros escritos por magos, anjos e esotéricos em geral. Em 1994, o Catálogo Brasileiro de Publicações anunciava um crescimento de 55% do gênero em relação a 1987 (*apud* Mayrink e Gama, 1994: 104). Diversos autores lançaram-se neste filão, ora desnudando personalidades famosas ora recuperando trajetórias de indivíduos que haviam sido relegados ao limbo da memória nacional." SCHMIDT, B. B. *Construindo biografias... Historiadores e jornalistas: Aproximações e Afastamentos*. In Estudos Históricos, Rio de Janeiro, v. 10, n. 19, pp. 3-21, 1997.

se insere não só no campo da História, mas em outros campos das Ciências Humanas. Fala-se de uma biografia tradicional em oposição a uma biografia moderna.

Esta questão foi discutida por André Maurois, romancista e ensaísta francês, autor de biografias como as dos poetas ingleses Shelley e Byron, e ainda a do romancista francês Marcel Proust. Em sua obra *Aspects de la biographie*, Maurois mostra que há traços que distinguem uma da outra. Por biografia tradicional entende-se aquela que emerge no século XIX, também chamada vitoriana, que é mais documental, onde o que era relevante na vida de um indivíduo eram seus feitos e as lendas que daí derivavam. A ideia de virtude e de exemplo moral norteavam essas narrativas biográficas, que eram bastante reservadas. Há também uma intenção pedagógica, uma preocupação com a formação do leitor. Eram biografias que Maurois define como sendo construídas "à la Plutarque", isto é, com base no traço moral.

Plutarco, historiador grego da antiguidade tardia, escreveu *Vidas Paralelas*, série de pares de biografias de gregos e romanos famosos que serviu como parâmetro da biografia na Europa, do século XVI ao XIX.

Maurois aponta que nas velhas biografias vitorianas a qualidade mais apreciada pelas famílias dos biografados era o respeito às conveniências. A vida privada do sujeito, suas ocupações cotidianas, suas fraquezas, suas loucuras, seus erros deviam passar despercebidos. Embutida aí está a ideia de que os homens ilustres da época contratavam um biógrafo da mesma maneira que contratavam um testamenteiro cuja lealdade e discrição eram levadas em conta com o intuito de terem assegurada a sua vida privada.

O início do século XX serve de marco para o que se chama de biografia moderna. Maurois assim descreve este sentimento: "O homem moderno é mais inquieto. Solicitado por seus instintos, perturbado pela sua forma de analisar as coisas, ele almeja, durante as suas leituras românticas ou históricas, encontrar parceiros com os quais possa dividir essa inquietude."

A psicanálise de Freud vai dar novos subsídios à técnica biográfica. O homem moderno passa a ser visto e contado como alguém que possui virtudes mas também vícios, e passa a ser analisado como um ser complexo, inquieto. A figura do herói desaparece para dar lugar a um sujeito humanizado, que vive a cotidianeidade e seus conflitos.

Com Freud, diz Richard Elmann, outro estudioso da biografia, vem a certeza de que, dentro de nós, há uma vida secreta ativa, apenas parcialmente sob nosso controle. Os leitores de então vivenciam e partilham destes sentimentos e buscam nas biografias um reconhecimento para suas próprias angústias.

A comunidade literária e artística é profundamente afetada pelas teorias freudianas quando percebe que a partir delas e de acordo com elas os artistas não formam uma elite, e são muito parecidos com as outras pessoas. Dessa complexidade que configura o homem moderno, emerge uma problemática: de um lado temos a vida aparente e visível de um homem; de outro, sua vida interior e tudo o que, conscientemente ou não, caminha por ela.

Como apreender estes dois aspectos de um indivíduo? É possível então saber a verdade sobre um homem? A respeito desta problemática, Maurois observa que a tangibilidade dos atos da vida visível do personagem fica encarnada em documentos, em testemunhos, e ocorre o inverso quando se trata da vida interior do biografado, pois esta é precisamente o que escapa ao historiador.

Embora a resposta para a pergunta seja a de que não é possível saber a verdade sobre um homem, o biógrafo, inconformado com essa impossibilidade, busca-a sempre. É difícil para ele aceitar que o sujeito biografado só existe através do olhar do outro, daquilo que dele se comenta, daquilo que dele se vê, se sabe, ou do que se encontra nos documentos e testemunhos. E, no entanto, ele sabe que neste sujeito há traços que se escondem através da aparência que o envolve, e o biógrafo está consciente na mesma medida em que, se reconhecendo no outro, reconhece-o em si mesmo. Este é um dos limites da biografia.

Ao buscar no romance uma relação com a biografia, Maurois mostra essa limitação ao dizer que o romancista tem sobre o biógrafo, no sentido da verdade, uma vantagem, pois ele pode se colocar numa situação que permite perceber, ao mesmo tempo, os dois pontos de vista; um personagem de romance só existe se houver uma correspondência entre sua vida interior e sua vida aparente, uma comandando a outra.

O entendimento do papel e dos limites da verdade na historiografia do século XX fica mais claro quando se pode lembrar que ela marca uma reação ao pensamento racionalista, o qual promove, segundo Nietzsche, a negação dos sentidos como fonte de apreensão do mundo e institui a verdade como paradigma do conhecimento.

Recuperar a possibilidade dos sentidos como forma de tocar na significação do mundo é tarefa do historiador contemporâneo que, com isso. não está preocupado em demonstrar verdades, mas em historiar os conceitos, as experiências, os sentidos dados à vida.

Ao pensar sobre a biografia, não se pode deixar de mencionar ainda os nomes de Lytton Strachey e de Virginia Woolf, participantes do célebre grupo de Bloomsbury, que reunia intelectuais ingleses e ao qual André Maurois também era filiado. Woolf escreve dois artigos sobre a biografia que se tornam clássicos: *The new biography* (1927) e *The art of biography* (1932).

Segundo Anamaria Filizola, os dois estudos de Virginia Woolf remetem a um momento marcante na história da biografia do século XX, momento esse que diz respeito não só a uma mudança radical na concepção de biografia, tal como foi praticada ao longo do século XIX na Inglaterra vitoriana, e que coloca discussão da biografia como uma arte. É nesse momento que Lytton Strachey escreve *Rainha Vitória* (1921), a famosa biografia na qual ele criou um novo tipo de narrativa biográfica, substituindo o elogio pela irreverência, o pudor pela ironia, a enfadonha transcrição de documentos pela concisão. Acima de tudo, o biógrafo se interessou pela psicologia e pelas motivações secretas de seus personagens.

O sociólogo francês Pierre Bourdieu, no artigo *L'illusion biographique*, também discute algumas questões muito pertinentes. Ele trata de uma imagem, que o senso comum legitimou, de que a biografia conta a vida de uma pessoa como a sequência linear de fatos, com começo, meio e fim. Falar assim da história de vida seria pressupor que a vida é uma história, com seu trajeto, seus percalços, suas etapas. E produzir uma história de vida nestes termos, tratá-la como uma história, narrá-la através de um discurso coerente de uma sequência de fatos é criar uma ilusão retórica, é transformar a existência numa coisa comum, que toda a tradição literária faz e reforça sempre.

Nos anos 60 essa linearidade estrutural do romance se quebra com o advento do "nouveau roman". O autor francês Robbe- Grillet desmonta com sua técnica de escritura cinematográfica o discurso romanesco. Bourdieu acredita que o reflexo desta atitude se manifesta na década seguinte, quando a história de vida, a biografia, ressurge no contexto da História sob nova roupagem.

A compreensão advinda da radical alteração da técnica narrativa do romance, que dá conta da descontinuidade do tempo, mostra que a realidade da vida é descontínua e aleatória, que os fatos da vida não são tão ordenados quanto se pressupõe — tal compreensão faz com que a prática biográfica pense, para a história de vida de alguém, a mesma possibilidade.

O fator imprevisibilidade, tal qual na vida, deve ser levado em conta da mesma forma que a descontinuidade do tempo. Para escapar da ilusão de que a vida é essa coisa ordenada que supomos ser e de assim contá-la, é preciso fazer um mapeamento da "surface sociale" onde o indivíduo, personagem da história, está inserido, o que significa definir o campo das relações objetivas que unem o biografado ao conjunto de outros agentes engajados no mesmo campo social, conforme observou Pierre Bourdieu.

Sua proposta, que tem a ver com a história de vida sob o ponto de vista dos sociólogos, cria para o biógrafo um espaço de liberdade que considero fundamental, que é o de poder trabalhar com a cronologia sem a ortodoxia que a persegue, problematizar a tarefa biográfica, transformá-la de fato num objeto passível de investigação e imprimir com esse procedimento na história que está sendo contada o próprio movimento da vida.

Além disso, a ideia de abandonar a ilusão retórica parece permitir ao biógrafo o enfrentamento de si, ao assimilar a ideia e compreender que não mais é necessário produzir um discurso que mostre a verdade de uma vida. O que se pode fazer é produzir um discurso que revele justamente a multiplicidade de sentidos com que uma vida se constrói.

Alguns autores que se ocuparam do trabalho biográfico muito antes de Bourdieu já haviam pressentido a necessidade de modificar o olhar sobre a história de vida. Thomas Carlyle, mesmo sendo o mestre da construção da biografia heroica, nunca deixou de lembrar o risco da linearidade ou de pensar sobre o fluxo caótico e aleatório da vida.

Hippolyte Taine, antecipando uma atitude contemporânea, pensa tanto na questão da fragmentação do sujeito quanto no reflexo da vida cotidiana na história de vida a ser contada, e rompe com o conceito de herói ao buscar homens em suas oficinas, seus escritórios, ao ar livre e à luz do sol, em sua terra e em suas casas; Taine estava convencido de que a história era um campo privilegiado para analisar a pessoa, e procurava decifrar o homem que vive e age, com suas paixões, seus hábitos, sua voz e sua fisionomia, seus gestos e seus costumes, como o indivíduo com quem acabamos de cruzar na rua.

A noção de multiplicidade posta por Taine e retomada por Bourdieu faz pensar na noção de experiência desenvolvida por Edward P. Thompson, pois ela tem a ver com a dimensão que quero dar à história da obra de Paulo Leminski. Deixo de lado a visão marxista de Thompson, que faz uma adequação da experiência com relação à luta de classes, e aproveito dela apenas a parte que se refere ao mundo vivido, à experiência vivida, vista como sistema complexo e estruturado em que a consciência social encontra a sua realização e expressão, constituindo uma genética do processo histórico, uma vez que aí se manifesta o ser social, seus pensamentos, procedimentos, atitudes, sentimentos, normas e valores.

Dessa forma, modificado o olhar sobre a história de vida, a narrativa biográfica se reinscreve no campo da história e ocupa um espaço que de certa maneira, segundo Le Goff, foi abandonado pelos historiadores e encampado pelos romancistas — seus velhos concorrentes nesse domínio. Sobre tal proposição é preciso dizer, no entanto, que os romancistas não são necessariamente biógrafos. E vice-versa.

Quanto ao espaço do campo narrativo da biografia nas últimas décadas do século XX, ele se abre para outras áreas, sobretudo para os jornalistas que, com suas pesquisas minuciosas e seu estilo envolvente, conquistaram o público e a crítica. Esse comentário é pertinente porque o dueto historiador/jornalista é um traço marcante no ressurgimento da tarefa biográfica, não apenas no Brasil, mas no mundo.

Historiadores e jornalistas desenvolvem seu trabalho tendo como retaguarda a literatura. A história recupera a forma da história-narrativa, banida anteriormente em favor da cientificidade do discurso histórico, afastando-a da literatura. O jornalismo recorre à literatura a partir de um movimento americano dos anos 60, o "New Journalism", que aplicava técnicas ficcionais a textos de não-ficção.

Na verdade, a biografia, tanto para a história quanto para o jornalismo, ou ainda para qualquer outra área das ciências humanas, torna-se instrumento capaz de trazer para o presente, através do resgate de trajetórias de vidas individuais do passado, as redes de sociabilidades que envolveram os biografados, as suas relações com seu mundo particular e aquelas com a mundaneidade, as suas simpatias e afinidades com suas épocas de vida e outras antes delas; também os seus desconfortos pessoais ou aqueles perante o mundo que os cerca, os seus conflitos íntimos e suas expectativas individuais. O exercício de um certo voyeurismo velado acompanha a biografia, uma necessidade de transgredir as barreiras da privacidade dos sujeitos biografados, de personagens destacados e de gente como a gente.

Há, no entanto, uma diferença importante entre as duas tarefas. Na história a questão das fontes é essencial. Já os questionamentos primários que fazem parte da investigação histórica nem sempre estão presentes nos trabalhos jornalísticos. Assim é que, no texto de Benito Schmidt, aparece um comentário pertinente e revelador das duas atividades.

O jornalista Fernando Morais, autor da biografia de Assis Chateaubriand afirmou que não pretendeu competir com a produção acadêmica, mas que há minúcias que só o jornalista vê, ao que Schmidt contrapõe dizendo: "quero deixar claro que não reivindico uma reserva de mercado deste gênero para a área acadêmica, mas procuro demonstrar que há minúcias que só o historiador vê".

Instalada na pós-modernidade, a biografia vai tateando seu espaço, buscando seu estatuto. O que se faz com a vida, se faz com a história de vida. Questioná-la é questionar o próprio viver. Acreditá-la menor dentro do campo da história é diminuir esse viver. Também fica claro que a biografia sofre modificações evidentes ao longo do tempo na estrutura, no método, na escolha dos sujeitos. A vontade de humanizar o biografado, de aproximá-lo do público leitor, prevê a escolha de trajetórias singulares.

Entendendo então a biografia como possibilidade de resgate da vida de um indivíduo, é também possível pensar no que ele produziu e assim resgatar a história de vida dessa produção. No caso de Paulo Leminski, poeta, ensaísta, romancista, biógrafo, jornalista, músico, tradutor e publicitário, a biografia da obra envolve tanto a questão do método historiográfico quanto um nova postura frente à tarefa biográfica.

O caminho que essa biografia deve tomar passa naturalmente por momentos da vida pessoal, cujas circunstâncias respaldam o trabalho intelectual do poeta. Agora, o foco principal aponta para a construção dessa obra tão importante, buscando iluminar não só a individualidade, mas também o lugar e o tempo em que ela se movimentou. E por meio desse movimento de palavra, vai marcar a passagem do cidadão Paulo Leminski à constituição do autor Paulo Leminski. É essa passagem que motiva a elaboração da biografia de sua vida intelectual e consequentemente desenha a sua trajetória como autor.

"Quem me busca entre as cinzas de mim?", lemos no *Catatau*. A individualidade de Paulo Leminski sempre se configurou na instância da multiplicidade e ele assume durante a vida várias personas. Ocupa espaços e desempenha papéis. Com o lenço e com o documento que o identificam como cidadão, cujo nome lhe garante a identidade civil, autoral e intelectual, ele cumpre, como qualquer um de nós, o que Bourdieu diz em seu artigo sobre a ilusão biográfica, o nome próprio como um ponto fixo num mundo em movimento, os ritos de batismo como a melhor forma de garantir uma identidade. É esse designador fixo, o nome próprio, que ajuda a criar a ilusão biográfica.

Parece que somos uma única e mesma pessoa por sermos sempre fulano de tal, que circula em casa, na escola, no trabalho, entre os diferentes grupos, em criança, na vida adulta. Esse nome próprio que envolve a nossa trajetória de vida é o mesmo que nos engana, fazendo crer em uma unidade que jamais atingiremos. Ao mesmo tempo, ele é o elemento que serve de proteção para os estilhaços de que somos feitos. Sem essa garantia nos desintegraríamos. Assim, é o nome do indivíduo Paulo Leminski Filho que, encontrando-se com o nome do autor Paulo Leminski, cria o espaço para que a diversidade e o múltiplo, o fragmentado e o singular que coexistem no sujeito, se movimentem.

Claro já está que não se trata de uma história de vida mas da história da construção de um pensamento. E, se por um lado, a configuração pretendida passa pela compreensão de que essa história não tem um percurso linear, por outro, não se pode esquecer que, tendo tido um começo, como todas as histórias, essa tem também um desfecho bem claro. A morte do poeta Leminski fecha não só o ciclo de vida mas consequentemente o ciclo da produção intelectual.

A biografia intelectual aparece como o caminho diante da face multifacetada de Paulo Leminski, autor. Dentre esses traços, o percurso de sua formação intelectual, que envolve: os primeiros passos como leitor, guiados pelo pai. A ida para o mosteiro de São Bento, em São Paulo, onde inicia o contato com os autores clássicos, aprende o latim e se apaixona pelas línguas estrangeiras. A volta para Curitiba, a relação dúbia com a cidade, as primeiras publicações de crônicas e poesias nos boletins dos colégios por onde passou. A breve entrada no mundo acadêmico pelos cursos de Direito e Letras, não concluídos. A vida de professor de história, português e literatura em cursinho, exercício intelectual e criativo, e o começo do mito do sujeito culto, poliglota. A inserção no ambiente cultural de Curitiba, quem produz, quem publica. O importante encontro com os irmãos Campos e com o professor Décio Pignatari, marcas da poesia concreta e do ofício de tradutor. O encontro definitivo com autores como James Joyce, Walt Whitman, Lewis Carrol, Yukio Mishima, Stéphane Mallarmé, Bashô, Fyodor Dostoiévski, Cruz e Souza, Guimarães Rosa, Euclides da Cunha, Machado de Assis, Octavio Paz, Fernando Pessoa, Franz Kafka, entre tantos outros que fazem parte do seu quadro de afinidades. A experiência do cotidiano, difícil exercício para alguém que mesmo andando, pensava:

Andar e pensar um pouco,
que só sei pensar andando.
Três passos, e minhas pernas
já estão pensando.

Aonde vão dar estes passos?
Acima, abaixo?
Além? Ou acaso
se desfazem ao mínimo vento
sem deixar nenhum traço?

(TODA POESIA, 2013, p. 262)

Traços como o encontro com a música popular nas figuras de Gil e Caetano, as parcerias com Itamar Assumpção, Arnaldo Antunes, Moraes Moreira e o grupo Blindagem, entre outras. Os Festivais de Música, a ida para São Paulo e Rio de Janeiro, o reconhecimento fora de Curitiba. O profundo envolvimento com a poesia, vocação maior e a defesa de sua "inu-tilidade". O pão de cada dia, tirado da atividade de jornalista e publicitário.

A geração "Beat", os marginais ou a vida vivida à margem. O delírio mental, a enorme capacidade de produção e de trabalho. O conflito permanente entre a disciplina, herança da vida religiosa que se manifesta na manutenção da ordem do trabalho diário e nos textos com força e precisão, e o relaxo, significando o acaso, a leveza e até a surpresa. As revistas, primeira oportunidade de levar a público o seu trabalho. Os oito anos da construção do *Catatau* e a sua publicação, em 1975, início da vida de autor do poeta. A construção de seu pensamento teórico-crítico, sobre literatura, poesia, comunicação, geração "beat", vanguarda, modernidade, entre outras ideias. Permeando toda essa experiência, o sentimento do "not belonging", do desassossego e a busca incessante dos sentidos da vida.

Aberto está o feixe. Vamos, pois, entrelaçá-lo.

A FIGURA COMO MOVIMENTO DE CORPO E DE PALAVRA: A ESCRITURA COMO FORMA DE EXISTÊNCIA E DE AÇÃO

Mudei muito. Dá pra ver daí?
Cuidado com o que não muda.
Catatau (p. 65)

A melhor maneira que encontro para dar ideia do que fundamentalmente norteia a vida intelectual de Paulo Leminski é colocando a palavra em um lugar privilegiado, como ele próprio fez, transformado-a num signo representativo de sua existência. Em Leminski, a palavra se movimentou, criando espaços de pensamentos e de sociabilidades. Utilizo-me do conceito de ação de Hannah Arendt:

> A ação relacionada com a condição humana da natalidade; o novo começo inerente a cada nascimento pode fazer-se sentir no mundo somente porque o recém-chegado possui a capacidade de iniciar algo novo, isto é, de agir (...). A ação, na medida em que se empenha em fundar e preservar corpos políticos, cria a condição para a lembrança, ou seja, para a história (...) a ação, única atividade que se exerce diretamente entre os homens sem a mediação das coisas e da matéria, corresponde à condição humana da pluralidade, ao fato de que homens

> e não o Homem vivem na Terra e habitam o mundo. Todos os aspectos da condição humana têm alguma relação com a política (...). Assim o idioma dos romanos — talvez o povo mais político que conhecemos — empregava como sinônimas as expressões "viver" e "estar entre os homens", ou "morrer" e "deixar de estar entre os homens".

Essa afirmação aproxima-se do conceito sartreano de ação, tão difundido, que a pressupõe como engajamento. Em Leminski, o engajamento se dá pela palavra, e o poeta endossou tal afirmação: "a posição que eu escolhi é para ser uma espécie de oposição na linguagem, permanente (...) essa é uma postura que se confunde um pouco com aquela ideia do intelectual como consciência, ideia que Sartre encarnou, e eu sou um sartreano de formação (...) independente de regimes políticos. Acho que esse é o papel do intelectual...".

A noção da experiência como experimentação da vida e da relação com o outro ocupava os seus pensamentos: "Estou vivendo cada vez mais intensamente a experiência política como a experiência de viver o coletivo. Na Grécia Antiga ou você era 'politikos' ou 'idiotes'. O nosso insulto 'idiota' tem essa origem. Para o heleno o idiota era aquela pessoa que não tinha a mínima consciência coletiva."

Esse movimento de palavra em Leminski é como um fio que percorre a sua trajetória de trabalho e intelecção do mundo. Penso no passado do poeta, no caminho de sua construção intelectual efetiva, que começa por volta de 1967, quando as primeiras páginas do *Catatau* dão sinal de vida, e que termina com sua morte no ano de 1989.

São mais de vinte anos de intensa produção escrita, de debates, discussões, palestras, aulas, conferências, músicas. E é olhando para esse passado que subitamente — para usar uma das palavras preferidas do poeta — uma imagem domina meus pensamentos. Numa banca, a capa da revista *Bravo!* estampa a foto de Yukio Mishima, o escritor japonês cujo livro, *Cores Proibidas*, foi lançado em maio de 2002 no Brasil. Imediatamente penso em Leminski, que publicou, em 1985, a tradução do texto *Sol e Aço* (de 1968). Essa tradução sai pela Editora

Brasiliense, que estabelece com o poeta uma parceria de importância fundamental, publicando grande parte de sua obra.

Fundada em 1944 por Arthur Neves e Caio Prado Jr, a Brasiliense tem como sócio o escritor Monteiro Lobato, que entrou com sua marca e seus livros. Com a publicação da obra de Lobato, torna-se uma editora de grande envergadura. Quando promove, nos anos 80, a publicação das obras de Leminski — entre elas, oito dos nove livros por ele traduzidos entre 1984/1986, os livros de poemas *Caprichos & relaxos* (1983) e *Distraídos Venceremos* (1987), as quatro biografias que escreveu, *Cruz e Sousa* (1983), *Matsuó Bashô* (1983), *Jesus* (1984) e *Leon Trótski* (1986), o romance *Agora é que são elas* (1984) — a Brasiliense gozava ainda de grande prestígio.

Nesses mesmos anos 80, a editora publica importantes autores, entre eles Walter Benjamin, com a trilogia *Obras Escolhidas* e ainda boa parte das obras de Yukio Mishima (incluindo a tradução de Leminski), um conjunto de seis livros editados entre 1980/1988. Pode-se considerar com esses dados que a década de oitenta (re)pensa Mishima no Brasil.

No final da década de 90, como praticamente todas as editoras nacionais, a Brasiliense sofre o impacto das transformações econômicas, o que representa um período de dificuldades e de redução de publicações. Mesmo assim, edita em 1991 um livro de poemas póstumo de Leminski, *La vie en close*.

Não se sabe bem como a relação Leminski/Brasiliense começou. Mesmo Alice Ruiz não se lembra exatamente quem procurou quem. O fato é que a relação é duradoura e importante. Leminski tem publicados em 1983 os dois livros de poemas já citados e escreve entre 1984/1986, as biografias para a Coleção Encanto Radical da editora, um sucesso nacional, uma coleção de biografias rápidas, quase perfis, sempre com personagens de impacto no mundo da cultura, como Oswald de Andrade, Bob Marley, Antonin Artaud, Walter Benjamin, Freud, entre outros, conforme o estudo publicado por Jeanne Marie Gagnebin.

Encomendadas por Luiz Schwarcz (então editor assistente da Brasiliense, e posteriormente fundador da Companhia das Letras), a decisão de quem biografar viria do próprio Leminski. Numa entrevista concedida a Rosimeri Gemael para o *Correio de Notícias*, em 1986, ele recorda que, após receber o convite, indicou os nomes e a editora topou: "A biografia de Jesus eles nem tinham imaginado."

Na mesma entrevista, ele detalha quando e como mergulhou no trabalho das traduções:

> São textos que eu considerei importante passar para o português. Com exceção do primeiro, *Pergunte ao pó*, de John Fante, fiz a indicação de todos os demais e a Brasiliense soube entender minhas razões. Isto só foi possível porque montei uma situação editorial boa. Tenho até um acerto com a Brasiliense: eles me pagam um fixo a partir do bolo dos direitos autorais dos meus livros e das traduções, e se eu tiver um livro de contos ou ensaio e propuser, topam na hora. Resolvi o principal problema do escritor, especialmente do escritor de província: tenho uma editora.

Em outra entrevista para o mesmo jornal, em 1989, reafirma que oitenta por cento do material traduzido por ele foi de própria escolha, coisas que o fascinavam: "Eu chegava na editora e falava 'olha, tô a fim de traduzir John Lennon, Mishima, Petrônio direto do latim. A resposta era sempre 'toca o pau'."

A parceria com a Brasiliense representa um privilégio para o autor Leminski. Não é raro encontrar nomes de autores conhecidos e consagrados que tiveram muitas dificuldades para encontrar editoras que se dispusessem a publicar seus primeiros trabalhos, quanto mais uma que se dispusesse a publicar praticamente toda a obra de um autor.

Voltando a Mishima, além da tradução, Leminski escreve sobre ele um longo e belo, que além de acompanhar a edição de sua tradução de *Sol e Aço*, sai também numa coletânea de textos críticos publicada postumamente, nos quais ele reflete sobre vários autores e obras que lhe são especiais. Tais textos, escritos entre 1976 e 1986, compõem a segunda parte de um conjunto maior, que Leminski chamou de *Anseios crípticos*, e que entregou a Roberto Gomes, da Editora Criar, no ano de 1986. Publicada a primeira parte naquele ano, tratando do seu pensamento teórico, a outra só foi reencontrada quinze anos depois, numa das muitas mudanças de endereço feitas pelo editor, que então a lança como *Anseios crípticos 2*, em 2001.

Entre essas duas publicações, aconteceu outra, pela Polo Editorial do Paraná, em 1997, intitulada *Ensaios e anseios crípticos*, contendo alguns dos textos do primeiro *Anseios crípticos*, e mais outros recolhidos de suas publicações em jornais. (Essa edição foi embutida num projeto governamental realizado pela Secretaria de Educação e pela Secretaria da Cultura do Estado do Paraná, na época assim denominadas e divididas, com a intenção de publicar, em brochura, livros muito baratos de autores paranaenses, para possibilitar o acesso de professores, alunos e leitores em geral, segundo a nota contida na contracapa. Posteriormente, em 2011, a Editora Unicamp reuniu, também com o título *Ensaios e anseios crípticos*, os dois *Anseios crípticos*, e no ano seguinte publicou uma segunda edição ampliada do livro, contendo todos os ensaios que haviam saído nas edições de 1986, 1997 e 2001.)

Quanto à sensação que a imagem de Mishima provocou em mim, foi a de levar em conta o fato de que em meados dos anos 70, início de 80, Leminski já o conhecia o suficiente para escrever sobre ele com densidade e vertê-lo do japonês com a habilidade que o distinguiria como tradutor. Quem conhecia Mishima naquele tempo, quem o conhece hoje? Sabe-se que nem todos os autores circulam da mesma forma, no mesmo momento e nos mesmos lugares, mas me parece relevante que isso tenha acontecido, em Curitiba, pelas mãos de Paulo Leminski. Esse fato é significativo, pois é sem dúvida um privilégio tomar conhecimento da existência e da obra de Yukio Mishima, tido como o maior escritor japonês do pós-guerra.

Pode-se pensar que nos anos 70-80, os textos de Mishima circulassem no Brasil com certa familiaridade ou, pelo menos, que já fossem lidos por um círculo mais restrito de intelectuais pois, além de ser uma celebridade em seu país, Mishima concorreu várias vezes ao Nobel de Literatura.

A verdade é que até o ano de 1980 apenas dois dos seus livros eram conhecidos no Brasil: *Depois do Banquete* (1960), publicado em 1968, e *Confissões de uma máscara* (1949), sua autobiografia, lançada no Brasil em 1980. Ao consultar várias revistas e jornais relativos ao ano de 1985, a única notícia que circulou sobre ele nesse ano foi relativa ao lançamento do filme *Mishima: uma vida em quatro tempos*, dirigido por Paul Schrader e produzido por Francis Coppola e George Lucas. É possível que o filme tenha servido para divulgá-lo e, mais tarde, provocado a busca por seus textos.

Quanto às traduções da obra de Mishima, a maior parte foi realizada aqui entre 1980 e 1988. Nisso tudo, uma peculiaridade: no ano de 1986, o Círculo do Livro, um sistema de venda de livros que admitia sócios e ia de porta em porta oferecendo livros a preços mais acessíveis que os das livrarias, coloca na sua relação de vendas o livro *Neve de primavera*.

Desse modo, ter pensado e escrito sobre Mishima quando poucos o faziam, confere a Paulo Leminski uma distinção em relação aos outros escritores inseridos no campo literário brasileiro da segunda metade do século XX — distinção que se situa no acesso erudito a Mishima, bem como na escolha feita pelo poeta, pois escolher é uma atitude individual pela qual nos diferenciamos.

Se há uma coisa que o poeta cultivou com cuidado foi a vaidade de saber e conhecer muito mais do que os simples mortais. São famosas as cenas na universidade no curto tempo em que lá passou. Discutia com os professores e perturbava-os com seus argumentos. Na carta 26 escrita a Bonvicino, sem cerimônia, através de desenhos como os das placas de rua marcando sinalização de obra, Leminski faz uma apologia de certo modo irônica à literatura e à erudição: "LITERATURA A DEZ MS / PAREM! / ATENÇÃO / CURVA VERBAL MAIS ADIANTE / CUIDADO / ERUDITOS TRABALHANDO / OS SENHORES ESTÃO CHEGANDO EM VIDA / BENVINDOS! / BENVINDOS À VIDA! / VIDA À VISTA / 30KMS PARA VIDA / 20 / 10 / ...".

Na carta 9, ao repensar o seu trabalho com a publicidade: "(...) às vezes meu ego mandarínico de letrado e de escriba / me pergunta se eu não estou me atolando demais / na "mediocridade" das mass-mídias (...) já fui um erudito". Essa auto-nomeação, como se vê, não tem cronologia, aparece em ritmo desordenado, mas é recorrente. Na carta 57: "minha poesia está muito bonita / bonita demais / bem feita demais // ela tem que ficar mais feia // ela ainda é uma poesia de construção / construtivista // ela tem que ficar mais destrutiva".

Vaidades à parte, um dos caminhos escolhidos por Leminski pela vida através das palavras é o da biografia. Desde muito cedo, escrevendo e lendo biografias, percebeu na vida do outro a possibilidade de colher experiências. O início dessa atividade se dá durante a sua permanência no Mosteiro de São Bento, em São Paulo, entre os 13 e os 14 anos, quando se interessa pela vida dos principais santos da Ordem dos Beneditinos.

Já sobre a vida vivida por Mishima, por ele traçada no ensaio já mencionado, e seu suicídio, Leminski lança um olhar forte e poético:

> Para a morte Mishima se preparou, treinando halteres, (...) artes marciais (...).
> Quando a lâmina, fazendo um L, entrou em sua barriga, naquela tarde de 1970, no Quartel General de Tóquio, a morte, longamente namorada, recebia um presente régio: um corpo atleticamente perfeito, pleno (...). E uma mente lúcida, cultivada, perfeitamente sabedora do que fazia.
> (...) a *solução final* de Mishima se distingue, essencialmente, do suicídio de um Maiakóvski (...). De Stephan Zweig. De Virginia Wolf (sic). De Van Gogh. Hart Crane. De Walter Benjamin. De Ganga Zumba.

Na carta 62, escrita a Bonvicino em 14 de maio de 1980, o comentário de uma alegria quase infantil mostra o prazer advindo destas leituras:

> tirei cartão da biblioteca pública de curitiba, e sou feliz.
> biografias de poetas, só biografias de poetas — estou lendo.
> qualquer um que o tempo tenha concedido o nome de poeta.

bilac, antero de quental, pessoa, augusto dos anjos vitor hugo.
nessa faina, varo as noites.
estou com uma visão muito erotizada do ato de ler, o tesão do texto.
quero ler VIDA, mesmo quando leio...
(...)
uma dica: procure a biografia de Goethe por Emil Ludwig (...)
grande barato, diria duda.
poeta, cientista, advogado, estadista, pagão, amante, Goethe é assombroso!
a dita biografia articula bem vida e verso (... VIDA E VERSO... bom nome pra alguma coisa, não?)

Ao longo do ano de 2002, para que se tenha ideia do interesse acerca da obra de Leminski, a *Folha de S. Paulo*, no seu caderno *Mais!*, publicou um poema-roteiro de Sylvio Back sobre o autor do *Catatau*; o *Caderno G*, da *Gazeta do Povo*, publicou um artigo onde anuncia a pré-estreia do longa-metragem editado em vídeo-digital *Agora é que são elas*, baseado no romance homônimo escrito pelo poeta e publicado pela Brasiliense em 1984; o jornal *O Estado do Paraná* publicou um artigo de Tida Carvalho sobre Leminski. A *Coleções Caros Amigos* publicou quatorze páginas sobre o poeta; a revista *Radar* publica um artigo de Rodrigo Garcia Lopes, um dos poetas, tradutores e intelectuais mais leminskianos, sobre o seu primeiro encontro com Leminski em Curitiba, no ano de 1982. Novamente o *Caderno G*, da Gazeta do Povo, publicou um artigo cujo título, *Poesias de Guardanapo*, incluiu Leminski entre os intelectuais que frequentavam bares famosos na década de 80 em Curitiba, e outro artigo, *A revolução dos* dândis, em que se discute a possível herança simbolista do poeta. Semanas depois, o mesmo caderno discute a prosa paranaense, incluindo o *Catatau*, em artigo com o título *Consanguinidade nada aparente*.

A *Gazeta do Povo* também noticiou a inauguração do Parque da Ciência em Curitiba, e nele uma estátua de Leminski, no mesmo dia em que dedicou outro artigo, *Leminski, ou para além do mito local*, no qual trata da importância da obra do poeta fora de Curitiba. E ainda em 2002, por ocasião do *13° Perhappiness* — evento de homenagem criado em 1989, ano da morte de Leminski — aparece na Gazeta do Povo o artigo intitulado: *Leminski: dândi, por que não?*. Já em 2003, no mesmo jornal, veio a notícia de que João Luiz Fiani, conhecido ator e diretor de teatro em Curitiba, faria uma adaptação do texto de Leminski, *Guerra dentro da gente*, seu único livro infanto-juvenil, sob o título *Aqui tem coisa*, dedicada ao público infantil.

Listo esses fatos todos para demarcar a presença de Leminski nas notícias da cidade ou no circuito São Paulo/Rio de Janeiro, lugares onde ele existe não só como nome de rua, escola, ou pedreira, mas também como intelectual e, sobretudo, como poeta. Quando morreu, em 7 de junho de 1989, aos 44 anos, de cirrose hepática, um vazio, ainda indefinido naquele momento, pairou sobre parte de Curitiba.

Passados todos esses anos, já não há o vazio, e as folhas de papel estão preenchidas. A palavra leminskiana tem assegurado o seu lugar no espaço da literatura e da cultura brasileiras. O vazio da morte se preenche com as muitas ideias de muitas pessoas que pensam, escrevem, re-conhecem, criticam, consideram e reconsideram seu trabalho incessante e incansável com a palavra.

Todo artista está sujeito a inúmeras interpretações. Quando o artista morre prematuramente, como é o caso de Leminski, e em condições especiais, nesse caso, de cirrose hepática em função do álcool, o olhar que se dirige a ele, me parece, tende a extremos. Pode haver condescendência com a obra, pode ocorrer um endeusamento do autor ou pode surgir um olhar mais duro, em que se perdoa menos. O equilíbrio entre estas opiniões só poderá ser encontrado alguns anos depois, pois carece do tempo e da forma de como a obra será assimilada.

O jornalista, crítico e romancista Miguel Sanches Neto, em artigo intitulado *Poeta da sensibilidade adolescente*, para relembrar os dez anos da morte do poeta, escreve que "a morte de Leminski teve um papel que se poderia chamar de estratégico dentro de sua obra. Ela funcionou para preservar intacta a imagem de jovialidade sobre a qual se ergueu a sua produção. Leminski alimentava o mito de uma juventude permanente, recusou a maturidade, vivendo todas as horas de seu fim como um rebelde e tirando das explosões juvenis todas as possibilidades criativas, como mito pop, ele morre para manter-se vivo...".

Já o artista plástico e escritor Carlos Dala Stella escreveu o artigo *Literatura e publicidade*, em que opina a respeito do quanto a linguagem publicitária afeta a produção poética leminskiana:

> É frequente que seus poemas funcionem como um outdoor, e que essa habilidade seja festejada como sintoma evidente da positividade de toda e qualquer relação entre a linguagem poética e outras linguagens ou códigos. Mas esquece-se que nesse caso o leitor, virtualmente infinito, é rebaixado a um leitor-consumidor (...). A publicidade, embora satisfaça às raias do gozo a postura semiótica frente à linguagem, condenou os versos de Leminski a uma imaturidade permanente (...) não é à toa que seus melhores poemas sejam aqueles que guardam um frescor adolescente.

Há na poesia leminskiana uma intensa experimentação e representação da vida. Certo olhar adolescente pode ser observado em parte de sua obra, tal qual o seguinte poema reflete:

> quando eu tiver setenta anos
> então vai acabar esta adolescência
>
> vou largar da vida louca
> e terminar minha livre-docência
>
> vou fazer o que meu pai quer
> começar a vida com passo perfeito

vou fazer o que minha mãe deseja
aproveitar as oportunidades
de virar um pilar da sociedade
e terminar meu curso de direito

então ver tudo em sã consciência
quando acabar esta adolescência

(*TODA POESIA*, 2013, p. 55)

Houve um momento em que o poeta pretendeu chegar às massas, para que todos entendessem o que escrevia. Ele disse certa vez: "quero fazer poesia que todos entendam, que não precise dar de brinde um tratado sobre gestalt ou uma tese de Jakobson sobre as estruturas subliminares dos anagramas paranomásticos". Essa fase tem a ver também com a publicidade e com o trabalho jornalístico que desenvolveu intensamente nos anos 70/80, de onde dizia tirar o pão das crianças.

Nas cartas escritas à Bonvicino ele mostra posições bem claras a esse respeito: "essa minha experiência com jornalismo cultural ou contracultural me libertou de um monte de vícios letrados, gosto de me sentir na corrente sanguínea do mercado e dos meios de massa, talvez seja um prazer de escriba, não sei, que nem a propalada 'nostalgia do intelectual pela ação', trabalhar nos meios de massa é a coisa mais parecida com ação que eu já vi".

Ou, como afirmou em meados dos anos 70: "temos que fazer John Cage e Joyce chegar às massas. Elas também precisam desses conceitos para viver melhor. Não traz a felicidade, mas ajuda a entender o mundo. Daqui a algum tempo alguém vai programar Cage como música de elevador. Isto é evolução".

Assim é que, na diferença e pela diferença, o poeta vai vivendo. Para mim, Paulo Leminski renasce em 1999, dez anos depois de sua morte, quando me propus a conhecer o que escreveu e a transformar o conjunto dos seus escritos num caminho a ser percorrido. Para quem partilhou com ele a vida, o cotidiano, para quem o viu escrever, pensar, conversar, sentir dor e alegria, acordar cedo com dificuldade, para quem o viu rabiscando poemas nas mesas dos bares, para quem o viu arrasado com as mortes de pai, mãe, filho e irmão, para quem o viu destruir-se ano após ano pelo álcool — para esses a questão deve ser diferente.

Essa vida vivida entre as paredes dos muitos lugares onde morou pode ser imaginada, pode ser buscada nas muitas entrevistas que concedeu, nos vários textos que sobre ele foram escritos. Toco com delicadeza nessa vida. As fontes com as quais trabalho para construir a biografia de sua produção literária e simultaneamente a sua construção como autor, são a própria obra, as revistas e os jornais com textos que coletei, e que se constituem em uma densa documentação. Nem por isso desvio os olhos da vida privada do poeta, e nem poderia, pois essa vida representa um espaço em que ele ancorou a sua obra.

A história pessoal de Paulo Leminski se compõe de alguns personagens fundamentais. Há as fortes presenças de Alice Ruiz, Áurea e Estrela, mulher e filhas. Há também uma forte ausência, a de Miguel Ângelo Leminski (1969-1979), filho mais velho de Paulo Leminski e Alice Ruiz. Há as figuras do pai, Paulo Leminski, sargento do exército e da mãe Áurea, do lar, cuja origem negra e indígena marca a história de Paulo Leminski Filho quando ele se apropria dessa marca diferenciadora como item de identidade. Há um irmão, Pedro, cuja vida complicada e a morte trágica afetam profundamente a vida pessoal e emocional do poeta. Há as quatro tias, irmãs da mãe, Luíza, Izilite, Luci e Fernandina, que acompanharam bem de perto a infância e também a vida adulta do poeta.

Há o avô materno, Fernando, capitão do exército e poeta, membro da Academia de Letras José de Alencar, em Curitiba. Ou, pelas palavras de Leminski: "tinha um avô que fazia poesia, era militar. O meu avô é uma figura totêmica na minha família. Ele fazia sonetos, meio religiosos. O fato de fazer poesia já estava embutido dentro de uma programação familiar. E dentro disso existe também um componente inexplicável. Não que tudo tenha explicação".

Há o avô paterno, Pedro, marca da origem polonesa. Em ambos, traços fortes que contornam a figura de Leminski, a herança cultural e a genética. Num poema, uma homenagem:

meu coração de polaco voltou
coração que meu avô
trouxe de longe pra mim
um coração esmagado
um coração pisoteado
um coração de poeta

(*TODA POESIA*, 2013, p. 75)

Num depoimento, outra: "um avô poeta como exemplo, faço poesia, sem interrupção, desde que me conheço por gente". Noutro poema, a certeza da herança:

diversonagens suspersas

Meu verso, temo, vem do berço.
Não versejo porque eu quero,
versejo quando converso
e converso por conversar.
Pra que sirvo senão pra isto,
pra ser vinte e pra ser visto,
pra ser versa e pra ser vice,
pra ser a super-superficie
onde o verbo vem ser mais?

Não sirvo pra observar.
Verso, persevero e conservo
um susto de quem se perde
no exato lugar onde está.

Onde estará o meu verso?
Em algum lugar de um lugar,
onde o avesso do inverso
começa a ver e ficar.
Por mais prosas que eu perverta,
não permita Deus que eu perca
meu jeito de versejar.

(*TODA POESIA*, 2013, p. 220)

Essa ideia de nascer poeta é muito romântica. Contrapõe-se à ideia formalista da poesia que ele assume por um bom tempo com o concretismo.

Há nessa história pessoal a primeira esposa, Neiva, com quem se casa aos dezenove anos. Ela tinha dezesseis.

Há ainda amigos, parceiros, interlocutores que aos poucos aparecem na história, ampliando a rede de relações que envolve familiarmente e socialmente o cidadão Paulo Leminski Filho, abrindo espaço para que a partir destas, outras redes se construam para

dar conta do intelectual.

Eu o vi uma vez. Alice o acompanhava durante um encontro proposto por ele no SESC, um curso livre que tinha como título *O texto e o contexto*, dividido em cinco itens: *O discurso poético*, *O simbolismo*, *As vanguardas*, *A poesia e a música*, *Hai-Kais*. Acredito que foi lá pelo fim dos anos 70. Ele falava muito e rápido, tinha muita fluência e parecia sentir um grande prazer em discutir as suas ideias. Na época achei interessante o que ele dizia mas não me impressionei muito com ele.

Naquele momento eu não podia ainda avaliar o lugar que um dia Paulo Leminski ocuparia no panorama literário brasileiro.

A ideia de posteridade faz pensar numa questão interessante: a de que o historiador, trabalhando com o passado, mesmo que recente, se confronta sempre com a concretude da finitude, isto é, não só com aquilo que passa ou se acaba, mas com o que morre. Assim, a morte, este dado incontornável da existência humana constitui a fonte e a referência de base do trabalho histórico[4]. E o biógrafo, esse historiador que conta uma existência humana, como diz Piarroux, trabalha par e passo com o dado da morte, já que a escrita da vida acontece frequentemente após seu fim.

A história que ora escrevo reconstrói seu percurso intelectual e tenta contribuir para um novo nascimento de seus textos, ainda que Leminksi já tenha atraído, com seus versos, uma considerável produção crítica, ensaística, tradutória, musical, e biográfica. Dessa forma, abro espaço para outra parte da obra leminskiana: a prosa.

---

4. "(...) la mort (...) cette donnée incontournable de la condition humaine constitue la source et le référent ultime du travail historiographique". Tradução de minha responsabilidade. LÉVI-PIARROUX, Y. *L'autre de l'historien*. In Espaces Temps. Paris, n. 59-60-61, p. 48, 1995.

O espaço de construção da obra leminskiana: movimentos e entrelaçamentos.

> O sono solto dorme na casa
> com portas e janelas
> escancaradas.
> *Catatau* (p. 84)

DIANTE DE MIM, A FOLHA MILIMETRADA. DENTRO DELA, O MINUCIOSO trabalho de muitas horas tentando mapear e visualizar o caminho da construção da obra de Leminski: datas de publicação, a idade que ele tinha quando produziu esse ou aquele texto, quando escreveu essa ou aquela letra de música, quando traduziu esse ou aquele autor, quando mandou um ensaio para esse ou aquele jornal, quando foi convidado para falar sobre esse ou aquele livro que escreveu.

Os fatos da vida transitam entre esses dados, marcando tempos de colheita, tempos de perda, tempos de coragem, tempos de medo, tempos de realização, tempos de frustração. Meus olhos percorrem o papel, e nesse movimento deslocam esses dados para a realidade da vida e da escritura que nesse lugar se misturam, acomodadas que estão à organização que a folha, por ser milimetrada, permite. Longe dali, a descrição de um lugar se aproxima desse movimento:

> (...) na casa em que mora com a mulher Alice, também poeta, e com as filhas Áurea e Estrela (...) há rumores, estalidos do madeirame (...) camadas de coisas se reassentando. Aquilo se move. A casa que parece inventar e fundar o tempo todo, coisa mais do ser do que da circunstância (...). No escritório (território livre (...) uma dimensão da própria casa) há uma espécie de sinalização frenética (...) versos na janela, alfinetes afixando a última fatura poética, avisos, lembretes, luzes que se acendem, blocos de ideias, rabiscos, fragmentos, ideogramas

> pendurados no teto, móbiles verbais. O chão também está minado de engenhos, dispositivos, artefatos poéticos. [5]

Esse retrato mostra que o escritor Leminski nunca trabalha só. As ideias não lhe faltam. Livros e papéis o amparam. A família e alguns amigos estão sempre por perto. Ele jamais trabalhou fora de casa. Somente em três momentos de sua vida teve um emprego: uma experiência curta como balconista da livraria Ghignone, outra como professor de cursinho, em que teve uma atuação marcante, pioneiro de um estilo moderno de ensinar, onde a didática se confundia com os atrativos de um espetáculo; imagem, texto e som compunham a nova linguagem dos jovens dos anos 60, quando vivia-se a plenitude da era dos Beatles. O terceiro momento acontece quando se envolve com a publicidade, na agência Múltipla, nos anos 80, de onde tirava o leite das crianças.

Na entrevista dada à professora Denise Guimarães, 1989, para o jornal literário *Nicolau*, ele confirma o fato: "Eu sei praticar alguns ofícios, mas minha profissão mesmo é o desemprego, há uma coisa muito incompatível com meu lado contracultural, meio 'hippie', meio bandido. Acordar às 8 horas, em plena segunda- feira, para dar aula é incompatível comigo. Peguei toda bandidice meio boêmia, dos anos 70, que é um dado fundamental meu. Sou um bandido que sabe latim." Nota-se que essa atitude relativiza em parte a disciplina beneditina que durante a vida ele afirmou manter.

Sendo assim, a casa, o lar, torna-se o espaço privilegiado da criação, do criador e da criatura. Homem e artista convivem, vida e obra se estruturam a partir do mesmo ponto. Difícil exercício para quem a cotidianeidade, mesmo sendo ponto de referência de boa parte da produção poética, também é uma dificuldade a ser enfrentada. Na realidade, Leminski subverte o cotidiano: "Trabalho à noite. Todas

---

5. CANÇADO, J. M. *Paulo Leminski: o vertiginoso dia-a-dia desta "talvez felicidade" que é a criação literária*. In: PAULO LEMINSKI, p. 5.

as noites. A disciplina é a de um copista beneditino. Até as cinco da manhã. Essas horas, de madrugada, quando escrevo as minhas coisas, eu não entregaria por dinheiro nenhum."

Apegado à privacidade que a casa lhe dá, Leminski faz da cidade de Curitiba uma extensão dela, o perpétuo exílio curitibano onde criou seu personagem. Pela cidade comportada foi criado e visto como o filho rebelde, primeiro "E.T." do Pilarzinho, o curitibano mais nova-iorquino.

Por duas vezes ele tentou sair da cidade. A primeira para o Rio de Janeiro, 1969-1970, a outra para São Paulo, depois que se separa de Alice, já com a saúde bastante abalada, em fins de 1987. À exceção desses momentos, é de Curitiba que ele olha o mundo, dando um autêntico giro pelo planeta sem sair do próprio terreno da linguagem, contraindo-a ao máximo, como muito bem mostra esse exemplar poema:

pariso
novayorquizo
moscoviteio
sem sair do bar

só não levanto e vou embora
porque tem países
que eu nem chego a madagascar

(*TODA POESIA*, 2013, p. 105)

Existe nesse dado uma forte semelhança com a experiência vivida por James Joyce em relação à Irlanda. Em *Anseios crípticos*, Leminski destaca que Joyce só partiu para um exílio espontâneo pela Europa (Paris, Zurique, Trieste) para melhor cultivar, à distância, sua obsessão pela Irlanda, execrada e idolatrada. Os temas, os tipos, e até frases inteiras se repetem, crescendo, "dos Dublinenses ao Wake". "Joyce nunca saiu da Irlanda. Nunca saiu de sua obra."

A relação entre Leminski e Curitiba é tema recorrente na obra. Essa atitude o aproxima de outros autores que criam tal intimidade com algumas cidades, bairros e ruas, que as tornaram parte integrante de suas vidas e seus escritos. Walter Benjamin é, dentre todos, talvez o que melhor mostra essa afinidade. Desde a adolescência, ele se apaixonou pela cidade de Paris, e na segunda metade dos anos 1920, começou a dedicar uma atenção muito especial às passagens parisienses, "Das Passagen Werk". Há uma descrição que Benjamin faz de Paris que vale a pena ser reproduzida:

> (...) bairros inteiros revelam seu segredo nos nomes de suas ruas (...) a cidade se espelha em milhares de olhos, em milhares de objetivas. Pois não apenas o céu e a atmosfera, nem apenas os anúncios luminosos nos bulevares noturnos fizeram de Paris a *Ville Lumière*. — Paris é a cidade dos espelhos: o espelhado do asfalto de suas ruas. Diante de cada bistrô recantos envidraçados: aqui as mulheres se veem mais do que em qualquer outro lugar. Destes espelhos é que sai a beleza das parisienses. Antes que o homem as aviste, elas já experimentaram dez espelhos. (...) espelhos são o elemento intelectual desta cidade, seu brasão, no qual se inscrevem os emblemas de todas as escolas poéticas.

É também caminhando que Benjamin depara com diferentes olhares sobre a cidade e as ruas de Paris. É com Baudelaire, o mestre da modernidade, que Benjamin repara nos efeitos provocados pela nova configuração das cidades nos cidadãos do século XIX. É ainda com ele que Benjamin e toda uma geração se dão conta da mudança do estatuto da arte a partir do século XIX.

A criação encontra na vida mundana a inspiração, o degradante e o degradado são as novas possibilidades de construção de um discurso poético. Os poetas encontram o lixo da sociedade nas ruas e no próprio lixo o seu assunto heroico, diz Benjamin inspirado em

Baudelaire. A relação de Baudelaire com a rua é também descrita por Benjamin: "Nos primeiros anos de sua existência como literato, Baudelaire aspirava simbolicamente à conquista da rua. Mais tarde, ao abandonar paulatinamente sua existência burguesa, a rua se tornou cada vez mais um refúgio. Em seus últimos anos Baudelaire não podia passear muito pelas ruas de Paris. Seus credores perseguiam-no, a doença se manifestava."

Outro caso de relação forte com uma cidade é o de Fernando Pessoa, conforme apontou Robert Bréchon:

> Desde o regresso definitivo a Lisboa, em 1905 (com dezessete anos), até a morte, em 1935, Pessoa nunca mais deixou a cidade ou seus arredores imediatos (...). É por intermédio dele que Lisboa entra verdadeiramente na literatura universal, tornando-se cidade-símbolo como a Paris de Balzac ou Baudelaire, a Praga de Kafka, a Alexandria de Cavafy, a Dublin de Joyce (...). Pessoa teve relação passional ambígua com a cidade que lhe inspirou algumas das mais belas paisagens do *Livro do Desassossego*: 'Oh, Lisboa, meu lar!'. (...) só a glória póstuma conseguiu pois afastá-lo do centro da cidade, que para ele era quase um segundo corpo, ainda que nem sempre tivesse se sentido bem nele, ora largo, ora por demais apertado.

Outra relação que não pode passar em branco neste contexto é a do escritor Dalton Trevisan. Figura célebre e esquiva que Curitiba cultiva e que a literatura brasileira, com razão, reverencia, Dalton vive nela há anos em relativa reclusão. Por outro lado, gosta de andar pela cidade, um andarilho, e é por meio dessas passadas que ele olha, sente e luta com os conflituosos sentimentos que experimenta por ela. Destaco estes trechos extraídos de seu clássico *Em busca de Curitiba perdida*:

> Não viajo todas as Curitibas, a de Emiliano, onde o pinheiro é uma taça de luz, (...) a de Romário Martins, em que o índio caraíba puto bate a matraca, barquilhas duas por um tostão; essa Curitiba medrosa não

é a que viajo. Eu sou da outra, do relógio na Praça Osório que marca implacável seis horas em ponto; dos sinos da Igreja dos polacos, (...) do bebedouro na pracinha da Ordem, onde os cavalos de sonho dos piás vão beber água (...) viajo Curitiba das conferências positivistas, eles são onze em Curitiba, há treze no mundo inteiro; (...) Curitiba sem pinheiro ou céu azul, pelo que vosmecê é — província, cárcere, lar —, esta Curitiba, e não a outra para inglês ver, com amor eu viajo, viajo, viajo...

Não permita Deus que eu morra
sem que daqui eu me vá
sem que eu diga adeus ao pinheiro
onde já não canta o sabiá
morrer ó supremo desfrute
em Curitiba é que não dá
(...)

Paulo Leminski passa por experiências semelhantes quando se trata de Curitiba e do bairro do Pilarzinho, onde morou do início dos anos 70 até mais ou menos início de 1988, quando se separou de Alice e embarcou para São Paulo. Ele travou com a cidade de Curitiba uma ambígua luta: amor e ódio, liberdade e limites, reconhecimento e rejeição, extensão do corpo e recolhimento do espírito, encaixe e desencaixe. É possível imaginá-lo muitas vezes como o trapeiro de Baudelaire descrito por Benjamin: "trapeiro ou poeta — a escória diz respeito a ambos; solitários, ambos realizam seu negócio nas horas em que os burgueses se entregam ao sono; o próprio gesto é o mesmo em ambos, é o passo do poeta que erra pela cidade à cata de rimas; deve ser também o passo do trapeiro que, a todo instante, se detém no caminho para recolher o lixo em que tropeça".

Relembro versos de Leminski:

poesia é lixo
onde houver lixo há poesia

poesia é lixo crítico
todo lixo é crítico
poesia é lixo crítico de cultura
poesia sempre dá pó [6]

Sob esse prisma e por estas razões, Curitiba pode ser integrada ao elenco das afinidades eletivas do poeta, afinidade aos poucos revelada. Assim, há sobre Curitiba um olhar bendito:

tamanho momento

nossa senhora da luz
ouro do rio belém
que seja eterno este dia
enquanto a sombra não vem

(*TODA POESIA*, 2013, p. 338)

Há questionamentos também:

imprecisa premissa

(quantas curitibas cabem numa só Curitiba?)

Cidades pequenas,
como dói esse silêncio,
cantinelas, ladainhas,

---

6. Carta 24. LEMINSKI, P.; BONVICINO, R., p. 72.

tudo aquilo que nem penso,
esse excesso
que me faz ver todo o senso,
imprecisa premissa,
definitiva preguiça
com que sobe, indeciso,
o mais ou menos do incenso.
Vila de Nossa Senhora
da Luz dos Pinhais,
tende piedade de nós.

(*TODA POESIA*, 2013, p. 204)

Há um olhar crítico que a descreve e aos que nela vivem: "Vestir é dizer. A que classe pertencemos. Qual é a nossa idade. Que tipo de vida desejamos. A vestimenta é uma palavra dita com o corpo todo. É célebre a preferência pelos tons cinza, marrom, ou azul-escuro na roupa do curitibano, avesso a escândalos e exageros. O curitibano médio não pratica o relacionamento instantâneo, intimidades súbitas." Ou ainda: "Curitiba é uma cidade de caretas. Jamais vou virar estátua aqui porque tenho uma bagana no bolso. A minha missão é outra!". Ironicamente, Leminski virou estátua no Parque da Ciência em 2002 — uma estátua muito mal feita, que do poeta quase não tem nada. Vale imaginar se isso o deixaria furioso ou se seu ego falaria mais alto.

Os limites culturais da província também são exaltados: "Curitiba é o tipo da cidade que consome cultura, mas não produz; uma vasta classe média, com acesso a bens culturais, discos, livros, edições, espetáculos e tal, e que não devolve, na mesma proporção, criativamente."

Esta indignação aparece em vários ensaios do poeta, em várias entrevistas. Para ele, que passou a vida criando e transformou o espaço geográfico local em assentamento poético, difundido e reconhecido, é difícil aceitar essa falta. Destaco uma vez mais suas palavras:

> Se Curitiba desaparecesse, hoje, evaporasse como por encanto, nas neblinas da manhã, puff!, que falta faria no "cenário cultural brasileiro"? Alguma? (...)
> Quem dá o tom a Curitiba é o imigrante. (...) entre outras coisas, desenvolveu a mística do trabalho. (...) intimamente ligada à repressividade sexual, que é a principal responsável pela escassa produtividade cultural que a cidade tem demonstrado (...). A mística imigrante do trabalho é contra o prazer, contra o corpo, uma mística do tipo puritano, calvinista, que reprime o prazer para canalizar as energias todas do indivíduo para o trabalho material. (...) nenhuma monstruosidade se compara à de ser um vagabundo, isto é, alguém refratário às delícias da ordem e da disciplina necessárias para o trabalho. (...) Freudianamente, Curitiba é a retenção das fezes. (...) Ora, criar é esbanjar. Só por excessos se cria. (...) Curitiba guarda-se. Guarda a sensualidade, a sexualidade, o lúdico, só os gastando com parcimônia, moderação, cálculo.

Ao viver explicitamente o conflito que a cidade provoca, Leminski não consegue desvencilhar-se de certas características do curitibano. Ao contrário, elas são, com cuidado, preservadas: "Meu sotaque é um dado cultural. Eu o preservo a todo custo. Profanar meu sotaque seria jogar minha alma pela janela."

Convidado a discutir em 1983 sobre a produção literária em Curitiba, Leminski afirma que achou estranho o tema do encontro, Pensamento Curitibano, pois não imaginava nem que existisse um pensamento brasileiro; um pensamento paranaense já o deixaria espantado: "agora, a perspectiva de um pensamento curitibano me deixa pasmo".

Gestos confessionais mostram uma Curitiba que às vezes provoca certo desconforto na alma do poeta. Destaco mais uma vez trechos das cartas que escreve a Régis Bonvicino entre 1976-1980: "criativamente só posso me sentir só, há anos levo uma luta sem tréguas, livre atirador sem companheiro nesta curitiba de contistas; sei que estou sujeito a todos os riscos, o provincianismo, a loucura inconsequente, a queda do rigor". Ou: "tirando Alice (que é comprometida) não tenho interlocutores poéticos à altura aqui, escrevo provincianamente bem demais". Ou ainda: "como poeta de vanguarda, eu, caipira 'de luxe', prefiro Homero. Lido em grego, é claro." E finalmente: "se eu saísse daqui, teria duas opções: Rio e São Paulo. Não vou sair da minha aldeia pra morar na aldeia dos outros."

É bem provável que Leminski se sentisse só na provinciana Curitiba dos anos 70. Em entrevista a Rosimeri Gemael, em 1986, ele afirma que na literatura paranaense, tirando o já consagrado Dalton Trevisan, o primeiro a conseguir viabilidade no eixo Rio-São Paulo foi Domingos Pellegrini, de Londrina. Leminski cita Alice Ruiz e Roberto Gomes, e não consegue mencionar outros nomes.

A imagem do grande poeta morando na província e que busca diálogo com pessoas de fora da cidade foi sustentada por ele e representou a garantia do sentimento de desconforto, do desencaixe, do "not belonging", do eterno exílio dentro da cidade, atitudes que vão qualificá-lo enquanto figura que se estrutura e se constrói pelo negativo, isto é, pelo avesso, que faz do não-ser, o ser. Sobre o escritor Dalton Trevisan, Leminski observou:

> No terreno da literatura só temos uma super-estrela, que é Dalton Trevisan. Mas é uma figura, assim, absolutamente isolada, porque ele escreve mas ele não tem existência cultural. A presença dele não é uma atuação. Ele não atua. Não agita. Não organiza nem desorganiza. Não polemiza. Nada. (...) o sucesso da pessoa dele começa e se esgota na própria pessoa dele porque ele não milita no front intelectual e cultural da cidade, (...) o que acontece é que o Dalton talvez tenha influenciado muita gente, no sentido de fazer a escolha que ele fez, que é a do conto, (...) então, o Dalton fazia contos antes do conto estar na moda. Ele faz contos desde 1940, (...) o conto se tornou moda a partir de uma jogada editorial. Uma facilidade de vender, (...) o conto favorece premiações,

> (...) facilidade editorial que produziu o que eu chamo de contismo nacional, essa praga que avassala o país. (...) Sou contra isso que se faz em torno do conto e com o conto. Obviamente, não sou contra uma forma, apenas. Aí se trata mais do que uma forma. Se trata de todo um negócio.

O que ele quer dizer com ausência no "front"? Não havia "front" cultural em Curitiba nos anos 70. Aliás, o próprio Leminski não tem esse lugar de militância, e sempre precisou dos laços com outros lugares e pessoas de fora. Sobre o formato do conto, Leminski escreveu:

> (...) não nos deixemos iludir por questõezinhas de detalhes, alguns truques novos ou pequenas reformas de fachada: o conto que se produz hoje no Brasil, na maioria esmagadora dos casos, é coisa do século passado, academicismo reacionário, prática retrógrada. É um anacronismo na era da dissolução dos gêneros (...) a fórmula do conto é contrarevolucionária (...) numa ótica progressista, só interessa no conto o que não é conto. Interessa a experiência, a abertura, o invento. Muita coisa nova pode surgir sob o rótulo de "conto". A lei da inércia que rege a vida dos produtos da cultura dominante tenta continuar a chamar de conto o que já é outra coisa.

Definitivamente, Leminski não tinha grandes afinidades com esse gênero de texto. E entre tantos afetos há um desafeto que, da mesma forma que os afetos, não pode passar em branco. É o desconforto que sempre existiu entre o poeta e o crítico literário Wilson Martins. A opinião do crítico em relação ao poeta se manifesta, entre outras, numa entrevista concedida a Márcio Renato dos Santos, para a revista paranaense *Top Magazine*:

> Eu acho que o Paulo Leminski é supervalorizado. A poesia dele é feita de lugares comuns, ideias simples, trocadilhos. Não dá para comparar a obra dele com os grandes poetas brasileiros, do passado ou do presente, como Drummond ou Manuel Bandeira. No contexto de seu tempo,

o Leminski é apenas um autor bastante secundário. Ele teve grande fama porque fez letras de músicas que foram gravadas por Caetano Veloso, A Cor do Som e Moraes Moreira. O trabalho de crítica que ele desenvolveu é muito pobre. As biografias (...) são coisas que ele tirou de enciclopédias e podem enganar apenas quem não leu as obras importantes sobre esses personagens. Ele não acrescentou nenhuma ideia importante sobre essas pessoas.

Leminski também ironizou o trabalho do crítico:

O Wilson Martins é um especialista em equívocos. Ele é um homem que acha, por exemplo, que Olavo Bilac é o grande poeta brasileiro, que Érico Veríssimo é o grande prosador do século XX. Ele é sempre o último a dar as primeiras notícias. Ele incompreendeu Guimarães Rosa, ele incompreendeu a poesia concreta. Ele é definitivamente um reacionário. Sua inteligência está a serviço do que existe de mais retrógrado. Wilson Martins é o Ney Braga da cultura literária paranaense.

Falando de si e sobre assuntos relativos a sua vida, Leminski comenta:

Nunca me recusei a nada. Tipo: televisão, rádio, publicidade, grafite de parede... qualquer negócio que trate de aproximar pessoas, via palavra, é comigo mesmo. É assunto meu. É um desafio e não considero nada disso alheio a mim. Tudo isso me diz respeito. (...) Se caísse um raio agora na minha cabeça, não sei qual a imagem que ficaria de tudo que escrevi. Fiz poesia, prosa, crítica, textos para publicidade, ficção, traduções, crônicas e muitas outras coisas. Nesse sentido, aceito a crítica óbvia de Wilson Martins: eu não me fixo em nada.

Pensando sobre as relações do poeta com a cidade, no ano de sua morte, 1989, ocorre um importante fato. A prefeitura de Curitiba lança a revista *Leite Quente*, que tratava de assuntos paranaenses. Paulo Leminski é convidado para escrever o primeiro número, inteiramente dedicado a Curitiba. Nesses textos, ele desvenda muitas das características da cidade. Também homenageia figuras conhecidas e peculiares, como o maestro Bento Mossurunga, os irmãos e músicos Henrique e Norton Morosowicz, o músico e compositor Lápis, apelido de Palminor Rodrigues Ferreira, famoso na noite curitibana na década de 70, e seu filho Grafite; a dupla caipira Belarmino e Gabriela, os amigos pessoais de Leminski — e também músicos e compositores — Paulo Vítola, Marinho Gallera, Ivo Rodrigues, este do grupo Blindagem. Sobre os amigos mais íntimos, há um belo texto escrito em 1978 e publicado no jornal literário *Polo Cultural* que mostra a estreiteza destas relações na vida do poeta:

> no começo dos meus clássicos e científicos
> anos 60
> no mundo que eu conhecia
> havia 3 poetas
> praticamente da mesma idade
> praticamente do mesmo sonho
> praticamente românticos
>
> paulo vítola
> gilberto ricardo dos santos
> e eu
>
> gilberto e eu
> éramos poetas de texto
> vítola
> estranhamente
> dedicava-se à letra de música
>
> obviamente
> na época

do alto de 40 séculos de preconceitos letrados
eu achava letra de música
um negócio ligeiramente menor
mais fácil
que o duro oficio das letras

depois vim a descobrir
já quase nos anos 70
quando comecei a me envolver com a canção
que quem estava certo
quem flagrava antes o vento das coisas por vir
tinha sido vítola
a canção mais importante
que curitiba produziu até agora

hoje vai a poesia de vítola
para ler
texto mudo
sem trilha sonora
nem acompanhamento
bicho papel
espumas flutuantes
na superfície da página[7]

A presença de Paulo Vítola mostra a longevidade da amizade entre ambos, o que faz pensar que, além de Alice havia, sim, alguns poucos interlocutores.

Sobre Curitiba, há ainda um texto especial: *Ler uma cidade: O alfabeto das ruínas*, momentos de pura inspiração leminskiana:

---

7. *Vítola receita poesia*. In Pólo Cultural, 10 jul. 1978.

> De todos os tipos de edifícios, só um me interessa, a ruína. É a ruína que dá sentido à cidade. (...) Cada rua, cada ruína. Uma rua, ruína de milhões de passos e pegadas, de encontros fortuitos. Melhor mudar de calçada. E de pontuais desencontros. (...) Tem noites que sonho passar por lugares que não existem mais. Do lado do Colégio Santa Maria, onde hoje é um banco, em meados dos anos 60, havia uma gráfica. Ainda ouço as máquinas. Ruínas de sons, ruínas de lembrança. (...) Só na cidade você pode morrer a qualquer momento. Não há sinônimo para cidade (...) A cidade é o colo de mamãe, o leite do peito, o cheiro da velha.

Significativo o fato de que estes foram os últimos textos escritos por Leminski. Ele morreu poucos meses depois. Há ainda aquela frase que se tornou a mais famosa sobre a sua relação com a cidade, dita durante uma entrevista a Adélia Lopes, d'*O Estado do Paraná*, em novembro de 88: "Nunca saí de Curitiba. Pinheiro não se transplanta."

Marcelo Sandmann, por ocasião dos dez anos de sua morte, em uma leitura crítica à nova edição da correspondência enviada por Leminski a Régis Bonvicino, diz:

> Da minha parte, o interesse pela "personalidade literária" de Paulo Leminski — essa somatória de vida e obra — se deve em grande medida ao vigor de sua intervenção, que logrou romper o véu de insignificância cultural que, com breves instantes de exceção, longamente tem pairado sobre Curitiba. Paulo Leminski colocou a cidade no mapa da poesia brasileira a partir de uma interlocução com nomes fortes da literatura e da música popular, que ecoa ainda hoje. Se pelas virtudes de sua obra em si, se pelo seu temperamento expansivo e carisma pessoal, se por mero acaso ou por senso de oportunidade, ou se por uma combinatória de todos esses elementos, o fato é que o papel desempenhado por Leminski é vital para a consciência local. Ler as cartas (...) a partir de Curitiba, é deixar-se impregnar por uma

energia de vida e uma abertura de perspectivas que poucos criadores (aqui e fora) têm conseguido irradiar.

A relação poeta-cidade não existe sem alguns conflitos: "Eu, como escritor, não estou vivendo no Brasil nem em Curitiba. Até o fato de ser meio polaco e meio preto, com muitos amigos de origem estrangeira, me dá uma soltura em relação a essa coisa patriotal." Daí a necessidade de colocar sempre a província em contrapartida a um universo maior. Daí também o eterno e (in)conscientemente desejado exílio curitibano. Destaco a espirituosa tirada na carta 26 para Bonvicino: "em matéria de patriota prefiro minha patota".

Assim é que, plantado na aldeia de Curitiba, Paulo Leminski trabalha na construção de sua obra. A morte prematura em função do álcool que o consumiu dia após dia durante anos — e contra o qual o máximo que conseguiu fazer foi uma abstinência de dois anos (1978-1980) — interrompeu certamente uma produção textual de valor. Poemas anunciam essas sensações:

último aviso

    caso alguma coisa me acontecer,
informem a família,
    foi assim, assim tinha que ser

    tinha que ser dor e dor
esse processo de crescer

    tinha que vir dobrado
esse medo de não ser

    tinha que ser mistério
esse meu modo de desaparecer

um poema, por exemplo,
caso alguma coisa me suceder,
vá que seja um indício

quem sabe ainda não acabei de escrever

(*TODA POESIA*, 2013, p. 224)

Paulo Leminski escreveu uma vasta obra e dela teve consciência: "morte vinda, um texto me garante a eternidade", conforme afirmou no *Catatau* (p. 24). Versos ilustram esse saber:

completa a obra
o vento sopra
e o tempo sobra

(*TODA POESIA*, 2013, p. 316)

lápide 1
epitáfio para o corpo

Aqui jaz um grande poeta.
Nada deixou escrito.
Este silêncio, acredito,
são sua obras completas.

(*TODA POESIA*, 2013, p. 289)

nem toda hora
é obra
nem toda obra
é prima
algumas são mães
outras irmãs
algumas
        clima

(*TODA POESIA*, 2013, p. 131)

segundo consta

        O mundo acabando,
podem ficar tranquilos.
        Acaba voltando
tudo aquilo.

        Reconstruam tudo
segundo a planta dos meus versos.
        Vento, eu disse como.
Nuvem, eu disse quando.
        Sol, casa, rua,
reinos, ruínas, anos,
        disse como éramos.

        Amor, eu disse como.
E como era mesmo?

(*TODA POESIA*, 2013, p. 216)

despropósito geral

Esse estranho hábito,
escrever obras-primas,
não me veio rápido.
Custou-me rimas.
Umas, paguei caro,
liras, vidas, preços máximos.
Umas, foi fácil.
Outras, nem falo.
Me lembro duma
que desfiz a socos.
Duas, em suma.
Bati mais um pouco.
Esse estranho abuso,
adquiri, faz séculos.
Aos outros, as músicas.
Eu, senhor, sou todo ecos.

(*TODA POESIA*, 2013, p. 225)

poesia: 1970

Tudo o que eu faço
alguém em mim que eu desprezo
sempre acha o máximo.

Mal rabisco,
Não dá mais pra mudar nada.
Já é um clássico.

(*TODA POESIA*, 2013, p. 230)

No final da vida, fragilizado pela doença e com fortes dores no abdômen, escreve um poema célebre:

um homem com uma dor
é muito mais elegante
caminha assim de lado
como se chegando atrasado
andasse mais adiante

carrega o peso da dor
como se portasse medalhas
uma coroa um milhão de dólares
ou coisas que os valha

ópios édens analgésicos
não me toquem nessa dor
ela é tudo que me sobra
sofrer vai ser minha última obra

(*TODA POESIA*, 2013, p. 284)

Percebe-se, de um lado, a clareza de construção de uma obra e, de outro, certa ironia ao desvirtuar o sentido de obra-prima. Há pretensão aí? Há, por certo, uma habilidade no manejo das palavras que supera qualquer desconforto que os versos possam causar. "Reconstruam tudo segundo a planta dos meus versos": essa é a pretensão de qualquer autor, Leminski não se furtou senti-la.

A ideia da dor como última obra pode ser entendida, entre tantas possibilidades de significados, como a dor da conclusão. Escrever não alivia o peso do viver. Escrever dói e essa dor é tudo que lhe resta. É possível perceber a consciência que Leminski tinha de que tudo que escrevia fazia parte de algo maior. Leminski constata: "a esta altura considero estes livros traduzidos uma obra bem configurada dentro da minha produção literária".

Se há algumas décadas a pergunta de Foucault O *que é uma obra?* levantava questões, hoje parece claro. Leminski é um autor que construiu uma obra. Os poemas escritos em guardanapos de papel nas mesas dos bares fazem parte dessa obra — tanto que alguns foram recolhidos e transformados em livro, caso de *Winterverno*, parceria entre o poeta e o arquiteto e ilustrador João Suplicy. Outros, quem sabe, talvez estejam guardados em alguma gaveta de Alice, de algum amigo ou parceiro, à espera de resgate.

Pensando no que e sobre o que Leminski escreveu, o panorama não é simples. Há textos por todos os lados. Ele pensou sobre tudo e sobre muitos. Ele não fez uma, mas várias escolhas. Ele poetou e proseou consigo e com outros. O que ele era, o que queria ser e o que foi coexistem num mesmo corpo. Um texto de Hannah Arendt, descrevendo Benjamin, é perfeito para retratar Leminski:

> Para descrever adequadamente sua obra e seu perfil de autor dentro do nosso quadro habitual de referências, seria preciso apresentar uma série imensa de declarações negativas, tais como: sua erudição era grande, mas não era um erudito; o assunto de seus temas compreendia textos e interpretações, mas não era um filólogo; sentia-se muitíssimo atraído não pela religião, mas pela teologia (...) mas não era teólogo; (...) era um escritor nato, mas sua maior ambição era produzir uma obra que consistisse inteiramente em citações; foi o

primeiro alemão a traduzir Proust (juntamente com Franz Hessel) e antes disso traduzira *Quadros parisienses* de Baudelaire, mas não era tradutor; resenhava livros e escreveu uma série de ensaios sobre autores vivos e mortos, mas não era um crítico literário; escreveu um livro sobre o barroco alemão e deixou um imenso estudo inacabado sobre o século XIX francês, mas não era um historiador; literato ou o que for; tentarei mostrar que ele pensava poeticamente mas não era poeta nem filósofo.

Leminski também não se enquadra no quadro habitual de referências. E é possível mostrar que ele vai além nessa atitude de "ser sem ser". Dava aulas de história e literatura, mas não era nem historiador nem professor; durante anos escreveu em jornais, mas não era jornalista; fez publicidade, mas não era publicitário. Agora, poeta, isso ele era. Aí uma diferença. No mais, acomoda-se bem à descrição. Tal qual Benjamin, constrói-se pela negação: é, sem ser. Um dos possíveis caminhos para essa compreensão, ele mesmo nos dá:

ler pelo não

Ler pelo não, quem dera!
Em cada ausência, sentir o cheiro forte
do corpo que se foi,
a coisa que espera.
Ler pelo não, além da letra,
ver, em cada rima vera, a prima pedra,
onde a forma perdida
procura seus etcéteras.
Desler, tresler, contraler,
enlear-se nos ritmos da matéria,

no fora, ver o dentro e, no dentro, o fora,
navegar em direção às Índias
e descobrir a América.

(*TODA POESIA*, 2013, p. 223)

Perceber dessa maneira mostra uma perspectiva diferente de sua história pessoal e intelectual. Esse "ser pelo avesso" que indica um caminho e segue por outro é o que cria a polêmica, desorienta e desassossega a tantos, seja em vida, seja depois de sua morte. A forma de como isso acontece é que não é simples.

O primeiro passo é pensar que isso que se nomeia obra não é, de fato, uma unidade, e deve-se perceber que o fragmentário da obra encontra-se também no autor. Assim, a trajetória intelectual de Leminski é a representação que se tem de sua construção, através do rastreamento das circunstâncias em que ela ocorreu. Ela sofre interferências externas: sociais, familiares, comportamentais, morais. Sofre interferências internas: emocionais, afetivas, mentais. Dar conta de tudo isso, é tentar "no fora, ver o dentro e no dentro, o fora", como sugere o poema.

No anúncio de sua morte, no jornal *O Estado*, Florianópolis, 11 de junho de 1989, tem-se a medida da imagem que Leminski deixou: "que nem maldito, o poeta morre irreverente e incompreendido". Qual imagem se cristaliza com a morte do poeta? O "Rimbaud curitibano", conforme Haroldo de Campos o descreveu no prefácio de *Caprichos & relaxos* (1983), é uma imagem que perdura. Leminski assimilou a rebeldia, o inconformismo, a irreverência que acompanha o mito rimbaudiano, e criou movimento por onde passou.

Domingos Pellegrini, seu amigo de muito tempo, disse: "o bigodudo que nos bares falava acima de todas as vozes e estava sempre adiante em algumas doses". Outro amigo, o poeta e jornalista Ademir Assunção: "A par das rebeliões comportamentais, da negação da persona do intelectual clássico, Leminski sabia de outra rebelião: a rebelião da linguagem. Com maestria, jogou toda a sua energia contra o racionalismo linear aristotélico/cartesiano. Judoca zen-budista, desconfiava das palavras e remetia seus leitores à experiência concreta com o próprio texto: em vez de refletir a realidade (...) transformava a escrita numa realidade em si."

Entre os caminhos que escolheu e que evidenciam a sua construção pela negação, há estes que são essenciais: notabiliza-se dando as costas à academia, morando na província e revelando a origem negra de muitas gerações atrás, que ele recupera e torna pública, mas que toma corpo sobretudo quando, entre as dedicatórias inscritas na biografia que fez sobre *Cruz e Sousa, o negro branco* (1983), estão essas: "*ao lado negro, do lado de minha mãe / para Gilberto Gil, pai de santo, guru, sensei, mestre zen, brilho do Terceiro Mundo, mimo de todos os orixás*". Essa revelação acontece diante do nome de um autor e de um músico absolutamente consagrados o que, no mínimo, faz pensar numa estratégia do poeta para acrescentar mais esta característica à longa lista de definições que o acompanharam.

Ao negro, socialmente estigmatizado, principalmente no sul do Brasil, ele alia a origem polonesa, criando no dueto "polaco-negro" uma dupla transgressão, pois em Curitiba o senso comum dizia que "o polaco é o negro do avesso". Dessa forma, Cruz e Sousa é o "negro-branco" e Leminski "o branco/polaco-negro". Uma ilustração para essa situação é encontrada em um importante artigo sobre a questão racial em Curitiba, de 1999, escrito pelos sociólogos Pedro Moraes e Marcilene Garcia de Souza: "resultado de uma competente propaganda, Curitiba, capital do estado do Paraná, tem aparecido na mídia local e nacional de diversas maneiras entre as quais destacamos: capital de Primeiro Mundo, capital ecológica, e, por fim, capital das etnias".

Diante de tais circunstâncias, o fato de Paulo Leminski se autonomear um "polaco-negro" mexeu no que popularmente dizemos ser um ninho de cobra. Ele reverte uma situação estigmatizante, tornando-a positiva, isto é, transforma a perda em assunção. Talvez essa afirmação pela negação tenha a ver com esse poema em especial:

incenso fosse música

isso de querer
ser exatamente aquilo
que a gente é
ainda vai
nos levar além

(*TODA POESIA*, 2013, p. 228)

Aliada a essas questões, há a figura física que se constrói também pela negação, assumida publicamente e sem constrangimentos. Sempre dialogando com Bonvicino (carta 30, agosto de 1978), Leminski escreveu que a mente começa no corpo. Ao mesmo tempo em que se dedica com todo o cuidado às lutas marciais, absorvendo sua filosofia zen e dirigindo o olhar para o oriente e seus haikais, o poeta tem consigo mesmo um desleixo físico que chega muitas vezes a chocar. Não gosta de tomar banho, não cuida dos dentes, bebe muito e consome drogas. No *Catatau*, consta: "ai de quem for achado como eu, desleixado do eu, esquecido do eu".

Irreverências e aparências à parte, reconhecido e definido na dualidade, ele circula, no entanto, por regiões de uma super disciplina que se contrapõe e desequilibra a visão estereotipada. Uma delas é aquela que o conduz ao Instituto Neo-Pitagórico fundado pelo poeta simbolista Dario Vellozo (1869-1937) em 26 de novembro de 1909. Esse lugar e esse poeta tornam-se paixão para Leminski, que filia-se ao Clube Literário Dario Vellozo em 1962, aos 18 anos.

Numa carta escrita a Augusto de Campos, em agosto de 1963, ele conta que comprou *Atlântida,* livro com um poema épico de Dario Vellozo. Muitos anos mais tarde, em 1977, envia para Bonvicino (na carta 14) notícias sobre o Instituto, o que demonstra a longa duração de sua relação com "O templo de Dario": "preparando (junto com

Kremer, fotógrafo, amigo e editor de 'não fosse isso') uma exposição de fotos do Templo das 7 musas de Dario Vellozo: selecionei versos touchstones de Dario para inserir dentro dos painéis (mais um catálogo q escrevi sobre o significado do templo e da poesia de dario, talvez desse para levar a exposição até são paulo, q tal? No dia da exposição vai ser lançado o 'não fosse isso'."

Amigos e ídolos são levados para visitar o Templo, como Caetano e Gil. A presença do poeta nesse lugar de rigor e absoluta disciplina, onde circula um discurso extremamente nacionalista, causa estranhamento. No boletim editado para a comemoração dos 71 anos de fundação do Instituto, há o texto *Ode ao Brasil*, de onde seleciono esse pequeno trecho:

> O BRASIL — o sertão, o sertanejo — a raça
> Que não torce, não quebra — adamantina taça
> Do caráter, do brio e da nobre altivez,
> O trabalho por norma e por norma a honradez.

Numa entrevista a Almir Feijó, para a revista *Quem*, em 1978, Leminski, ao comentar sobre a cultura curitibana, diz:

> (...) no que me diz respeito, no terreno do texto, Curitiba só produziu um momento interessante, que foi o Simbolismo, período que vai de 1890 a 1910. Curitiba foi, talvez, intelectualmente, a cidade mais importante do país. De quinze revistas simbolistas editadas no Brasil, nove o foram em Curitiba, no início do século. Nessa época produzimos uma concentração de repertório. Uma concentração de pessoas. Houve uma troca de informações da mais alta sofisticação. Essas pessoas produziram algo que pode ser chamado "o milagre curitibano". Esse milagre, que foi o Simbolismo, produziu o maior poeta, na minha opinião, Dario Vellozo. Esse Dario Vellozo é, talvez, a figura

> intelectualmente mais curiosa que Curitiba já produziu, figura bem característica do início do século. É o homem que tentou ressuscitar Pitágoras, aqui na Curitiba do início do século. Como não bastasse, não deixou apenas poemas: construiu um templo de pedras no bairro de Vila Isabel, onde funciona até hoje.

Leminski escreve, ainda em 1978, um longo poema de nove páginas em homenagem a Dario Vellozo e ao templo. Aqui, o início:

> o templo de dario:
> um poema de pé, um poema de pedra
> [...]
>
> toda terra
> tem seu corpo estranho
>
> sousândrade
> no maranhão
>
> kilkerry
> na bahia
>
> qorpo santo
> no rio grande do sul
>
> em curitiba
> é dario vellozo
> DARIO PERSIANO DE CASTRO VELLOZO,
> 1869-1937,
> tipógrafo,
> professor,
> "mestre da mocidade",

"príncipe do espírito",
poeta simbolista,
senhor do templo,
um possesso da ideia.
alienação?
escapismo elitista?
loucura?

Num elenco de nove poemas cujo título é *Variações para silêncio e iluminação*, que considero um dos momentos mais felizes da poesia de Leminski, ele diz:

para pitágoras
tudo é número
tudo é harmonia
tudo é música

os astros obedecem a uma matemática
essa matemática é uma música

não ouvimos a música das estrelas
porque nossos ouvidos são impuros

a culminância da experiência pitagórica
de purificação
e ascenção de espírito
era ouvir nas noites estreladas
a sinfonia vinda das esferas

o silêncio dos astros
nasce da nossa surdez

Em uma das visitas que faz com Leminski ao templo, Décio Pignatari demonstra sua surpresa: "Era uma coisa estranha, onde havia um altar e um vaso com terra tirada do túmulo de Pitágoras. O Leminski adorava esse fanatismo."

Essa ligação do poeta com o Instituto Neo-Pitagórico se contrapõe totalmente à atitude por ele assumida como intelectual. Ela provoca uma quebra na rotina de sua construção recheada de polêmica e irreverência, da figura do "outsider" tão bem desenhada por ele. De qualquer forma, ela faz parte da figura paradoxal constituída pelo poeta.

Outro caminho de disciplina que ele percorre é o do trabalho. Trabalha muito e sempre. Há momentos de profundo bem estar, como demonstram as cartas 32 e 42 para Bonvicino:

> como v. vê / atravesso uma crise de otimismo / zencristianomarxista / (...) / a crise de otimismo / vem da confiança em minhas forças / que / guardadas as ressalvas para a fragilidade humana / é total / hoje / aqui / agora // estou sentindo o trabalho acontecer / circular / (...) / sem bloqueios / sem preconceitos / sem complexos // me passe o violão / que eu quero te cantar minha última (...)

> o poeta sim tem o dever social de concentrar-se (como um jogador, por q não?)
> depurar, pesar, medir calcular efeitos... esse é seu ofício.

No caos que a feitura de tantas coisas diferentes realizadas simultaneamente pode provocar, existe uma ordem, uma produção que é continuada e elaborada com cuidado. Esta é outra forma que o poeta encontra para se mostrar pelo avesso, ao conseguir organizar tanto trabalho e produzir uma identidade de "homo faber", controlando muito bem o "Caos Leminski", conforme definiram o escritor Paulo Venturelli e o dramaturgo Chico Pennafiel na peça de mesmo título, uma adaptação de textos de Leminski. No folder do espetáculo, Alice Ruiz faz uma apresentação precisa acerca da multiplicidade do poeta:

> (...) pensar que todas as tendências de um ser humano agem em concordância é (...) definitiva ilusão. É esse Caos, intransferível, que faz de cada um, uma única pessoa. É esse Caos o norte do trabalho. E Leminski o representa bem porque assumiu todas as suas personas, com todas as suas contradições, ostensiva e veementemente. Caleidoscópio de profissões, profusão de expressões, não cabendo em si mesmo, transbordou em vida e obra. Assim Chico o viu e assim o fez. Todos em cena são Leminski. Com humor, raiva ternura, ousadia, timidez, certezas, dúvidas, assim como ele, em sua função de poeta, foi todos que pôde ser. O poeta é quem, falando de si mesmo, fala do mundo. O poeta só faz sentido se for muitos, se for universal.

O caos intransferível é na realidade o caos de todos nós. Cada um o vivencia e organiza a sua maneira, com as mesmas chances de perdas e ganhos que o poeta. Este movimento — literalmente de corpo e de palavra, de entradas e saídas, de espaços, de rigor e de relaxo — desajusta o olhar que lhe é habitualmente devotado. Leminski encaixa-se nesse desencaixe. Incorpora sua não-identidade como identidade e, no rastro dela, constrói-se e deixa-se construir. Daí a ambiguidade que o persegue e que contorna-lhe a figura: caprichoso e relaxado, malandro e samurai, provinciano e internacional, cosmopolita e bairrista, eclético e autodidata, bendito e maldito, endeusado e incompreendido, disciplinado e irreverente, monge beat, faixa preta de judô, filho de pai polonês e mãe mestiça, polaco e mulato, caboclo black e zen.

Um poema registra a sensação do poeta:

volta em aberto

      Ambígua volta
em torno da ambígua ida,
      quantas ambiguidades
se pode cometer na vida?

Quem parte leva um jeito
de quem traz a alma torta.
Quem bate mais na porta?
Quem parte ou quem torna?

(*TODA POESIA*, 2013, p. 194)

As impressões provocadas pela figura do poeta nunca são únicas. Qualidades opostas o definem, seja em opiniões individuais, seja em muitos dos textos críticos escritos sobre ele: "odiado e/ou amado, sua figura e obra ainda provocam discussões acaloradas" (Rodrigo Garcia Lopes, na revista *Cult*); "as polêmicas que cercam a vida e a obra do poeta curitibano Paulo Leminski parecem não se esgotar, tanto para aqueles que o admiram como para aqueles que o desprezam" (José Miguel Wisnik, na *Gazeta do Povo*); "poeta inquieto, carismático e acima de tudo provocador" (Miguel Sanches Neto, também para a *Gazeta do Povo*); "o anjo de vanguarda, autodenominado de 'cachorro louco' e de 'filho-daputa', oblato e poeta maldito" (Sérgio Rubens Sossélla, em *Caprichoso e relaxado); "*desinflacionada da figura polêmica de Paulo Leminski, a poesia do 'cachorrolouco' pode enfim ser vista sem o histerismo devoto das tietes e sem o rancor dos inimigos ou concorrentes. Embora ainda hoje o arqueiro zen da poesia concreta provoque suspiros de adoração incontida e ranger de dentes" (Carlos Dala Stella, para a *Gazeta do Povo*).

A partir desses olhares, a ambiguidade que marca a trajetória de Leminski é evidente. Esse conjunto de nomeações dicotômicas incorporadas à figura leminskiana reflete na verdade a ação empreendida pelo poeta com a linguagem, uma ação enormemente diversificada cujo resultado é surpreendente, conforme definição dada pela Fundação Cultural de Curitiba:

Poeta, compositor, tradutor?
Escritor, jornalista, publicitário, agitador?

Crítico, pensador?
Ex-professor de cursinho pré-vestibular?
Ex-aluno de cursos universitários inacabados?
Faixa preta de judô?
Rimbaud curitibano, discípulo zen de Bashô
Com físico de judoca e versos homéricos?
Caipira cabotino?
Polilingue paroquiano cósmico?
Poeta síntese dos anos 70?
Antena parabólica captando mensagens
Dos quatro cantos do mundo?
Radar joyceano?
Um bandido que sabia latim?
Um guru fazedor de cabeças?
A modernidade de Curitiba?
O curitibano novaiorquino?
Passional da poesia de cara na vida?
Tipo pop star, cheio de brilho, luz, gana e ironia?

Não fosse isso
E era menos
Não fosse tanto
E era quase — pensou certa vez Paulo Leminski.

Pensou, escreveu e mandou publicar
Reunindo a produção poética de 63 para cá

É, pois, na ambiguidade, na diversidade e pela negação que a obra de Leminski acontece. No distanciamento que a interlocução entre presente e passado mostra, instauro o fio da historicidade ao tornar próximo o longínquo, via interpretação. Passo a palavra a Benjamin:

> (...) tais experiências nos foram transmitidas, de modo benevolente ou ameaçador, à medida que crescíamos: "Ele é muito jovem, em breve poderá compreender". Ou: "Um dia ainda compreenderá". Sabia-se exatamente o significado da experiência: ela sempre fora comunicada aos jovens. De forma concisa, com a autoridade da velhice, em provérbios (...) em histórias; muitas vezes como narrativas de países longínquos, diante da lareira, contadas a pais e netos. Que foi feito de tudo isso? Quem encontra ainda pessoas que saibam contar histórias como elas devem ser contadas? Que moribundos dizem hoje palavras tão duráveis que possam ser transmitidas como um anel, de geração em geração? Quem é ajudado hoje por um provérbio oportuno? Quem tentará, sequer, lidar com a juventude invocando sua experiência? (...) está claro que as ações da experiência estão em baixa, e isso numa geração que entre 1914 e 1918 viveu unia das mais terríveis experiências da história, (...) uma nova forma de miséria surgiu (...) nossa pobreza de experiências é apenas uma parte da grande pobreza que recebeu novamente um rosto, nítido e preciso como o do mendigo medieval. (...) essa pobreza não é mais privada, mas de toda a humanidade. Surge assim uma nova barbárie.

Ao recuperar o caminho criado pelo poeta em sua construção como autor, realizo a tarefa de contar a experiência, nossa e do outro, para que ela possa ser transmitida e desta forma não ser esquecida. Assim fazendo, possibilito a propagação da experiência construída pelo poeta.

A formação pessoal e intelectual

das coisas
que eu fiz a metro
todos saberão
quantos quilômetros
são

aquelas
em centímetros
sentimentos mínimos
ímpetos infinitos
não?
(*TODA POESIA*, 2013, p. 37)

ESSE POETA TÃO NOMEADO DE ADJETIVOS É UM HOMEM DE APARÊNCIA e hábitos simples, condição herdada da vida em família. Ao viver durante algum tempo no interior de Santa Catarina, em função da profissão do pai, os irmãos Paulo e Pedro Leminski se habituam à liberdade e à simplicidade. Leminski diria mais tarde ter produzido o seu primeiro poema, *O sapo*, aos oito anos. Seus versos adultos retratam a vida cotidiana:

página ó página casa materna
onde encontro sempre espanto
o mesmo sempre manso branco
quando penetro numa caverna

(*TODA POESIA*, 2013, p. 268)

minha mãe dizia

— ferve, água!
— frita, ovo!
— pinga, pia!

e tudo obedecia
(*TODA POESIA*, 2013, p. 39)

Aos doze anos Leminski já se interessa por enciclopédias e dicionários. Apaixonado pelos poetas portugueses Camões (1524-1580) e Antero de Quental (1842-1891), é com o pai militar que vai tomar conhecimento do também militar Euclides da Cunha, sobre quem escreverá mais tarde um ensaio intitulado *Sertões anti-euclidianos*, dizendo:

> nenhum livro / teve sobre a cultura brasileira letrada / o impacto de "os sertões" // com ele / euclides da cunha / militar / engenheiro / positivista com toda a oficialidade republicana / traumatizou / uma literatura feita por bacharéis / (...) / dele descendem "macunaíma" / "vidas secas" / "o tempo e o vento" / toda nossa prosa regionalista até o sertão máximo / "grande sertão: veredas" / onde o gênio de guimarães rosa / dá ao sertão uma dimensão cósmica / num texto rico como os de joyce / encerrando com chave de ouro o ciclo mais fecundo da literatura brasileira

Esse início da construção de si mesmo toma novas formas diante da decisão de seguir a vida religiosa. É na vida que vive no mosteiro de São Bento, em São Paulo, entre os 13 e os 14 anos, que Paulo Leminski determina certos rumos de sua personalidade. Vem daí a disciplina que futuramente se refletiria em seu trabalho.

A ordem interior, a convivência com D. Clemente, diretor do mosteiro, e sobretudo com D. João Mehlmann, doutor na Sagrada Escritura, cuja especialidade era estudar os autores gregos no original, vai ter grande influência, quando apresenta ao poeta a biblioteca do mosteiro. Em diferentes fases da vida Leminski registra tal influência.

As razões que o levaram a tal escolha não são muito claras. Aparentemente, o interesse de Leminski foi súbito e surpreendeu a família. A escolha mais previsível, talvez, teria sido seguir a carreira militar, sem dúvida o desejo do pai, sargento do exército.

Aos treze anos, o menino Paulo Leminski abre o leque de questões que serão cruciais no futuro. Estuda com mais profundidade o latim, tem acesso aos autores clássicos, aprende grego, se dedica a entender a semiologia do canto gregoriano, lê sermões do Padre Vieira, apaixona-se por Homero, entra em contato com *Os Lusíadas* de Camões, gosta do português, da história universal, das línguas estrangeiras.

Pode-se imaginar a impressão causada por essas leituras, junto ao silêncio e a condição da repressão sexual. O despojamento da vida no mosteiro imprime-se definitivamente na maneira de ser do poeta.

Ao voltar para Curitiba, em 1958, aos 14 anos, mantém com D. Clemente, por um certo tempo, uma correspondência bastante fraterna, encontrando um interlocutor afetuoso e receptivo. Destaco um trecho, no qual comenta que, das infinitas coisas de que sentia falta no mosteiro, as principais eram "o silêncio, a capela e os corredores sombrios". Os três poemas que seguem registram ecos destas lembranças:

sacro lavoro

        as mãos que escrevem isto
um dia iam ser de sacerdote
        transformando o pão e o vinho forte
na carne e sangue de cristo

hoje transformam palavras
num misto entre o óbvio e o nunca visto

(*TODA POESIA*, 2013, p. 342)

in honore ordinis sancti benedicti

à ordem de são bento
a ordem que sabe
que o fogo é lento
e está aqui fora
a ordem que vai dentro

a ordem sabe
que tudo é santo
a hora a cor a água
o canto o incenso o silêncio
e no interior do mais pequeno
abre-se profundo
a flor do espaço mais imenso

(*TODA POESIA*, 2013, p. 260)

Senhor que prometestes
a vida eterna aos filhos de São Bento
obrigado pelos invernos ao vento
e pelo invento do inferno
ainda aqui nesta terra

(*TODA POESIA*, 2013, p. 266)

Na vida adulta, a eterna marca da rápida passagem pela vida religiosa:

nunca sei ao certo
se sou um menino de dúvidas
ou um homem de fé

certezas o vento leva
só dúvidas continuam de pé

(*TODA POESIA*, 2013, p. 338)

É então, a partir dessa adolescência iniciada no mosteiro, que o poeta começa a acomodar os autores que desde muito cedo lhe fazem companhia, a tal "escolha de um elenco de autores vitais", como se referia. São parcerias indissolúveis. O conjunto de nomes de autores aqui selecionados não é aleatório. Ele é o resultado coletado durante as leituras da obra de Paulo Leminski. A vida de leitor de Leminski foi uma trabalhosa busca de sentidos:

parar de escrever
bilhetes de felicitações

como se eu fosse camões
e as ilíadas dos meus dias
fossem lusíadas,
rosas, vieiras, sermões

(*TODA POESIA*, 2013, p. 41)

Bom dia, poetas velhos.
Me deixem na boca
o gosto de versos
mais fortes que não farei.

Dia vai vir que os saiba
tão bem que vos cite
como quem tê-los
um tanto feito também,
acredite.

(*TODA POESIA*, 2013, p. 42)

operação de vista

De uma noite, vim.
Para uma noite, vamos,
uma rosa de Guimarães
nos ramos de Graciliano.

Finnegans Wake à direita,
un coup de dés à esquerda,
que coisa pode ser feita
que não seja pura perda?

(*TODA POESIA*, 2013, p. 252)

tout est déjà dit
dans un jardin
jadis

femando uma pessoa
j'ai perdu ma vie

par delicatesse?
oui
rimbaud
moi
aussi

(*TODA POESIA*, 2013, p. 276)

m, de memória

Os livros sabem de cor
milhares de poemas.

Que memória!
Lembrar, assim, vale a pena.
Vale a pena o desperdício,
Ulisses voltou de Troia,
assim como Dante disse,
o céu não vale uma história.
Um dia, o diabo veio
seduzir um doutor Fausto.
Byron era verdadeiro.
Fernando, pessoa, era falso.
Mallarmé era tão pálido,
mais parecia uma página.
Rimbaud se mandou pra África,
Hemingway de miragens.
Os livros sabem de tudo.
Já sabem deste dilema.
Só não sabem que, no fundo,
ler não passa de uma lenda.

(*TODA POESIA*, 2013, p. 226)

um dia
a gente ia ser homero
a obra nada menos que uma ilíada

depois
a barra pesando
dava pra ser aí um rimbaud
um ungaretti um fernando pessoa qualquer
um lorca um éluard um ginsberg

por fim
acabamos o pequeno poeta de província
que sempre fomos
por trás de tantas máscaras
que o tempo tratou como a flores

(*TODA POESIA*, 2013, p. 71)

Nesse último poema, uma redenção à cidade de onde tudo sonhou, da qual nunca conseguiu sair e onde finalmente aceita se encaixar, como o pequeno (grande) poeta da província. Sobre esse poema especialmente, há uma opinião importante de Leyla Perrone-Moisés, num texto escrito em 1983, para *O Estado de S. Paulo*:

> Confessa que sonhou ser Homero, que se imaginou Rimbaud ou Pessoa, que desejou ser um grande poeta inglês do século passado, e que acabou "um pequeno poeta de província". E é exatamente aí que ele ganha a parada. A viagem pelos grandes textos, num primeiro tempo, reduz o poeta provinciano a sua "insignificância"; mas, abrindo seu desconfiômetro, perrnite-lhe safar-se da repetição involuntária ou degradada. Ele sabe que espaços de linguagem já estão ocupados, e onde se abre lugar para sua fala. Ao assumir seu provincianismo, o poeta deixa de ser provinciano, porque provinciano é aquele que nem desconfia. Tendo dado essa volta para "além das serras que azulam no horizonte", o poeta não corre mais o risco de versejar caipiramente "a aurora de sua vida".

Algumas dessas escolhas vêm de um tempo distante, como Homero (século VIII a.C.), Petrônio (século I d.C.), Dante Alighieri (1265-1321), Luis Vaz de Camões (1524-1580), René Descartes (1596-1650), Padre Antônio Vieira (1608-1697), Matsuo Bashô (1644-1694).

Num tempo mais próximo, Edgard Allan Poe (1809-1849), Walt Whitman (1819-1892), Charles Baudelaire (1821-1867), Fyodor

Dostoiévski (1821-1881), Lewis Caroll (1832-1898), Sousândrade (1833-1902), Charles Peirce (1839-1914), Stéphane Mallarmé (1842-1898), Antero de Quental (1842-1891), Arthur Rimbaud (1854-1891), Jules Laforgue (1860-1898), Cruz e Sousa (1861-1898), Euclides da Cunha (1866-1909), Dario Vellozo (1869-1937), Alfred Jarry (1873-1907) Leon Trótski (1879-1940), James Joyce (1882-1941), Ezra Pound (1885-1972), Fernando Pessoa (1888-1935), T. S. Eliot (1888-1965), Oswald de Andrade (1890-1954), Vladimir Maiakóvski (1893-1930), Garcia Lorca (1898-1936), Bertolt Brecht (1898-1956), Jorge Luis Borges (1899-1986), entre outros.

Num tempo mais presente, Carlos Drummond de Andrade (1902-1987), Jean- Paul Sartre (1905-1980), Samuel Beckett (1906-1989), Guimarães Rosa (1908-1973), Octavio Paz (1914-1980), João Cabral de Melo Neto (1920-1999), Jack Kerouac (1922-1969), Yukio Mishima (1925-1970), Neal Cassady (1926-1968), Allen Ginsburg (1926-1997), Décio Pignatari (1927-2012), Haroldo de Campos (1929-2003), Augusto de Campos (1931), John Lennon (1940-1980).

Esse elenco de nomes anuncia muito mais que simples escolhas. Esses autores, consagrados, canônicos, clássicos, sinalizam literatos que se movimentam não apenas individualmente mas também entre si. Leitores uns dos outros, criam uma teia que os enreda e a partir da qual outros nomes podem surgir sempre, a qualquer tempo, em todos os tempos, formando o que Borges chamou de biblioteca de preferências, uma reunião de afinidades, se quisermos, interminável.

Parece que para Leminski a árvore começa com Edgar Allan Poe. Na carta 16 enviada a Bonvicino, escreve:

> afinal
> somos todos
> frutos
> da
> mesma
> POE TREE

Baudelaire traduz Poe e transforma-se no seu maior divulgador; Mallarmé escreve um soneto em homenagem a Baudelaire; Fernando Pessoa escreve uma ode a Walt Whitman e também traduz poemas de Poe; Jules Laforgue, precursor de Joyce, influencia Ezra Pound, que ressalta a importância de Laforgue para a poesia; Lewis Carroll, que morre no mesmo ano em que Mallarmé, influencia com suas "palavras- valise" a trajetória da linguagem de Laforgue e Joyce, que por sua vez influencia, entre tantos outros, Haroldo e Augusto de Campos, que também são influenciados por Pound, em quem se inspiram para a formação do movimento concretista, cujo lema é "make it new"; Lennon é influenciado por Lewis Carroll e por Whitman, que influencia Maiakóvski, que é traduzido por Boris Schnaiderman, Augusto e Haroldo de Campos; estes traduzem Mallarmé, desta vez com Décio Pignatari; Whitman, "o primeiro beatnik", influencia Kerouac, que junto com Ginsberg deflagra o movimento "beat" na América; Sartre escreve um livro polêmico sobre Baudelaire, que influencia Rimbaud, admirado por Pound e que, junto com T. S. Eliot, funda a literatura modernista do século XX; Cruz e Sousa, que admirava Edgar Allan Poe, é precursor do Simbolismo, ao qual filia-se Dario Vellozo, que deve ter olhado para Sousândrade, que com paciência esperou os anos 60 do século XX para ser resgatado pelos irmãos Campos; Beckett foi secretário de Joyce; Pound, o mestre, faz um pacto com Whitman; e Guimarães Rosa, influenciado por Euclides da Cunha, escreve como Joyce; Oswald de Andrade escreve com brevidade e inspira Drummond em alguns poemas-minuto, em algumas breves frases poéticas; Homero, Petrônio, Dante, Descartes, Bashô, são as fontes destas relações tão especiais.

Paulo Leminski articula todas essas leituras com sua prosa e seu verso. Ele já havia pressentido, nos anos 70, a necessidade de enlear-se a esse mundo: "cedo a gente descobre, lá fora existe não apenas um mundo mas também uma literatura, um universo feito de palavras, frases perfeitas, enredos inesquecíveis, versos definitivos, 'performances' verbais tão vivas quanto a própria vida, e que sobrevivem à própria morte do autor. Se nosso negócio é a palavra, é nesse mar que a gente tem que entrar."

Um diálogo importante para apreender a significação dessa lista de nomes de autores e suas relações, a questão do reconhecimento, do cânone e de como isso se concretiza em alguns deles, é o que acontece entre Pascale Casanova e Ezra Pound, no livro *A república mundial das letras*:

> O "clássico" encarna a própria legitimidade literária, isto é, o que é reconhecido como "A Literatura", a partir do que serão traçados os limites do que será reconhecido como literário, o que servirá de unidade de medida específica. O "prestígio literário" enraíza-se em um "meio" profissional mais ou menos numeroso, junto a um público restrito e culto. (...) A ideia de um "crédito" literário, tal como Pound a esboça, permite compreender como no universo literário o valor está diretamente ligado à crença. Quando um escritor se torna uma "referência", quando seu nome se torna um valor no mercado literário, ou seja, quando se acredita que o que faz tem valor literário, quando é consagrado escritor, então "dão-lhe crédito": o crédito, a "referência" de Pound, é o poder e o valor outorgados a um escritor, a uma instância, a um lugar ou a um "nome", em virtude da crença que lhe concedem; é o que ele julga ter, o que se acredita que tenha e o poder que, acreditando nisso, se lhe credita.

Sabe-se que o livro de Pound *ABC of reading* (1934) foi como uma bíblia para muitos dos literatos do século XX. Lançado na França em 1966, ele chega ao Brasil numa primeira edição, em 1970, pela Cultrix, organizado e apresentado por Augusto de Campos, que o traduz juntamente com José Paulo Paes. O livro traz as ideias vanguardistas de Pound, além de uma mini-antologia que vai de Homero a Jules Laforgue.

Estas explicações desvendam fatos. Pound é uma grande influência nas carreiras de Augusto e Haroldo de Campos, e de Décio Pignatari.

Paulo Leminski, pela relação que teve com eles, pode ter tido acesso ao texto de Pound muito jovem e, quem sabe, muito antes de tantos escritores brasileiros da época. Esta é uma suposição. De qualquer forma, a paixão de Leminski por Pound dura um bom tempo, suficiente para seu aprendizado e para a manutenção do diálogo com Augusto e Haroldo de Campos e Pignatari. Mais tarde, o poeta desliga Décio dos irmãos Campos, mantendo com ele relação e admiração à parte.

Olhar para esses nomes de autores de origens tão diversas, de tempos tão díspares, de vidas tão distantes, pensar que com seus pensamentos, sua criatividade, seus escritos interagem com a vida e a produção de Leminski — coloca em pauta as noções de contemporaneidade e de identidade entre as gerações, entre as obras.

Didier Eribon se fez essa pergunta: o que é um contemporâneo? As relações entre o biografado e aqueles que o influenciam — essa questão torna-se muito importante. Ela faz vislumbrar a rede em que o biografado se enleia para construir seu caminho. No caso de Leminski, o caminho de uma produção intelectual. Ele próprio comentou: "Vivemos numa época total. Não tem mais essa de passado, presente e futuro. Artisticamente vivemos a contemporaneidade absoluta." Em outro momento, complementa: "O cidadão é contemporâneo, o escritor não tem tempo. Eu escrevo para ser lido pelo Faraó Ramsés ou por algum biônico que vai nascer daqui a 1200 anos. Quando escrevo não sou brasileiro, nem contemporâneo."

As influências que recobrem a todos na construção de literatos, historiadores, filósofos, críticos, no exercício continuado da condição humana, reúnem uns aos outros, criando um espaço possível de convivência mútua e irrestrita, pensando não em um tempo histórico mas numa "geografia temporal", termo utilizado por Pascale Casanova para designar esse deslocamento de autores de uma nação a outra no processo de acolher, receber e integrar uma obra estrangeira.

É possível entender que um escritor, mesmo ligado a um tempo histórico e real, pode ser ao mesmo tempo simbolicamente revivido por alguém, um outro autor, quando, através da leitura, ele é reconduzido a outro tempo e outra realidade. O que faz com que um nome de autor e de seu texto circulem e venham a influenciar outros autores é a de serem traduzidos e integrados à rede de autores de uma nação.

A tradução é então um dos mais importantes caminhos para a confraternização e a convivência, é ela que os aproxima em suas diferentes temporalidades e cria um tempo acima do tempo real e histórico. Talvez seja esse o tempo declarado por Casanova como um tempo específico da literatura. É natural que se olhe esse feixe de afinidades fundado pelas escolhas de Leminski como parte de sua obra. É preciso pensar mais sobre essas afinidades eletivas, expressão da qual Benjamin se apropriou para denominar suas escolhas intelectuais, morais e afetivas.

A experiência da influência é parte constitutiva do trabalho intelectual. Alguns relatos de autores consagrados mostram esse acontecimento. O historiador italiano Carlo Ginsburg escreveu que lia autores cruciais para o seu trabalho, Erich Auerbach, Leo Spitzer, Gianfranco Contini, até o encontro decisivo com Délio Cantimori; Robert Darnton, historiador americano, comentou sobre seus heróis Burckhardt e Huizinga; Peter Burke, historiador britânico, não escapa da circunstância, ao afirmar que Keith Thomas foi seu mentor, de quem recebia recomendações, e que é difícil se livrar de uma relação tutorial mesmo após quarenta anos. Além disso, ele menciona Braudel, Weber, Burckhardt e Huizinga como sendo seus herois.

Entre os intelectuais brasileiros, o caso do poeta Carlos Drummond de Andrade é exemplar. Sua amizade com o poeta Mário de Andrade, dez anos mais velho, foi vital: o vínculo afetivo entre ambos marcaria em profundidade a vida intelectual e moral de Drummond, segundo suas próprias palavras. Anos mais tarde, ao reunir sua correspondência com Mário de Andrade em um livro, diria que essa correspondência representava "o mais importante, generoso e fecundo estímulo à atividade literária recebido em toda a existência".

Nem os mais revolucionários e rebeldes autores escapam da experiência da influência. Cláudio Willer, tradutor de Allen Ginsberg

(1926-1997), um dos maiores nomes da geração "beat", comenta na introdução do livro *Uivo, Kaddish e outros poemas*:

> A revolução que se projetou na sociedade, promovida por Ginsberg e seus parceiros, foi engendrada pela literatura. Foram leitores, acima de tudo. Por isso tomaram-se autores. Tomando-se autores, passaram a ser revolucionários. Procederam à devoração antropofágica da cultura oficial (...) e daquela que estava à margem do sistema, que o establishement havia varrido para baixo do tapete (...). No episódio que é o marco zero da Geração Beat, quando Jack Kerouac apresentou Ginsberg a William Burroughs, no final de 1943, há o relato dos livros que Burroughs estava lendo: *O Processo* e *O Castelo* de Kafka, *A Decadência do Ocidente* de Spengler, poemas de Hart Crane, Rimbaud, *Ciência e Sanidade* de Korzybski, *A Vision* de Yeats, *Ópio* de Cocteau. (...) Em um grau enorme de atualização literária (...) palestras e ensaios de Ginsberg demonstram sua vinculação à vertente objetivista de Pound e (William Carlos) Williams e do fluxo de consciência de Gertrude Stein e James Joyce (...). Em uma edição comentada de *Uivo*, Ginsberg reproduz as obras de maior importância em sua gênese: o obscuro Christopher Smart, Shelley, *Zone* de Apollinaire, *Priimiititii* do dadaísta Kurt Schwitters, Maiakóvski, o García Lorca de *Ode a Walt Whitman*, o *Van Gogh* de Artaud, Hart Crane, além de William Carlos Williams, seu prefaciador.

A questão da influência ocupa também os pensamentos de Paulo Leminski:

> A principal influência sobre um texto literário são os textos literários anteriores. (...) Esses modelos são construções ideologicamente determinadas, históricas, jogadas ensaiadas como se diz em futebol.
> (...)
> A principal influência sobre a literatura de Machado de Assis não é o Brasil do Segundo Império. São os escritores franceses e ingleses que formaram seu gosto e alimentaram seu escrever.

> Principal influência sobre Oswald de Andrade não foi a realidade brasileira. Foram os modelos da vanguarda francesa, Blaise Cendrars, Cocteau, as coisas que vieram de fora.
>
> O romance social brasileiro dos anos 1930, Jorge Amado, inclusive, e sobretudo, são literatura russa, Tolstói e Górki, realismo, naturalismo, realidade brasileira captada e dita de um determinado jeito, Stendhal, Flaubert, Balzac, Maupassant, Zola, literatura, enfim.
>
> Só os tolos e os ignorantes imaginam que a literatura reflita alguma coisa que não seja literatura.

A veemência não aparece apenas na afirmação feita acima, mas em outras que percorrem o mesmo ensaio, como por exemplo:

> O primeiro personagem que um escritor cria é ele mesmo.
>
> Só os imbecis procuram um eu atrás do texto literário. (...)
>
> Assim como não comporta um "eu", o texto literário também não se refere a nenhuma realidade fora de si mesmo. (...)
>
> Só os "idiotas da objetividade", como dizia, genialmente, Nelson Rodrigues, imaginam que a literatura "reflita" alguma realidade exterior a ela mesma. A arte do texto não é uma dependência do comércio de espelhos.
>
> A palavra é um gesto fundador. Não um reflexo. (...)
>
> O leitor no texto literário também é uma ficção. (...)
>
> Um texto literário é objeto sem autor, para leitor nenhum, não se referindo a nada, a não ser ele mesmo.

Leminski, nessa passagem, além de "matar o autor", mata também o leitor. Essa radicalidade um tanto ostensiva não acontece só ao nível das ideias, mas no uso de palavras fortes como: "imbecis", "idiotas", "tolos", "ignorantes". Por outro lado, a ideia de que a literatura se abastece da própria literatura é uma tendência que entra nos anos 80. Tem a ver com a teoria dos formalistas russos, entre eles, Vladimir Propp, personagem do romance de Leminski *Agora é que são elas*.

Alguns anos depois de escrito este ensaio, em 1988, um ano antes de sua morte, o ponto de vista do poeta sobre a literatura se modifica. Numa entrevista concedida a Paulo Mohylovski para a *Folha de S. Paulo* ele fala:

> Eu não sou só poeta. Se você quiser fazer só literatura, você talvez não faça literatura, porque ela se alimenta da vida e de outras coisas. Sou muito ávido de experiências e linguagens novas [falando sobre a televisão]. A questão é que a poesia se encontra em outros lugares, não só na literatura. (...) minha poesia vive de minha vida (...) meu processo de criação é muito concentrado. Eu durmo fazendo poesia, acordo fazendo poesia. Eu não sou poeta de fim-de-semana. (...) um monte de poemas meus aconteceram diante de coisas corriqueiras.

Voltando ao tema da influência, pode-se dizer que além dos nomes já mencionados, acontece na vida de Paulo Leminski um encontro crucial, em agosto de 1963, na Semana Nacional de Poesia de Vanguarda, Belo Horizonte, Minas Gerais. Aos 19 anos, conhece os poetas e tradutores Haroldo de Campos e Augusto de Campos e ainda o professor, poeta e semiólogo Décio Pignatari, a tríade do movimento literário concreto iniciado nos anos 50, e que atinge sua maturidade naquele momento. Para Leminski, eles serão por muitos anos os mestres. O fato de tê-los conhecido naquele momento cultural e político é fator decisivo. Carlos Ávila, poeta e jornalista, comentou que:

> [o encontro] reuniu algumas das melhores cabeças pensantes do Brasil naquele momento, incluindo aí poetas, críticos e tradutores (...) pressentindo já as 'sombras' autoritárias que viriam se abater sobre o país com o golpe militar de 64, os intelectuais (...) se reuniram com uma perspectiva utópica: formar uma frente que congregasse diferentes grupos e tendências compromissados com 'a criação de uma linguagem nova e de autenticidade brasileira para a nossa poesia', mas sem abdicar da preocupação comum de atribuir-lhe função participante no contexto da realidade nacional

É nesse lugar, extremamente sério e diretamente envolvido com a ponta de lança da vanguarda brasileira que o jovem poeta Paulo Leminski desembarca, com a ousadia que nunca lhe faltou. Participou ativamente dos trabalhos, assinando, inclusive, o documento formal extraído do encontro.

A relação entre Leminski e os poetas concretistas é bastante longa, permeada de encontros, cartas, visitas e algumas vezes hospedagem do poeta e da família na casa de Augusto de Campos, em São Paulo.

Para acompanhar as referências que serão feitas daqui para frente ao texto das cartas, é preciso um mapeamento das circunstâncias que antecedem essa correspondência entre Leminski e Bonvicino, que se inicia em 1976 e termina em 1981, quando, segundo Bonvicino, Leminski comprou seu primeiro telefone e foi, gradativamente, perdendo o hábito de escrever cartas.

Outro fato importante que acontece nesse período da correspondência é a abstinência do álcool que Leminski consegue empreender durante dois anos e que acontece por conta da morte da mãe e do filho Miguel, somada à crise afetiva com Alice. A cannabis — não incluída por ele na categoria das drogas — continuaria sendo sua companheira inseparável. Em carta enviada ao amigo Bonvicino de 13 de abril de 1978, referia-se à abstinência como o mesmo que domar um touro enfurecido.

É nesta fase e nesta mesma carta que o poeta escreve um texto que entra para a galeria de seus clássicos:

> meu fígado deu um stop, parei de beber total: está fazendo uma semana q não provo álcool, se der, não provo mais, cheguei à conclusão q o álcool até agora tinha me dado mas ia começar a me tirar. não quero acabar como f. pessoa com hepatite etílica aos 44 anos. pound e maiakovski, os maiores poetas do século, não bebiam. tenho bebido tanto leite q teu pai precisava ver. com consumidores de leite como estou agora, o Brasil logo ia ser uma Dinamarca...

Tarso de Melo observou, nas *Notas às cartas*, que havia na frase acima um engano espantoso: o poeta Fernando Pessoa não morreu "aos 44 anos", mas sim aos 47, ou seja, Leminski erra a idade do português, para adivinhar a idade que teria ao morrer — exatamente de complicações no fígado causadas pelo álcool.

Do ponto de vista literário, Leminski publicou na revista Invenção, em dezembro de 1964, cinco poemas. Dentre eles, esse, essencialmente concretista:

por questão de subsistência
por questão de subserviência
por questão de subsequência
por questão de sequência
por questão de silêncio
por questão de ânsia
por questão de cio
por questão de se
os que estão
em questão

Esta primeira oportunidade de publicação deve-se à ligação estabelecida no ano anterior com o grupo concretista. A revista *Invenção* era um órgão de divulgação e polêmica do movimento concretista. Aos vinte anos, Leminski começa a aparecer literariamente, apoiado pelos poetas concretistas, fora de Curitiba. Na sequência ele fundaria informalmente, tendo sua própria casa como sede, o Núcleo Experimental de Poesia Concreta de Curitiba. É nesse grupo, em 1963, que Leminski começa os seus primeiros exercícios tradutórios de Mallarmé, Poe e todos "os malditos 'noirs'" com os quais se identificava.

Na passagem de ano de 63 para 64, Leminski e Neiva hospedam-se em São Paulo, na casa de Augusto de Campos. Ali, conheceria o poeta José Carlos Paes, concretista militante e mais tarde um dos tradutores brasileiros de maior prestígio.

Essa inserção no campo intelectual mais em evidência da época deu-lhe uma retaguarda e permitiu-lhe o acesso, algum tempo mais tarde, a outros campos culturais, entre eles o das revistas literárias *Qorpo Estranho*, *Muda* (à qual deu o título), *Código*, entre tantas outras, surgidas na década de 70, nas quais Leminski desenvolveu atividade intensa de editor, polemista, resenhista, ensaísta e colaborador, facilitando-lhe o acesso ao campo da música popular brasileira. Sobre as revistas, uma mensagem:

> Consolem-se os candidatos.
> Os maiores poetas (escritos) dos anos 70 não são gente. São revistas. Que obras semicompletas para ombrear com o veneno e o charme policromático de uma *Navilouca*? A força construtivista de uma *Pólem*, *Muda*, ou de um *Código*? O safado pique juvenil de um *Almanaque Biotônico Vitalidade*? A radicalidade de um *Polo Cultural / Inventiva*, de Curitiba? A fúria pornô de um *Jornal Dobrabil*? E toda uma revoada de publicações (*Flor do Mal*, *Gandaia*, *Quac*, *Arjuna*), onde a melhor poesia dos anos 70 se acotovelou em apinhados ônibus com direção ao Parnaso, à Vida, ao Sucesso ou ao Nada.
> (...)
> Par e passo com as nanicas de consumo (tipo *Pasquim*), a geral e as arquibancadas (mais estas que aquela) assistiram ao desfile das nanicas de produção, onde os poetas mais jovens procuraram criar novos processos e novas formas de dizer, dizendo coisas novas. Enfim, isso que chamam por aí de poesia. Com o passamento dos suplementos literários nos jornais, que marcaram os anos 50-60, a minoritária linguagem da poesia buscou novos leitos e novos leitores para correr seu leite (essa foi de lascar, hein, Régis?).

Na sempre presente interlocução com Bonvicino, mesmo fora do espaço das cartas, Leminski comentou a respeito do envolvimento com a música popular, como consta na página 210 da compilação da correspondência entre os amigos:

> Em matéria de música popular, cheguei tarde na festa. Aprendi violão aos 26 anos. A máquina estava toda em andamento. Mas ainda deu para compor um pouco. O rock me interessou, quando me interessei pela contracultura. Acho que o rock é a trilha sonora da contracultura. É colonizado, massificado, comercial, alienante e alienado. (...) Mas quero registrar que me interessam todos os ritmos. De Cartola a Walter Franco. Do bolero ao baião, do tango ao mambo, até o silêncio.

Pode-se observar que a década de 60 é o tempo em que, para Paulo Leminski, começa o movimento da efetiva construção de sua vida intelectual. É a partir de 1963, ano do encontro em Belo Horizonte, que tudo começa a aflorar. Em 1964, a estreia como poeta na revista *Invenção*. Em 1966, classifica-se em primeiro lugar no 11° Concurso Popular de Poesia Moderna, promovido pelo jornal *O Estado do Paraná*. Em 1968, aos 24 anos, participa do Concurso de Contos do Paraná, com *Descartes com lentes*.

Leminski não recebe o prêmio e assim o conto transforma-se no embrião do *Catatau*, que vai ser escrito durante mais ou menos oito anos até ser publicado em dezembro de 1975. A década de 60 é também o tempo das aulas de judô, das lutas marciais, do início da paixão pelo Oriente, pelos poetas japoneses, pelo haikai.

Sobre isso ele diria: "discípulo, aprendi com sensei Aldo [Aldo Lubes, seu professor de judô na academia Kodokan, onde chegaria a faixa preta] não apenas golpes, mas toda a grandeza humana que se oculta por trás de uma arte marcial. A serenidade alerta. A paciência diante da derrota. A humildade diante da vitória. A relatividade das derrotas e vitórias." Apesar do amor pelo esporte e por todos os valores que através dele lhe são revelados, é também na década de 60, mais precisamente em 1967, aos 23 anos, que Paulo Leminski começa o vício em bebidas alcoólicas.

Essa fisionomia imprime-se à figura do poeta e dela ele não mais se libertará. No plano da vida pessoal, separa-se de Neiva. Oficialmente, isso só aconteceria dez anos mais tarde, em 1976. Conhece Alice Ruiz no dia 24 de agosto de 1968, quando faz 24 anos. Esse encontro define a vida afetiva e familiar do poeta. Por vinte anos eles vivem juntos, numa parceria amorosa e intelectual.

É nesse tempo que nascem os filhos, Miguel Ângelo em 1969, Áurea em 1971. (Estrela nasce dez anos mais tarde, em 1981). Sobre esse momento da vida dos poetas Paulo e Alice, um delicado texto de Tarso de Melo, também presente em *Envie meu dicionário*, compilado da correspondência do poeta com Bonvicino:

> Alice acompanhou Leminski em seu projeto de "romance", que daria no *Catatau*; nas experiências contraculturais dos jovens da época; no aprendizado de violão, quando ele queria compor música popular; na mudança de seu interesse profissional do magistério para a publicidade (...); em sua estada no Rio, quando escrevia para revistas, para o *Pasquim* (...). Leminski acompanhou Alice em seu nascimento para a poesia; no nascimento de Áurea, segunda filha do casal, em 2 de março de 1971; na doença de Miguel etc.

No plano de vida como cidadão e artista, Leminski se defronta com a ditadura militar, após o golpe de 1964. Um olhar retrospectivo sobre esse momento acontece quando, em 1978, escreve um texto para prefaciar a antologia/mostra *X poetas e uma geração possível*, publicada em *Polo Inventiva*, n. 28, de 1978:

> radicalização da contestação, ai-5, terrorismo, censura, leis de exceção, / exílios, violação de direitos, / sequestros, guerrilha urbana, / enquadramento da vida brasileira / em padrões multinacionais de neocapitalismo, a TV assume o comando, / imprensa nanica ou alternativa, 'o rei da vela' , a 2a. vinda de oswald, / desenvolvimento do humor / cartum, como linguagem de crítica e denúncia, / filmes, peças, músicas, shows, livros, proibidos ou mutilados, 'rodaviva', / deterioração e definhamento das forças da cultura, / mitologia e ideologia tomam o lugar do pensamento crítico, / desânimo, apatia, conformismo, perplexidade,

/ a sístole local / coincidindo com a diástole internacional da cultura, / retrocesso e perda da informação, / no repertório geral / o bode.

Leminski e Bonvicino conhecem-se exatamente no momento do lançamento do *Catatau*, dezembro de 1975. Da mesma forma, os poetas Antonio Risério, Duda Machado e Wally Salomão entram na história e aparecem na correspondência que um ano depois terá início entre Leminski e Bonvicino, constituída de 68 cartas.

Essa relação de forte amizade e produtiva troca intelectual é crucial para a vida do poeta. Bonvicino, nesses anos de convivência epistolar com Leminski, terá acesso aos anseios mais particulares do poeta, às dores mais agudas, às ambições maiores. Bonvicino participa do processo nada fácil da construção de Leminski como autor. Nota-se na abertura da maioria das cartas e no decorrer de muitas delas, palavras fraternas e carinhosas com as quais Leminski saudava o amigo. Alguns trechos merecem ser retomados:

> caro Régis, muito feliz com tua carta, imensamente interessado em tudo que você produz, me mande me diga me comunique, com toda a amizade;

> caríssimo régis, desculpe i'm sorry pela demora, é o verão curitibano (...) reabraços tribeijos leminski/alice, alô a todo mundo, do teu [assinatura] caríssimo régis, você é o epistoleiro mais rápido do oeste, dia em que vem carta tua eu passo o dia ligado criativo produtivo (...)

> Epístola a Régis, Paulo, pequeno irmão, da pequena cidade de Curitiba, ilha de certezas cercada de pequenos problemas de todos os lados, a Régis, grande irmão, na grande cidade de São Paulo, cercado por um grande problema (...)

Leminski enviava grande parte do que produzia para Bonvicino, com a seguinte tarefa: "esta vai levando os artigos mais recentes para você mostrar/levar cf. você pediu; mostre ao augusto, ao décio também se der, esconda do risério, o riso está de castigo porque não me respondeu (...) escrevo agora p/ haroldo sobre livrinho ensaios/anseios; — mandei pacotão para risério artigos novos (...) aí vão os artigos sobre poesia, didáticos, polêmicos, etc. (...) logo mando poemas para risério mostre esse material para o augusto e se der para o décio, seja bonzinho, tenha pena deste pobre poeta provinciano que quase só escreve para você".

Na carta 8, assim datada, 9/10/11/7/77, Leminski fala com Bonvicino abertamente sobre a influência dos mestres e tece algumas queixas sobre a falta de opinião deles sobre o *Catatau*, ao mesmo tempo em que mostra os sinais de que a época da influência concretista está acabando:

> houve um momento / antes de eu conhecer você e risério e pedrinho (e agora outros) / em que eu cheguei a me sentir / um fóssil vivo por ainda me preocupar com poesia concreta / plano piloto[8] (...) / ao conhecer vocês e o trabalho de vocês / me senti redimido gratificado confirmado // senti que / tive a deliciosa e insubstituível sensação de que estive sempre / certo // você me entende // (...) / a última vez que estive com décio / aí no riso / nós todos na sala / quando o décio me disse: / — é preciso acabar com o concretismo, e quem pode fazer isso são vocês, / e apontou para você para riso para mim para Pedrinho / senti algo assim como a TRANSMISSÃO DA LÂMPADA // nós já estamos chegando lá / isto é / em muitos momentos de nosso trabalho / às vezes mais às vezes menos / já consegui ver a fimbria de algo / q já não é mais concretismo / (...) / passei muitos anos de olhos voltados para S. Paulo / para o grupo Noigandres / para augusto, principalmente / escrevendo para eles / preocupado em saber O QUE ELES IAM ACHAR // nessa época eu era "concretista" // mas

8. Refere-se ao plano piloto para poesia concreta, de 1958, assinado por Augusto de Campos, Décio Pignatari e Haroldo de Campos, contendo as ideias centrais do "movimento de poesia concreta".

> eu era uma porção de outras coisas também / e quando eu deixei que elas agissem mais forte / fiz o Catatau // a reação dos patriarcas com relação ao Catatau / foi curiosa // (...) // não sei dizer bem se eles gostaram ou não / enfim, o que é gostar? // tenho certeza q para o paladar weberniano-joãogilbertesco / de Augusto / o Catatau deve ter parecido bagunçado demais / irregular demais / entrópico demais // Augusto nunca foi muito claro comigo acerca do q ele achou do Catatau produto final / o saque cartésio x trópico a anedota eu sei q ele adora // décio se refere ao Catatau falando em "monolito", "é uma boa", / coisas assim // haroldo, de haroldo nunca ouvi nem uma palavra // mas eu sei tenho certeza, que era O MEU MELHOR / (...) / não creio que o Catatau possa ser entendido ou explicado / à luz do planopiloto // somos os últimos concretistas e os primeiros não sei o que lá

Percebe-se visível mágoa pela pouca atenção dada pelos patriarcas ao *Catatau*. A sensação é a de que ele se justifica, ao dizer que deu de si o melhor. Isso, no entanto, não diminui a forte relação que os uniu. É inegável que a aceitação e o reconhecimento que os patriarcas deram a Leminski naquele ano de 1963 fez toda a diferença na sua construção pessoal e de autor, pois nem todos os autores-poetas da época tiveram esse mesmo privilégio nem receberam o mesmo tratamento.

Nas cartas que se seguem, Leminski continua desejando que seus escritos sejam mostrados aos mestres. E aos poucos ele vai conseguindo separar as coisas, como por exemplo, na carta 17: "descobri: a poesia concreta, para mim, é um cavalo. para o cavaleiro, o cavalo não é a meta. talvez, cavalgando a poesia concreta, eu chegue ao que me interessa: a minha poesia. acho que estou chegando."

Na carta 42, de doze páginas, a mais longa de todas as cartas: "os concretos (décio, fora) nunca tiveram muitas coisas para dizer. tiveram uma (O SIGNIFICANTE EXISTE!) e disseram-na muito bem. // it is over. So what?"

Nesse momento, finda a fase da influência, e mais livre para opinar, evidencia-se a grande aprendizagem de Leminski com os concretistas e seu trabalho de poetas: a materialidade da linguagem, a possibilidade de manipulação da palavra, sua mobilidade como atividade criativa.

Há, no entanto, uma maior e mais importante influência dos mestres concretistas sobre o poeta, a saber, na área da tradução, onde Leminski se defronta com o conceito de transcriação, de Haroldo de Campos: "traduções criativas, re-criações, são as mais idôneas (e enriquecedoras) quando devidamente acompanhadas de cotejos entre o texto de origem e o texto de chegada", afirmou Leminski. As ideias sobre tradução que o nortearam serão comentadas mais adiante, em capítulo próprio.

A relação com o grupo concretista trouxe ainda importantes contribuições à formação intelectual de Paulo Leminski. Teve acesso a Mallarmé e ao famoso poema "Un coup de dés" traduzido por Haroldo de Campos; a Ezra Pound, anteriormente mencionado. O desconhecido poeta brasileiro Sousândrade, redescoberto pelos Campos na década de 60 também é apresentado ao poeta.

Conheceu pessoalmente intelectuais brasileiros do porte de Boris Schneiderman, tradutor de Dostoiévski e de Maiakóvski, o poeta russo vanguardista do início do século XX, e um dos preferidos de Leminski; também os poetas Affonso Romano de Sant'Anna e Affonso Ávila, organizadores do encontro de poesia de vanguarda, em 1963, o poeta, tradutor e critico José Lino Grünewald, entre tantos outros. Depois disso, Leminski passou a ter uma admiração especial por obras e autores considerados exagerados ou difíceis.

Para avaliar essas relações e circunstâncias, não se pode esquecer que o poeta tinha 19 anos na época. Leminski chega ao convívio dos demais, é recebido, reconhecido imediatamente pelos patriarcas e convidado a publicar seus poemas na revista de vanguarda mais importante da época, *Invenção*. Tudo isso fora do seu lugar de origem. Com isso, Paulo Leminski tem a chance de entrar em outros círculos, conviver com pessoas ligadas à arte, à música, à literatura, dentro e fora de Curitiba. Estabelece vínculos e troca correspondências com intelectuais importantes da época, conforme já se mostrou.

É nessa década de 60 que o tempo e o espaço adquirem outra dimensão para o poeta, em que faz da cidade de Curitiba o espaço onde planta para dar corpo à produção intelectual. Com certeza, naquele momento, nem ele poderia imaginar a dimensão que alcançaria vinte anos mais tarde.

A CONSTRUÇÃO DA OBRA E SEUS AMÁLGAMAS

A parte contrária retire-se contraditória,
da parte que me toca nada conste
senão a trajetória!
Catatau (p. 101)

Rio, 12 de fevereiro de 1987

Meu caro Paulo Leminski,

Apesar de ter ido inúmeras vezes a Curitiba, a capital brasileira do conto, nunca tive o prazer de conhecê-lo.

Agora recebo, através da Criar, seu livro *Anseios Crípticos*. Nos últimos anos, venho acompanhando sua brilhante carreira intelectual, sua atividade de autor e tradutor. E li seu livro com o maior interesse.

Como tinha lido o *Catatau* há anos. Pena que não pude escrever sobre ele como pretendia, e como principiei a fazer. As mudanças no jornal onde tinha meu quartel-general de crítica me fizeram desistir de continuar na ingrata carreira. Mas a razão de meu interesse é o que desejo explicar hoje, e jamais consegui fazê-lo por ignorar seu endereço (como ainda ignoro).

Catatau é um desenvolvimento do conto que v. mandou para o I Concurso de Contos do Paraná em 1968 com o título de *Descartes com Lentes*. Conservei o original (no caso a cópia), comigo durante anos e deve estar ainda entre meus papéis, porque desejava identificar o autor. Votei nele para inclusão entre os 5 premiados, e tentei até o último instante que o fosse. Infelizmente a comissão ficou restrita a 4 nomes, porque Léo Gilson Ribeiro estava internado. E no dia da entrega do prêmio, chega um telegrama do Léo votando em *Descartes* para o 1º lugar. Mas tudo errado: o número estava certo, mas ele indicara o pseudônimo "Kurt" (havia um Kurt, muito ruim) e não "Kung" (não era esse?).

Não indicou o título de nenhum conto, o que teria resolvido. Só eu tinha certeza de que era o Kung.

Tentei falar pelo telefone com o Léo no hospital, mas foi impossível. Premiar o "Kurt", nem pensar. Entrou um que, a meu ver, destoava dos outros quatro, que o tempo confirmou. Se tivessem entrado v. e seus contos, o livro teria uma unidade de nível que o tornaria memorável. Talvez não existisse o *Catatau*, ou existiria de outra forma, porque afinal é um volume de respeito.

Mas era um espinho que estava em minha garganta, e eu gostaria de tirá-lo. O prêmio, é claro, não fez falta a v., que nesses vinte anos se afirmou literariamente. Mas o fato é que era seu.

Aceite o meu melhor abraço.

FAUSTO CUNHA

Esta carta do crítico Fausto Cunha está impressa na última página da 2ª edição do *Catatau*. Ela é muito importante para o entendimento da trajetória desse texto, que se tomou a obra mais famosa, a mais discutida e, com certeza, a menos lida de Paulo Leminski, obra que décadas depois de publicada segue sendo um enigma. Ela é também sua primeira obra editada, aquela que o investe no papel de autor.

No momento em que ocorre a edição do *Catatau*, no final de 1975, Leminski está trabalhando há quase um ano na agência de publicidade PAZ, do amigo Paulo Vítola e outros publicitários. A agência tem, em relação ao *Catatau*, um papel importante. É dentro desse espaço que a edição vai se viabilizar. Numa solitária e ousada edição do autor, o livro sai impresso pela Grafipar. O custo será pago em parcelas por Leminski, com o salário que recebe na agência de publicidade. Caso o pagamento não se efetue por alguma razão, a própria agência assume a responsabilidade de descontar do salário do autor a quantia devida.

Quanto ao lançamento, ele acontece em dezembro de 1975, na livraria Ghignone, com direito a noite de autógrafos. O convite tinha o seguinte texto: "paulo leminski, autor do 'Catatau' ficaria muito feliz com a presença do(a) amigo(a) no lançamento do seu livro, dia 19/ XII, coquetel na livraria ghignone, rua XV 423, a partir das 19 horas".

Apelando à experiência na publicidade, ao pensar no mercado e quebrando os padrões da época, Leminski aparece nu em uma foto, sentado, com as pernas protegendo o sexo. Essa imagem singular foi usada nos cartazes, colocados em lugares estratégicos, bares, livrarias e cafés de Curitiba. Lançar um livro e anunciá-lo como se fosse um produto qualquer de limpeza ou de beleza era no mínimo inédito. Sobre a receptividade do lançamento Leminski conta:

> A resposta crítica foi a mais entusiástica possível. O livro, editado em Curitiba, por uma edição de autor, absolutamente precária, distribuída do modo mais artesanal. Na semana em que ele saiu, deu página inteira na Veja. Página inteira no Estadão, página inteira no Opinião. Deu um ensaio na revista José. O Décio Pignatari deu um curso na Faculdade de São Paulo sobre "Rarefação do Enredo na Ficção Brasileira", pegando dois livros: o Catatau e Os Ratos, do Dionélio Machado. Isso assim pra dar o aspecto palpável da repercussão que ele teve. Mas é claro que os signos da cultura têm um tempo que se conta por décadas. Não é por ano. O comportamento deles não coincide com o comportamento das mercadorias. A irradiação de um poema. A irradiação de um conto. A irradiação de um texto é algo que tem um "timing" mais longo, as transformações são mais paulatinas.

Foi um momento muito especial para ele. Até então só havia publicado uns poucos poemas em revistas literárias. O tempo da construção do *Catatau*, oito anos, foi uma longa espera. Quando as opiniões sobre o texto começaram a circular, ele sentiu que sua hora havia chegado. Dois mil exemplares editados (segundo Romulo Salvino, cinco mil), nenhuma informação quanto ao número de exemplares vendidos ou distribuídos naquela noite de autógrafos. Depois dessa noite, o próprio Leminski tratou da divulgação do livro, enviando-o para inúmeras pessoas, sobretudo àquelas que ele acreditava capazes de receptividade, àquelas que ele julgava capazes de entender o seu romance-ideia.

O *Catatau* é um impacto, em primeiro lugar, visual. São 206 páginas de uma prosa corrida, sem divisões em capítulos, sem parágrafos, misturando centenas de pontos de interrogação, de exclamação, de pontos finais, de travessões, reticências, dois pontos, vírgula, ponto e vírgula, uma verdadeira confusão visual. Minha impressão, à primeira leitura, foi a de que não teria fôlego para entrar naquele texto disforme. Diante disso, uma decisão: deixei o *Catatau* de lado, parti para a leitura dos outros textos de Leminski. Em contrapartida, fui lendo tudo o que encontrava sobre o *Catatau*. Em meu processo, foi necessário saber sobre o livro antes de entrar nele. O próprio Leminski, cinco anos depois de lançado o *Catatau*, diria em uma entrevista a Almir Feijó:

> O Catatau é um momento pós-rosiano. Pós-rosiano assumido e pós-joyceano. Quer dizer, essas duas filiações são transparentes no Catatau. (...) Acho que o Catatau perturbou, porque ele apareceu numa dimensão elevadíssima de ininteligibilidade. (...) levada a um grau que não tinha sido praticado anteriormente na prosa em português. Nem Rosa, nem Haroldo de Campos. Ao mesmo tempo, isso foi feito com método, (...) se não fosse feito com método poderiam dizer que era um amontoado qualquer de palavras. Porque há uma estrutura absolutamente precisa. O Catatau é um livro de uma exatidão absoluta. Ele é exato.

Destaco a opinião de Antonio Risério, intelectual e amigo de Leminski, escrita para a revista José, em 1976:

> Catatau é um livro divisor de águas, aparentado ao avesso com a criação de Guimarães Rosa pela detonação atômica da linguagem e pelas toneladas de erudição explosiva, (...) não fornece pistas nem mapas, entrega o leitor à selva de palavras (...) da mistura admirável de idiomas (...) está aparentado também com as mais abissais renovações no terreno da linguística que textos literários de Pound, de Joyce, de Becket, de Guimarães Rosa, de Hilda Hilst já trouxeram, (...) Não há o que contar. Tudo acontece no nível da linguagem, (...) Ler Catatau é para os — como dizer? — esforçados, diligentes, libertos de vícios de postura diante da literatura mastigada e que não faz mal ao leitor. É o livro do ano e é, em todas as acepções do termo, um Catatau: coisa volumosa, zoada ou falatória.

Outra opinião que ressalto é a de Boris Schnaidennan: "toda essa problemática da relação prosa/poesia passou a apresentar-se de modo completamente novo, depois de obras como as de Joyce e a prosa de Khlébnikov ou, em nosso meio, o Catatau de Paulo Leminski. Temos, modernamente, ora a fusão de prosa e poesia, a explosão dos seus limites, ora justamente o contrário, um sublinhamento da relação entre ambas, cada uma com a sua especificidade".

José Miguel Wisnik, músico e professor de literatura brasileira na USP, registra na conferência *Catatau: Cartesius cannabis*:

> Catatau traz questões fundamentais e antecipa, de forma original, uma interpretação da realidade brasileira a partir do mote central do texto: a hipótese de Descartes (o filósofo francês René Descartes) ter vindo ao Brasil com Maurício de Nassau (militar holandês que ocupou o Nordeste do século XVII). Esta intuição do Leminski tem consequências filosófico-literárias que o colocam entre os grandes intérpretes do Brasil, como Machado de Assis, Mário de Andrade,

> Oswald de Andrade e Guimarães Rosa. (...) Não me interessa o folclore. O que eu fiz foi uma análise do texto e me ficou uma impressão muito forte de que se trata de uma obra que coloca questões importantes e que, por isso, deve ser lida com atenção.

Em mim, a marca que a leitura do *Catatau* deixou é bastante forte. Quando finalmente me propus a ela, minha bagagem leminskiana já estava razoavelmente pesada, o que me livrou do medo de enfrentá-lo. De fato, acabou sendo uma leitura leve e curiosa, me adaptei confortavelmente à estrutura do texto, penetrei no emaranhado das formas latinas, dos neologismos (ou palavras-valises, para usar o termo joyceano emprestado de Lewis Carroll), da transformação dos provérbios e ditos populares (que Leminski colecionava), recriados de maneira original e ao mesmo tempo engraçada. Dialoguei com o monólogo produzido por Renatus Cartesius, experimentei a sensação de estar frente ao novo. Acompanhei o fôlego de "Leminski-Cartesius", no seu falar ininterrupto.

É preciso reforçar que o *Catatau* não é um livro para ser lido em um final de semana. Ele pode ser lido distraidamente, no sentido leminskiano, isto é, com concentração. É passível de uma leitura desmistificada e prazerosa se encarado dentro da proposta de sua configuração, mais como uma ideia do que como um romance. Destaco alguns trechos da linguagem utilizada por Leminski ao longo do livro:

> Penso mas não compensa, (...) meu pensamento amola palavras em polaco, imitando Articzewski, (...) Bestas geradas no mais aceso do fogo do dia... Comer estes animais há de perturbar singularmente as coisas do pensar. (...) Esta lente me veda vendo, me vela, me desvenda, me venda, me revela. Ver é uma fábula, — é para não ver que estou vendo. (...) Versar com as pessoas é dividir o todo que somos em partes, para efeitos de análise, para sermos compreendidos, mister lembrar Artisewski da desgraça da preguiça que se abateu sobre mim. (...) Este mundo é o lugar do desvario, a justa razão aqui delira. (...) Meu

pensar apodrece entre caixas de açúcar e flores de ipê, (...) o real vem aí, o real está para chegar, eis o advento! (...) O real de cáries vem aí. Cultivo, sobretudo o latim. Sem latim, isso não dá certo, o gesto não tem rejeito. (...) Fala em latim ao teu próximo, assim como a ti mesmo se refere. (...) Nada é tão ambíguo, a ponto de não ter sentido ou à força de dizer sentenças: cada coisa no seu dividido lugar, dois por dois, unem-se. E dizer que pensei que tinha entendido outra coisa. Que é que estou pensando? A ambiguidade está entre quem fala e quem pensa em tudo, a divergência produz um silêncio. Só mais uma pergunta: quem não sabe o que está falando, só porque ninguém entendeu? Óbvio que nem tudo é ambíguo. Eu é que perdi os sentidos. Os cinco vêm diversos, num mesmo universo: nuliverso — contrasenso. Perdi os duplos sentidos, diem perdidi, idem pertitit. Quem diz o que não falou, o que não disse — eu falei. O dito está falado. (...) Amor com amor se paga, que sai mais barato. Vão os anéis e fiquem os dedos, fuçando o nariz, cutucando a mesma tecla, unha na ferida. Deus só dá nozes para quem nogueira! A ralé em geral com sua proverbial aptitude de fazer provérbios, de dizer bobagens, de acreditar em deuses, de ver errado em linhas certas, de cair na dança sem saber latim — o povo, digo, esse sim. Duma nau em avante — terra cega, quem tem ouvidos afinados na oitiva, cale-se! A cavalo não se olha o dente do donatário, que dói! Em fechada nunca entrou boca. A janela bolança, a porta oscila e a sala manca. (...) Aceita esta receita como sua legítima resposta? Lembra-te que és macaco velho e em pó de mico hás de tornar! Aceita esta resposta como sua legítima prerrogativa represália? Lembra-te que és lesma e em meleca hás de tornar! Aceita esta afronta como sua legítima parcela? Lembra-te que és lapso e em segredo hás de tornar! Aceita esta oferta como sua legítima pretensão? Lembra-te que és uma lenda e em exemplo hás de ficar! Aceita esta lambuja e lembra-te das homenagens da gerúsia! Lembra-te que não passas de um momento e em manabumento deves ficar! Aceita um petisco, o triunsviraldo? Lembra-te que és começo e enfim hás de ficar! Que és isso, e em nada disto hás de tornar!

Estes fragmentos dão ideia da toada do texto. No *Catatau*, a origem polonesa é constantemente evocada, e o dito popular está na berlinda, no centro do discurso. Humor também não falta, junto ao elaborado trabalho de linguagem em que surpreendentes construções se misturam aos provérbios e representam o próprio movimento do descontrole do pensamento do personagem frente ao universo com o qual ele se depara, conforme o trecho da página 71:

> Guardar a vida dentro de uma música, sim, mas ouvidos envelhecem. Quero isso de só ser eu enfim ser alguma coisa diferente de ninguém, será vir amplus, amplius, plus, ver amplicissimus, at in ore jucundissimus, et in cruore crudelissimus! Vespergonha, o sumo ou a essência desses animálculos que mordem entra no sangue, e ardem! Até o batismo, tudo bem. Deus quis assim assado quem não crer. Compracomprende, que para baixo, todo santo ajuda aos pobres em bens com dons de júrios e perjúrios! Estou para ser. Depois eu conto. Remédio dói, ser isso dói: conta um, acrescenta outro, pode contar com o descante dos contos sem desconto!

O gosto de Leminski pelos provérbios remete a Hannah Arendt, quando ela pensa a questão em *Homens em tempos sombrios*. Falando de Benjamin:

> Com Brecht, ele podia praticar o que o próprio Brecht chama de pensamento cru (*das plumpe Denken*): "A principal coisa é aprender a pensar cruamente. Pensamento cru, este é o pensamento dos grandes", dizia Brecht, e Benjamin acrescentava à guisa de esclarecimento: "Há muitas pessoas que imaginam que um dialético é um amante de sutilezas... Os pensamentos crus, pelo contrário, deveriam fazer parte e parcela do pensamento dialético, pois não são senão a referência da teoria à prática... Um pensamento deve ser cru para se converter em ação". Bem, o que atraiu Benjamin ao pensar cru proavelmente não foi tanto uma referência à prática, mas antes à realidade e para ele

> essa realidade se manifestava de modo mais direto nos provérbios e expressões idiomáticas da linguagem cotidiana. "Os provérbios são uma escola de pensamento cru", escreve ele no mesmo contexto, e a arte de tomar literalmente a linguagem proverbial e idiomática permitiu a Benjamin — como a Kafka, em quem muitas vezes se podem discernir nitidamente como fonte de inspiração figuras de linguagem que fornecem a chave de muitos enigmas — escrever uma prosa com uma proximidade tão singularmente encantadora e encantada da realidade. (p. 146)

Parece que o trabalho do poeta com os provérbios no *Catatau* pode ser pensado à luz dessa ideia de pensamento cru, a união entre a capacidade de rastreamento do cotidiano e o resgate desse mesmo cotidiano, relido e recriado linguisticamente, buscando concentrar a significação. Durante aproximadamente oito anos (1967-1975), quando a cultura brasileira fervilhava em resposta à repressão, Leminski deitou-se e levantou-se com as folhas do *Catatau* na mão. Virou até lenda. À meia voz, muitos se perguntavam se algum dia aquele texto esquisito seria realmente publicado. Tarso de Melo ilustra essa circunstância: "e o Catatau veio à luz em dezembro de 1975, não como simples lançamento, mas como desencargo, 'grande obra' cumprida, peso tirado das costas, para em 1976 conseguirem ter uma vida mais estável, na Cruz do Pilarzinho, o célebre bairro curitibano de onde Leminski enviou para o Brasil afora toda sua obra".

Flora Süssekind destaca que

> no que se refere ao livro (...) as restrições se tornam mais perigosas. Como assinalam em artigo de 1979 Marcos Augusto Gonçalves e Heloísa Buarque de Hollanda, data justamente de 1975 um certo boom editorial no país. Conquista de mercado divulgação de novos autores interesse pela produção nacional. Lucros editoriais maiores. (...) E ampliando-se o interesse pela literatura, amplia-se também a ação da censura. (...) A literatura brasileira pós-64 faz lembrar uma

das anotações do diário de hospício de Torquato Neto. A data é 13 de outubro de 1970 e lia-se nele o seguinte fragmento: 'eu: pronome pessoal e intransferível. viver: verbo transitório e transitivo transável, conforme for a prisão é um refúgio! é perigoso acostumar-se a ela. e o dr. oswaldo? Não exclui a responsabilidade de optar ou seja: ?

O título tem lá as suas histórias. Segundo consta, houve uma primeira ideia para nomear o livro: Zagadka (significa enigma em russo-polonês). Uma força maior fez com que Leminski desistisse desse nome. No Rio de Janeiro, entre 1969/1970, sempre que Leminski surgia nos corredores, abraçado aos seus alfarrábios — antologias de guardanapos, rótulos de cerveja com anotações, folhas avulsas com textos originais — as pessoas sentadas nas varandas saudavam-no em voz alta: — Lá vem o Leminski com aquele catatau embaixo do braço. A repetição do refrão fez o monge.

Um texto de Adélia Lopes com o título *Um Catatau de sonhos na mochila*, recupera palavras do poeta sobre o título:

> Seu nome é o trevo semântico — jogando com a polivalência regional da língua: a) catatau (no sul) = calhamaço; b) catatau (na Bahia) = bicho feio· c) catatau (em Minas) = caipira, capiau. O feminino é cata à toa. Em outro desnível Catatau diz "conforme Q_ tao, o Caminho, a pedra angular do pensamento chinês; em japonês o mesmo ideograma se lê dô, o dô de judô. Na área semítica, a homenagem vai para kitab = livro da raiz katab, enquanto tau a última letra do alfabeto hebraico, representa o T, a cruz. Já o verbo catar, que hoje significa procurar, queria dizer em português arcaico olhar, possibilitando diacronicamente a tradução de catatau para um idioma macarrônico luso-judeu.

Durante a elaboração do texto do *Catatau*, Leminski escreve uma carta para Augusto de Campos: "o nome da Obra vai ser (quase certo) Catatau. Estou morando no Solar da Fossa onde Caetano morou. 'Mandei plantar/folhas de sonho no jardim do Solar'. Caetano plantou, Leminski colhe. A minha hora vai chegar, está chegando". Nesse momento Leminski já é fã de Caetano, mas só vai conhecê-lo pessoalmente em 1974, aos 30 anos, um ano antes do lançamento do *Catatau*, quando recebe a visita de Caetano e Gal em sua casa das Mercês, por intermédio dos irmãos Campos.

Voltando ao ano de 1967, início da escritura do *Catatau*, muitos acontecimentos marcantes caminham juntos: é a época em que o seu apartamento no Edifício São Bernardo transforma-se em reduto intelectual, é quando Leminski conhece o escritor Wilson Bueno, mais tarde o editor do jornal cultural *Nicolau*, que viria a publicar parte de seus poemas e ensaios. Conhece também a poeta Helena Kolody, sua vizinha no São Bernardo, por quem Leminski terá sempre uma grande consideração. O poeta funda em Curitiba o grupo Áporo, nome dado em homenagem ao poema de Drummond, com os amigos Ivan da Costa e Lélio Sottomaior, e a então esposa Neiva. A intenção era trabalhar com literatura, música, cinema e artes plásticas.

A primeira notícia sobre Leminski e o *Catatau*, em Curitiba, sai no final de 1968, no jornal O Estado do Paraná. O jornalista Aramis Millarch escreveu: "está escrevendo seu primeiro romance, de uma ideia originalmente aproveitada num trabalho para o concurso da Fundepar. Trata-se de uma ficção elaborada em linguagem de vanguarda onde o personagem central é o filósofo francês René Descartes". Assim começa a correr a história do *Catatau*, na época ainda sem nome, criando a expectativa anteriormente mencionada.

É nesse período que o jornalismo e a publicidade entram na vida de Leminski. O escritor e repórter policial José Louzeiro é presença especial nesse momento da vida no Rio de Janeiro. É ele quem consegue trabalho para o poeta no Jornal O Globo, na *Revista Geográfica* e no Jornal do Escritor, um tabloide especializado em resenhas e notícias sobre o mercado editorial.

É também durante o período do Pasquim que Leminski vai publicar o *Indicionário*, conjunto de gírias usadas na época, trabalho que teve pouca repercussão. Sobre a tarefa jornalística e publicitária, ele diria:

> O jornalismo (existe isso?) caiu em cima de mim como a vida que ele representa. Simbolista, sempre tive horror por qualquer forma de realismo ou naturalismo, onde meu olho semiótico sempre viu apenas um discurso automatizado artificialmente neutro, mero artificio para vender jornais a partir da ideia absurda de que acontecem coisas todos os dias. Nunca fui muito interessado por fatos. Nem por fotos. Mas o jornalismo (...) veio tomando conta da minha vida de escriba e escritor, quase que imperceptivelmente. Hoje estou viciado. Trotski fala em seu "Minha Vida" da emoção do cheiro de tinta de papel de jornal quando lhe chegava algum às mãos em seu exílio em Alma Ata. Era o cheiro da realidade, diz Trotski. Em meu perpétuo exílio curitibano, não vou tão longe. Mas é algo por aí. Tenho dois ofícios por onde me abasteço da realidade, o jornalismo e a publicidade. Quando passo muito tempo longe de um desses ofícios começo a perder o senso e o peso das coisas...

Na volta para Curitiba, final de 1970, a vida de professor no cursinho Bardhal se estrutura, o que garante à família, agora com duas crianças (Áurea nasce em março de 1971) uma vida financeira mais estável. A questão da sobrevivência está sempre presente e Alice divide com Leminski a responsabilidade.

Simultaneamente à tarefa de professor, a música começa a surgir para Leminski, ainda que lentamente, como uma outra forma de expressão possível. O poeta ganhou de Louzeiro, seu amigo carioca, o primeiro violão, e passou a estudar o instrumento junto com o irmão Pedro, futuro parceiro em muitas músicas. Junto ao amigo Paulo Bahr, formam um trio e apresentam-se às vezes no Bactuc, um bar da moda, em Curitiba. Leminski não tem muito talento com o violão, mas suas letras de música repercutem bem. O conjunto *A Chave* aparece em 1971. O vocalista Ivo Rodrigues se torna um grande amigo de Leminski e juntos farão uma bela parceria, gravando inúmeras músicas. Em 1977, o grupo grava seu primeiro e último compacto simples com duas músicas de Leminski. Depois disso se dissolve. Algum tempo mais tarde, o vocalista Ivo ingressa noutra banda, Blindagem, que dali para frente gravaria praticamente todas as letras de Leminski. Destaco *Oração de um suicida*, composta em parceria com o irmão Pedro:

> Vejo nos teus olhos tão profundo
> as durezas que esse mundo
> te deu pra carregar
> vejo também
> que sentes que tem
> amor para dar
>
> Perdi-me na vida
> achei-me no sonho
> a vida que levo
> não é a que quero
> não quero mais nada
>
> Quando a terra se acabar
> você vai chorar
> não adianta mais
> vendo esta terra não compensa
> rezando na presença
> de um gigante cogumelo
>
> Teu retrato é poeira
> luminosa nebulosa
> brilha tanto e ninguém vê
> era um mundo tão bonito
> caprichado de milagres
> Deus gostava de florir

Na capa do mesmo álbum, em destaque, está escrito: "incluindo VERDURA". Essa letra de Leminski, gravada por Caetano em 1981 no LP Outras Palavras, faz enorme sucesso, o que lhe abre as portas para parcerias importantes: Moraes Moreira, Arnaldo Antunes, Itamar Assumpção, Guilherme Arantes. Sobre Caetano, Leminski escreve um ensaio que aparece editado em *Anseios crípticos*, 1986. A proximidade com Caetano se traduz em palavras:

> Caetano é um signo. Cae é apenas um si. (...) Como se sustenta o sentido, num ramo que o vento não balança, vento, ramo, e Caetano? Já teve quem me dissesse que Caetano é narcisista. Alguns acham que ele é tímido. Eu, por mim, acho que Caetano é muito influenciado por João Gilberto. Ser influenciado por certas pessoas é uma grandeza. (...) No fundo, no fundo, o que eu queria era escrever um ensaio. (...) Um ensaio, por exemplo, comparando Caetano e Chico. Caetano, o inventor. Chico, o mestre. (...) Para todo mundo que quer entrevistá-lo, Caetano manda dizer que está dormindo. Enquanto os jornalistas esperam, Caetano sonha. O único brasileiro vivo que passa 24 horas por dia sonhando. Com que sonha, só meu filho Miguel sabe. Mas não me conta.

Caetano também lhe presta uma homenagem póstuma quando apresenta, em 1992, na sua primeira edição, o livro *Uma carta uma brasa através*:

> Para mim, a leitura dessas cartas foi uma experiência que me levou do enternecimento à exasperação. As lembranças tão vivas dos nossos encontros em Curitiba realimentadas pelo registro que estes mereceram dele; a dificuldade de acompanhar sua angústia de pôr o Catatau na perspectiva de sua vida; a culpa por contribuir para que a música popular tivesse demasiado peso no seu universo de referências; o orgulho de ter visto na canção 'Verdura' um luminoso exemplo de superação dos dilemas que ele se colocava a respeito de comunicação e rigor, superelite e supervárzea, poema e canção. (...) Leminski foi o poeta mais apaixonado e o escritor

mais intenso de sua geração e as cartas que compõem este livro são um outro modo de nos aproximarmos do entendimento de sua trajetória...

Esses momentos dos quais Caetano fala, aparecem com frequência nas cartas de Leminski a Bonvicino. Numa delas, a expressão do orgulho que Leminski sentia em ser amigo de Caetano e Gil:

> Nos 3 dias de show, Gil dedicou para mim "Logunedé" (soube depois q em Porto Alegre ele dedicava a mesma música para o Caetano q estava lá) com o seguinte comercial: para Paulo Leminski, grande poeta do Paraná, poeta realce, uma das inteligências mais faiscantes do país... Num dos shows, Caetano cantou a pedido meu "Cajá", dizendo: "esta música é para um amigo meu, o grande Paulo Leminski"... Quer dizer: em matéria de ego, não posso querer mais... Definitivamente, meus ídolos são meus fãs. (...) Minha passagem para a MPB está para se completar: operação mass-mídia.

Em 1986, aos 42 anos: "Moraes Moreira é no momento a minha porta para a música popular viável. Este mundo me interessa, ele me abastece muito, é uma coisa muito jovem, muito pop, muito rua, muito mais industrial e eu não perco o pé disso". O envolvimento de Leminski com a música popular, segue o mesmo movimento da relação que construiu com todas as outras áreas por onde andou, quer dizer, paixão, trabalho, dedicação, obsessão.

> à pureza com que sonha
> o compositor popular
>
> um dia poder compor
> uma canção de ninar
>
> (*TODA POESIA*, 2013, p. 109)

Conversando com Almir Feijó, 1978, ele teoriza sobre poesia e música, aproveitando a pergunta do jornalista sobre a possibilidade de a poesia concreta ter influenciado outros códigos:

> No caso brasileiro influenciou até a música popular. Influenciou desde Chico Buarque, que diz "pedro pedreiro". Esse "pedro pedreiro" é o Chico Buarque concreto. O Caetano é um dos melhores poetas concretos do país. Um poeta que diz: "Eu quero ir, minha gente, eu não sou daqui. Eu não tenho nada, nada. Quero ver Irene rir. Quero ver Irene dar sua risada. Irene ri. Irene ri. Irene". A sensibilidade de Caetano é uma sensibilidade naturalmente concreta. Quer dizer, afinada já na própria materialidade da linguagem. A grande mensagem da poesia concreta foi a materialidade da linguagem. Todo o resto é folclore. (...) Com isso se percebeu que a poesia, como dizia Pound, era mais aparentada com as artes plásticas e com a música do que com as outras formas de literatura. Ela está mais para o lado dos códigos ditos icônicos do que para o lado, por exemplo, da prosa narrativa. Então, na nossa geração houve, curiosamente, a consciência disso e também no terreno da prática, porque na nossa geração o centro da poesia se deslocou do livro pra música popular. Com a geração que produziu Caetano e Chico Buarque, viu-se deslocar o polo da poesia, do suporte livro para o suporte disco. De repente, os dois poetas da nova geração não estão editando livros. São músicos que fazem letras e estão gravando discos. (...) Com Caetano e Chico aconteceu uma coisa na música brasileira. Uma coisa muito grande, uma mudança de códigos. (...) E do outro lado é a coisa do cartum, quer dizer, a área plástica, a área visual (...). A poesia também está se manifestando sob a forma do cartum. (...) Para colocar a coisa em termos brutais, eu acho que a minha poesia é uma poesia que começa tomando consciência disso, desse fato, dessas duas viradas. (...) E assim a poesia volta às suas origens, porque a poesia no início era canção. Tanto que a palavra soneto quer dizer em italiano, sonzinho. (...) me parece que o Drummond, por exemplo, acaba uma coisa, não começa uma coisa em termos de poesia brasileira. (...) Os

escritores acham Drummond unanimemente o maior poeta brasileiro porque ele é o menos plástico e o menos musical. (...) pra mim ele representa o último grande momento dessa poesia literária. Depois de Drummond, da poesia concreta, do tropicalismo, a poesia agora invadiu outros espaços além dos espaços literários.

Em um dos documentos que fazem parte do arquivo da Casa da Memória, *Paulo Poeta Leminski*, 1986, há um bem delineado perfil do poeta-músico:

> Parceiro de Moraes Moreira, A Cor do Som, Paulinho Boca de Cantor, Guilherme Arantes, Itamar Assumpção, autor de "Verdura", gravada por Caetano Veloso (*Outras Palavras*, Polygram, 1980), Paulo Leminski fez tudo ou só letra de vinte e cinco músicas, hoje presentes em mais de doze elepês. De Ney Matogrosso a Angela Maria, sem contar o elepê de Guilherme Arantes, "Pir-lim-pim-pim", onde está a música de maior sucesso de Paulo, a que lhe deu mais dinheiro: "Xixi nas estrelas".

Em uma afinidade que cada vez mais o aproxima de Décio Pignatari, ele explica, em carta a Bonvicino, sua relação com a palavra e outros códigos:

> Há anos procuro transladar minha poesia para outros códigos além do verbal. Mas sem pressa nem desespero. Tenho uma consciência intersemiótica introjetada dentro do meu verbal. A palavra, a frase, a sintaxe, todas essas coisas do verbal, pra mim, têm cor, sabor, peso, cheiro. Sou um poeta materialista (...). Sou um poeta participante. Engajado. (...) O engajamento tem que começar pela consciência da linguagem, das linguagens. Não dá mais tempo pra ser ingênuo. Puro. Inocente.

Em 1981, nasce Estrela, a terceira filha do poeta. Um texto manifesta o espírito com que entra na nova década, e está presente na antepenúltima carta enviada a Bonvicino, a de nº 66:

> tem me acontecido coisas. maravilhosas, principalmente, coisas fundamentalmente maravilhosas. (...) coisa linda é essa estrela, doce de leite e coco de amor. Outra coisa linda é outra coisa linda. músicas (again) fluindo. duas canzoni, este mês. não falemos dos contatos com a terra (sim, tenho levitado), com a publicidade, na múltipla, agora, trabalho de dupla com o solda, com um humor/cartunista/poeta, de modos que é uma loucura. já quanto ao ivo, tenho certeza que gravou um LP com a "blindagem", uma banda de gatos brabos do terreno baldio daqui, que o acompanha fielmente, (...), gente guitarreira, zoenta, punk, joia do repertório (...). 8 letras minhas com ivo, inclusive "que eu sou legal eu sei", que a censura só liberou agora ("que loucura", nossa, já gravada, tá retida em brasília, por causa do verso "e traga os bandidos"). (...) quantas milhares de vezes já conversamos sobre as relações entre a poesia papel e a canção? aí vão mais umas vezes. esse é o barato que estou curtindo agora. estou VIVENDO a tangência entre poesia e música popular. e como a poesia é imensa, meu Deus do Céu!

Na mesma linha, Leminski diz em uma entrevista concedida a Paulo Mohylovski em 1988: "Minha poesia é rimada, tem uma regularidade métrica e busca valores musicais. Sou letrista de música e isso me ajuda muito. Às vezes, um poema que eu penso que é apenas um poema no papel, vem amigo meu, Itamar Assumpção, Guilherme Arantes ou Moraes Moreira, e bota música. É porque aquele poema já tinha uma alma musical".

A experiência musical caminha junto da construção do *Catatau*, ou seja, desde o final dos anos 60, quando Leminski carregava o calhamaço do texto embaixo do braço, passando pela experiência da participação nas revistas culturais — meio encontrado pelos intelectuais para publicarem seus textos em meio à ditadura e à censura.

No livro *Anseios crípticos*, de 1986, que reúne a produção de ensaios escritos para jornais e revistas de Curitiba e do Brasil entre os anos de 1976-1986, aos quais ele chama de *Ensaios Teóricos*, não sem razão, Leminski discorre sobre as correntes literárias das décadas de 60/70, e da prática poética exercitada nesse mesmo tempo:

> Nos anos 70, esteve muito em voga um certo tipo de prática poética, poemas curtos, "flashes" instantâneos, registros-relâmpago de miniexperiências, estalos líricos, de breve duração e efeito imediato. Boa parte da assim chamada poesia "marginal" ou "alternativa", foi assim. E assim foi distribuída, em miniedições mimeografadas, panfletos, folhas soltas, em filas de ônibus ou de cinema, em estádios de futebol (...).
> Uma poesia da cidade, afim ao grafitti de muros e paredes. (...)
> Historicamente, esse tipo de poetar foi a expressão legítima da brutal urbanização da sociedade brasileira, ocorrida durante os anos da ditadura, que privilegiou a cidade e deixou o campo entregue às latifundiárias moscas que Portugal nos legou.
> É um poetar diretamente influenciado pela publicidade e pelos grandes meios de massa e sua linguagem sintética e despersonalizada, TV, pôster, cartaz, letra de música, palavra na camiseta, o impacto da sociedade de consumo.
> (...)
> Literariamente, parece representar uma reação à "alta definição" das duas vertentes importantes da poesia dos anos 60: as vanguardas (concretismo, práxis, processo), e a poesia dita "engajada" ou "participante" (CPC etc.).
> (...) ambas queriam mudar alguma coisa. Uma queria mudar a poesia. A outra queria, apenas, mudar o mundo (...).
> (...) A poesia dos anos 70, inconsequente, irresponsável, despretensiosa, recuperou a dimensão lúdica.
> Nesse sentido, ela encontrou seus antecedentes e antepassados na tradição brasileira, na poesia de um Oswald de Andrade ou de um Manuel Bandeira, na do primeiro Murilo Mendes e no Drummond dos primórdios, poesia informe e informal, coloquial e piadística,

> crítica, autocrítica, (...) avessa a todo "mistério" e a toda "profundidade": uma poesia contra a mistificação "literária".

Em outro ensaio, no mesmo livro, versa sobre o papel das revistas culturais e da efemeridade do sucesso:

> Pode ser um erro pensar que os poetas da década de 70 não chegaram a produzir "uma grande obra". Um "corpus" comparável, por exemplo, ao drummondiano ou ao cabralino. Talvez não haja mais lugar, tempo nem ocasião para "a grande obra", no fundo, uma ideia renascentista, nestes dias de "Tron", "E.T." e "Guerra nas Estrelas", videotextos, computadores de quinta geração (...).
> O que se fizer em poesia terá que ser, necessariamente, fragmentário, descontínuo, subatômico, regido por lógicas provisórias, precárias, descartáveis. Dadá/Warhol: as obras-primas do futuro deverão durar quinze minutos.
> (...)
> A ilusão de ficar pode ser um preconceito vindo de outras eras. Daí a revista, o folheto, o cartão, em vez do livro. Quem sabe não haja mais tempo nem espaço para a glória: só para o sucesso, essa glória trocada em miúdos. (...) As revistas porém mais seguraram uma barra que criaram coisa nova. Nelas, a dissolução dos egos individuais em amorfas massas anônimas, arrebanhados ao sabor das amizades e contiguidades ocasionais. (...)
> Pode ser que na surdina das coisas em gestação, estejamos vivendo a soma de tempos fortes e tempos fracos, para falar musicalmente, na sinfonia da História e da Cultura. Quem sabe outra e nova categoria esteja para nascer. Talvez, o sentido. Em todos os sentidos. Naturalmente.

A consciência da fugacidade dos textos publicados nas revistas literárias da época se transforma em uma desconfortável sensação de anonimato, que vem se contrapor aquela de estar produzindo uma obra no sentido de algo que fica para a posteridade.

Sobre esse momento da história brasileira, quando os literatos se encaixa-ram às circunstâncias, Régis Bonvicino diz, na introdução das cartas, à página 17:

> A carta que inaugura a correspondência entre mim e Leminski acusa, em sua primeira linha, o recebimento, por parte dele, das revistas *Poesiaem greve* e *Qorpo Estranho*. Estas revistas, com todos os seus defeitos, tiveram, nos anos 70, o papel de agregar três gerações de poetas que estavam, por força do quadro político e cultural, exilados dos cadernos culturais dos dois grandes jornais daquele período: *Jornal do Brasil* e *O Estado de S. Paulo* e, também, exilados das editoras. (...) Quando me refiro a "estas revistas", falo não só das duas mencionadas, mas de *Navilouca*, *Pólem*, *Código*, *Almanaque Biotônico* etc., que integram o espírito da década de 70. Nestas pequenas (anti)revistas, publicaram poemas, traduções e ensaios gente como Edgar Braga (geração pós-modernista), Augusto de Campos, Décio Pignatari, Haroldo de Campos e José Paulo Paes (protagonistas do concretismo), Sebastião Uchoa Leite (de algum modo ligado à poesia marginal), Waly Salomão, Torquato Neto, Duda Machado, vinculados ao tropicalismo, (o próprio Caetano Veloso colaborou nas revistas *Navilouca* e *Pólem*) e Paulo Leminski, de origem concretista. Ao lado destes nomes já um tanto conhecidos, alguns novíssimos: Chacal, Carlos Ávila, Antonio Risério, Lenora de Barros e outros.

Esses nomes aqui mencionados fizeram parte das relações pessoais de Paulo Leminski e são referidos nas cartas com bastante frequência.

O *Catatau*, ao mesmo tempo em que transporta fatos da vida para o texto, recoloca, em outro tempo, fatos do texto na vida. No texto do *Catatau* há um prenúncio de textos que mais tarde se farão presentes na produção posterior. Tal constatação me deixou surpresa, como se o *Catatau* fosse um mapa para a construção de sua obra futura. Nos fragmentos que seguem, pode-se perceber isso:

O mundo esquece de nós quando dele nos esquecemos. Obedeço a distração (...).
Quem estiver distraído, um passo no destruído (...). Esqueci que estava no mundo, o mundo
estava aqui, se distraiu: não tenho dúvidas (...). Quando me vi nu, distraído e sonhando (...).
[Daí talvez o livro de poemas *Distraídos Venceremos* (1987).]

Agora é que são elas, distraio-me fazendo. (...)
Vê se não erra. Agora é que são elas. Vê, senão erra!
[O romance *Agora é que são elas* (1984).]

Cínico, quero a fama entre os homens.
[O ego leminskiano em funcionamento.]

Sou a ordem interna, a circulação dos humores (...). Eu sou o processo. (...) Volto às origens
da ordem. Peço proteção a um poder geométrico. Disponho de pouco. Perdão, (...).
Desconhece-te a ti mesmo, estranhai-vos: não conheço essa passagem!
[Os aforismos bíblicos que percorrem todo o texto.)

Ao menor sinal de contágio, pede contingência até ao adágio (...).
Citou-se o arcaico provérbio.
[Referência ao exercício dos trocadilhos no Catatau.]

Minha dor bemol, ai, se susteniza!

[Talvez aí a origem do poema:

acordei bemol
tudo estava sustenido

sol fazia
só não fazia sentido

(*TODA POESIA*, 2013, p. 104)]

É preciso ainda lembrar que há, entre as duas edições do *Catatau*, diferenças importantes. A segunda edição vem a público quinze anos após a primeira, em 1989, intervalo significativo e que coincide com o ano da morte de Leminski. Segundo Tarso de Melo, Leminski preparou essa nova edição do *Catatau*, com textos seus e com a recepção crítica do livro, que seria lançada em comemoração aos seus 45 anos, mas não chegou a completar essa idade — Leminksi faleceu em 7 de junho de 1989, em Curitiba, e está enterrado no cemitério da Água Verde.

Os textos incluídos por Leminski na segunda edição do *Catatau* são *Descordenadas Cartesianas*, e *Quinze pontos nos iis*. O primeiro traz explicações do autor sobre a origem da ideia para o livro, outras relativas ao nome catatau e também sobre Occam, personagem do *Catatau*, de quem ele diz:

> No *Catatau*, suspeito ter criado o primeiro personagem puramente semiótico, abstrato, da ficção brasileira.
> Occam é um monstro que habita as profundezas do Loch Ness do texto, um princípio de incerteza e erro, o "malin génie", da célebre teoria de René Descartes.
> A entidade Occam (Ogum, Oxum, Egum, Ogan) não existe no "real", é um ser puramente lógico-semiótico, monstro do zoo de Maurício interiorizado no fluxo do texto, (...).
> Occam é o próprio espírito do texto. É um orixá azteca-iorubá encarnando num texto seicentista.

No segundo (*Quinze pontos nos iis*), Leminski orienta o leitor sobre a leitura do *Catatau*. Com uma aparência didática, as 15 regras são certamente bem esclarecedoras. Essa adaptação contrariava totalmente a ideia que regeu o lançamento da primeira edição, quando Leminski disse que não daria nenhum mapa para desvendar o texto, bem como recusou que o livro tivesse orelha ou prefácio assinado por algum notável. De fato, a primeira edição era para ser um enigma, o que não ocorre na segunda, em que Leminski abre um espaço de orientação para a leitura da obra.

Assim, o *Catatau* se apresenta como síntese e explosão de um sujeito e do conjunto de sua obra. Construído, parece, peça por peça ao longo de oito anos, esse texto primeiro, adâmico, assimila a incontida necessidade interior do poeta de traduzir-se e de traduzir o mundo pela palavra. Mais que isso ainda, ao produzir esse texto com fisionomia artesanal cuja efervescência é visível e palpável, arrisco a dizer que ele se liberta para a produção do resto de sua obra. Despeja nele toda a sua confusão mental, por assim dizer, materializando-a na construção de um personagem, Renato Cartesius.

Esse, por sua vez, ao mesmo tempo em que se defronta e se debate com a estranheza de um lugar que acaba refletindo a sua própria estranheza, emite um discurso que resgata da aparência simplória da linguagem cotidiana palavras que, recriadas e encaixadas em ditos populares transformados, preservam a sutileza, a sabedoria e a graça da linguagem de origem. A escritura, compulsiva e simultaneamente elaborada, funciona como catarse de uma mente de artista, que tem pressa de produzir.

A marcha do *Catatau* acompanha a entrada de Alice na vida do poeta, está presente no momento do nascimento dos dois primeiros filhos, nos passos e compassos da música, nos anos da ditadura e no movimento tropicalista — a poesia, por sua vez, percorre todas as direções tomadas na vida do poeta. Nenhuma brecha foi aberta para dar entrada às outras empreitadas. Tudo que criou em termos de prosa e as traduções que fez estão lado a lado com a poesia. Essa a razão, acredito, pela qual o Leminski poeta é mais conhecido do que o Leminski prosador, tradutor, ensaísta e biógrafo. Parece natural que assim seja, pois para ele a poesia se coloca em lugar privilegiado, tal qual o poema reflete:

> moinho de versos
> movido a vento
> em noites de boemia
>
> vai vir o dia
> quando tudo que eu diga
> seja poesia
>
> (*TODA POESIA*, 2013, p. 77)

Este poema é mencionado por Flora Süssekind em *Literatura e vida literária* para ilustrar a "literatura do eu":

> Onde se lê poesia, leia-se vida — se a prosa literária pós-64 evitou cuidadosamente maiores intimidades com abismos, já a poesia do período chega a se definir como "na corda bamba".
> Vejamos pelo poema de Antônio Carlos de Brito (Cacaso) ...
>
> Poesia
> Eu não te escrevo
> Eu te
> Vivo
> E viva nós!
>
> Entre arte e vida: aí se equilibra a poesia brasileira dos últimos anos. Equilíbrio às vezes precário, (...). São as vivências cotidianas do poeta, os fatos mais corriqueiros que constituirão a matéria da poesia. "Dá um flagra no ego / dispara", lê-se no poema "take" de Ledusha, uma

espécie de "receita" do fazer poético do período. De que são exemplares observações como esta, contida num poema das *Polonaises* de Paulo Leminski:

> moinho de versos
> movido a vento
> em noites de boemia
>
> vai viro dia
> quando tudo que eu diga
> seja poesia
>
> Este eu, no entanto, em que parece se centrar a produção poética dos anos 70, não é idêntico àquele dos depoimentos, biografias e memórias. Aliás, sequer presta reverência à memória, (...). Poesia é, então, uma mistura de acaso cotidiano (...) e registro imediato...

Leminski realiza muito bem essa tarefa poética dos anos 70. O cotidiano é fonte para seu trabalho: "não existe nenhuma experiência — das mais íntimas, eróticas, emocionais — que eu não tenha transformado em poemas e tomada pública pela literatura".

> Só mesmo um velho
> para descobrir,
> detrás de uma pedra,
> toda a primavera.
>
> (*TODA POESIA*, 2013, p. 16)

Amor, então,
também, acaba?
Não, que eu saiba.
O que eu sei
é que se transforma
numa matéria-prima
que a vida se encarrega
de transformar em raiva.
Ou em rima.

(*TODA POESIA*, 2013, p. 104)

corpo entortado
contra o frio
saco às costas — vazio
está roubando o vento?

(*TODA POESIA*, 2013, p. 19)

Achar
a porta que esqueceram de fechar.
O beco com saída
A porta sem chave.
A vida.

(*TODA POESIA*, 2013, p. 23)

Esses poemas estão todos incluídos em *Quarenta clics em Curitiba*, que é o primeiro dos nove livros de poemas publicados de Paulo Leminski, dos quais quatro são póstumos. *Quarenta clics* surge um ano depois da publicação do *Catatau*. A edição que tenho é a 2ª, póstuma, publicada em 1990 pela Secretaria de Estado da Cultura, quando foram editados três mil exemplares. Esta é uma das quatro obras de Leminski editadas por um órgão oficial. As outras três foram editadas em parceria ou isoladamente pela Fundação Cultural de Curitiba: o conto *Descartes com lentes* (Coleção Buquinista, 1993); *Winterverno*, com desenhos do arquiteto João Virmond, primeira edição, póstuma, 1994, foi editada exclusivamente pela Fundação Cultural de Curitiba, com a segunda edição saindo pela Iluminuras, em 2001; a edição do livro póstumo de poemas *O ex-estranho*, 1996, saiu numa co-parceria com a Iluminuras; e assim também, em co-parceria com a Brasiliense, a segunda edição do romance *Agora é que são elas*, de 1999, sendo a primeira, de 1984, editada exclusivamente pela Brasiliense.

Portanto, demorou quinze anos desde seu primeiro lançamento para que o poeta tivesse um livro impresso por um órgão oficial. Sabe-se que após a sua morte, o Governo do Paraná e a Prefeitura Municipal de Curitiba deram seu nome a espaços públicos, culturais e educacionais — quando em vida nada lhe foi facilitado por esses mesmos órgãos, que o ignoraram.

Quanto à primeira edição de *Quarenta clics*, o título decorre da fusão foto/texto. Leminski atuou ao lado de Jack Pires, fotógrafo paulista conhecido por retratar o cotidiano, bem ao gosto da época. O trabalho exigiu de ambos a disponibilidade de suas sensibilidades para o encaixe do poema na foto e vice-versa. É uma obra editada em folhas avulsas, 40 folhas guardadas dentro de uma caixa com forma quadrada, diferente do formato de um livro normal. A foto ocupa boa parte do espaço de cada folha, junto ao texto, sempre curto. A editora, Etecetera, de Luiz Henrique Garcez de Oliveira Mello, recém-criada, vem de encontro ao padrão das edições realizadas nos anos pesados da ditadura. Flora Süssekind explica muito bem o que isso significa:

> Marginalizados, pois, previamente pela dificuldade de acesso às grandes editoras ou insatisfeitos com o tipo de público e de livros por elas visados, passa-se então, a caminhar conscientemente "à margem" do mercado tradicional. (...) *A edição independente* — Uma idêntica trajetória em direção ao cotidiano e à própria subjetividade marcada por uma opção editorial também semelhante: a impressão, o projeto gráfico e a distribuição fora das grandes editoras e livrarias, o controle de todo o processo de produção do livro pelo autor, a venda realizada pessoalmente em livrarias pequenas, bares, teatros e cinemas.

Com *Quarenta clics*, de certa maneira, ocorre o mesmo que ocorreu com o *Catatau*: uma primeira edição pequena, 300 exemplares, em montagem extremamente artesanal. Interessante notar a relação que se instala entre os autores-poetas, suas obras e seu público. Parece que, apesar de tudo, é um momento em que a poesia encontra espaço e ressonância. Segundo Heloísa Buarque, citada por Süssekind:

> Mais do que valores poéticos em voga, eles trazem a novidade de uma subversão dos padrões tradicionais de produção, edição e distribuição de literatura.(...) Planejadas ou realizadas em colaboração direta com o autor, as edições de poesia apresentam uma face alternativa evidente. A participação do autor nas diversas etapas da distribuição de seus livros determina um produto gráfico integrado, de imagem pessoalizada que ativa uma situação mais próxima do diálogo do que a oferecida comumente na relação de compra e venda de produtos. Começa, portanto, a poesia a entrar em cena estabelecendo um novo circuito para a literatura e criando um novo público leitor de poesia.

Fica claro o movimento empreendido por Paulo Leminski na construção de sua obra. Essa palavra, construção, que venho utilizando desde o começo desse trabalho, encontra nesse momento a sua identificação com o processo desenvolvido na década de 70, não só no seu fazer poético mas também na sua participação no processo construtivo e de divulgação da sua obra. Fica mais fácil entender o motivo de uma edição de autor, considerando a imagem do poeta na livraria Ghignone lançando o seu *Catatau* em um contato aberto com as pessoas, visto que, na década de 70, apesar da repressão, havia espaço para a poesia, a ponto de formar um público afeito a ela.

A foto do poeta nu, utilizada para o lançamento, mostra-se coerente com a definição posta por Süssekind: "outro sistema de edição, outro público e uma poesia em que se imprimem simultaneamente o rosto do autor e o perfil cúmplice daquele que folheia o seu livro num bar ou numa entrada de teatro, que detém referências afetivo-culturais próximas às suas, (...) um leitor cúmplice — o rosto do autor se desenha em toda parte".

O grande cuidado que o poeta Paulo Leminski tem é o da preservação do seu fazer poético. Desse oficio não abriu mão nunca, por nada nem por ninguém. Na carta 56 enviada a Bonvicino ele diz: "eu me entrego muito fácil ao 1° impulso, exatamente porque EU VIVO PARA FAZER POESIA, meu trabalho é secundário, não quero ficar rico nem consumir, montei minha vida para me sobrar todo o tempo do mundo para ficar olhando o sol se pôr e pensar o q bem entender".

Outra marca que o atinge em cheio é a do movimento americano "beat", que surge nos anos 50/60 e a partir daí assume uma dimensão política e comportamental, com ecos na Europa e, sobretudo, nas Américas. Segundo Gonçalo Júnior, no texto *Bem mais que uma batida*:

> Não mais que três semanas foram suficientes para que o escritor americano Jack Kerouac (1922-1969) escrevesse sua obra mais famosa, *On the road* (Pé na estrada), lançada em 1975. (...) Kerouac morreu de hemorragia aos 47 anos, consumido pelo álcool. Era o final dos anos 60, um momento intenso na vida americana quando o movimento hippie, a luta pelos direitos civis e contra a guerra do Vietnã atingem seu climax. (...) viveu o suficiente para ver suas ideias — e de sua turma de escritores incendiarem seu país. Kerouac era o expoente da chamada Geração Beat, ou "Geração Perdida", movimento literário

que surgiu nos EUA no começo da década de 50 e que teve como marco inicial a publicação do livro "Uivo", de Allen Ginsberg, em 1955. (...) Hoje, quase meio século depois, (...) há agora uma unanimidade no sentido de admitir que os beats não só foram importantes na literatura como no comportamento. Ginsberg, Kerouac, William S. Burroughs, Carl Solomon, Gregory Corso e outros, influenciaram a política e o comportamento dos americanos — que nos anos 60 seria conhecido como contracultura.

É fácil notar a influência da geração beat na literatura do Brasil, no comportamento dos jovens e nos movimentos de contracultura da geração de poetas dos anos 70. Também se nota a influência do estilo em Leminski. A afinidade do poeta com a geração beat é o vínculo a Walt Whitman (1819-1892), o maior poeta americano do século XIX. Para compreender o que Whitman tem a ver com os beats, recupero algumas palavras da italiana Fernanda Pivano, em entrevista concedida à revista *Cult*: "interessava-me essencialmente o fato deles representarem a resistência ao neofascismo, mas também representavam um novo modo de fazer poesia, como era, por exemplo, o verso livre (à Walt Whitman), de Allen Ginsberg. A poesia do grupo beat se adaptava muito bem à minha ideia de narrativa baseada na vida".

Em seus *Ensaios crípticos 2* Leminski deixou registrado:

> (...) se Maiakóvski é o poeta da Revolução Russa, não é exagero dizer que Walt Whitman (1819-1892) é o poeta da Revolução Americana, ocorrida uma geração (1776) antes do seu nascimento. (...)
> Whitman libertou o verso dos duros deveres da métrica, (...).
> Walt Whitman coloca em andamento toda uma linguagem vitalista norte-americana do escritor não como "scholar" ou mandarim, mas como homem de ação, da estrada, da aventura e do mundo (Jack London, Hemingway, John Reed, Kerouac, Norman Mailer, André Malraux, o mais norte-americano escritor da mais antinorte-americana das literaturas).

> (...) Whitman, o primeiro ***beatnik***, vive da longa vida que só uma grande poesia (ou uma grande revolução) irradia.

É possível pensar no termo "marginal", que por essa época passa a denominar o comportamento de certos autores. Paulo Leminski, de fato, entra no rol dos poetas marginais. Entendo que semanticamente a palavra propõe dois caminhos paralelos, não divergentes: um que enquadra os artistas que se filiam a movimentos literários e musicais de vanguarda, como o concretismo, o tropicalismo; outro, que envolve as produções e edições à margem do mercado. Houve momentos em que a palavra marginal aproximou-se da palavra maldito (e Leminski também foi assim qualificado). O próprio poeta faz a distinção:

> Marginal é quem escreve à margem,
> deixando branca a página
> para que a paisagem passe
> e deixe tudo claro à sua passagem.
>
> Marginal, escrever na entrelinha,
> sem nunca saber direito
> quem veio primeiro,
> o ovo ou a galinha.
>
> (*TODA POESIA*, 2013, p. 213)

Em entrevista dada a Denise Guimarães para o jornal *Nicolau*, em 1989, Leminski afirma: "o que está acontecendo de importante este ano, a nível de texto, é a reedição do *Catatau*, editado marginalmente em 1975. Agora vai sair uma edição comercial. Então, o ilegível virou mercadoria".

Para Rodrigo Garcia Lopes, não se deve rotular a poesia de Leminski de alternativa ou marginal, já que Leminski estava à margem da margem, ao elaborar silenciosamente sua obra no *bunker* da Cruz do Pilarzinho, sem cortar seu diálogo com o mundo. Além disso, conseguiu o mais difícil em matéria de poesia: dicção, que é pessoal e intransferível. Romulo Salvino faz coro:

> o próprio autor do *Catatau* já foi muitas vezes arrolado como participante do grupo marginal, mas certamente não é correta essa inclusão; com sua trajetória extremamente pessoal, ele deve ser visto mais como uma espécie de índice de todos os trajetos e indefinições do período: surgiu num veículo de matriz concretista (*Invenção*), praticou uma poesia de evidente índole visual, flertou com a Marginália, contribuiu com revistas de várias tendências, assumiu um papel ativo na música popular com nomes como Caetano Veloso e Moraes Moreira.

Marginal ou não, o fato é que no final de 1977 Leminski preparava o seu terceiro livro, *Não fosse isso e era menos*, segundo o próprio: "seleta coletânea de 90 poemas, está sendo composto, deve sair antes do natal, como parte dos festejos comemorativos do 2° aniversário do lançamento do *Catatau*, só poemas para amigos, a patota, a ecologia, coisinhas para um deleite mais geral. Considero a 1a edição minha de poemas meus, já que *40 Clics* (300 exemplares) é uma espécie de amostra grátis. Estou muito feliz".

Na realidade, esse livro de poemas só será editado em 1980, pela ZAP. Nas cartas pode-se acompanhar o longo fazer da impressão, até chegar o momento de editar. Em 1979 ele escreveu:

> o dia está lindo estou com dinheiro, vou sair de tarde, tudo bem etc etc etc, hoje levo à ZAP (estúdio foto q. vai editá-lo), o livro poesia, tudo bem, não vai custar nada, as gráficas devem favores à ZAP. O livro: 96 poemas, NÃO FOSSE ISSO E ERA MENOS NÃO FOSSE TANTO E ERA QUASE. muito entusiasmado, clics meio q aconteceu por acaso, este considero o 1° livro de poesia minha q edito, coisa para dezembro/janeiro sei lá, tenho a impressão q vai ser um

> bonito, um livro bonito/cheio de beleza, mas de uma beleza simples clara direta além de escolas, correntes, tendências, apenas com os débitos naturais à minha historicidade irremediável e incorrigível.

A correspondência entre os dois poetas termina entre abril/maio de 1980. O lançamento acontece nesse mesmo ano em Curitiba.

Já em meados de 1981, outro lançamento se realiza, dessa vez no Rio de Janeiro. A saúde de Leminski começa a complicar. Ele está com 34 anos e o fígado dá os primeiros sinais de comprometimento. A morte da mãe, a doença do filho Miguel debilitam emocional e fisicamente o poeta. A abstinência do álcool, que acontece nesse tempo, é registrada pelo poeta: "jamais produzi de cabeça tão fria quanto agora. Tudo q faço de texto está pintando de uma nitidez metálica de estrutura mas tudo muito apaixonado, um apaixonado domado. Minha liberdade anda exigente e rigorosa, tenho certeza q estou fazendo por estes tempos alguns dos melhores poemas q já fiz e farei".

Publica também outra coletânea de poemas, *Polonaises*, numa edição do autor. São pouco mais de trinta poemas dispostos quase da mesma maneira que em *Não fosse isso...*:

> (...) também se aproveitando de diferentes tamanhos de letras para dar impacto visual aos seus poemas curtos e rápidos. (...) Em 1983, (...) lança *Caprichos & relaxos*, levando a um público maior a poesia de *Não fosse isso*, de *Polonaises*, os poemas que saíram na *Invenção* e sua produção à época. Escrevendo resenhas para a revista *Veja* desde fins de 1982 (onde permaneceu até 1984, com resenhas semanais, principalmente dos livros que sua geração produzia), colaborando com importantes jornais do Paraná, e com o caderno *Folhetim*, da *Folha de S. Paulo*, Leminski conseguiu repercussão considerável para seu livro de poemas, matérias em grandes jornais e revistas, elogios e mais elogios, que fizeram dele um best-seller da poesia nacional, com várias reedições, sucesso entre os jovens e não tão jovens assim.

Caprichos & relaxos teve uma vendagem extraordinária, esgotando seguidas edições. Reeditado, sob licença, em 1988, pelo Círculo do Livro, uma editora de caráter marcadamente comercial, o livro teve ampliado o seu canal de distribuição, se aproximando mais dos leitores.

Os poemas incluídos em *Caprichos & relaxos* representam quase vinte anos de produção poética. Eles vêm desde a publicação na revista *Invenção*, de 1964 até 1983. Aqui uma pequena seleção deles, coletada no livro póstumo *Melhores poemas de Paulo Leminski*, de 1996.

minhas 7 quedas

minha primeira queda
não abriu o paraquedas

daí passei feito uma pedra
pra minha segunda queda

da segunda à terceira queda
foi um pulo que é uma seda

nisso uma quinta queda
pega a quarta e arremeda

na sexta continuei caindo
agora com licença
mais um abismo vem vindo.

(*TODA POESIA*, 2013, p. 59)

o velho leon e natália em coyoacán

desta vez não vai ter neve como em petrogrado aquele dia
o céu vai estar limpo e o sol brilhando
você dormindo e eu sonhando

nem casacos nem cossacos como em petrogrado aquele dia
apenas você nua e eu como nasci
eu dormindo e você sonhando
não vai mais ter multidões gritando como em
petrogrado aquele dia
silêncio nós dois murmúrios azuis
eu e você dormindo e sonhando

nunca mais vai ter um dia como em petrogrado aquele dia
nada como um dia indo atrás do outro vindo
você e eu sonhando e dormindo

(*TODA POESIA*, 2013, p. 67)

dia
dai-me
a sabedoria de caetano
nunca ler jornais
a loucura de glauber
tem sempre uma cabeça cortada a mais
a fúria de décio
nunca fazer versinhos normais

(*TODA POESIA*, 2013, p. 78)

apagar-me
diluir-me
desmanchar-me
até que depois
de mim
de nós
de tudo
não reste mais
que o charme
(*TODA POESIA*, 2013, p. 84)

A síntese e a brevidade, vestígios de sua afinidade com os haicais japoneses, dão seus primeiros sinais em *Caprichos & relaxos*:

a chuva vem de cima
correm
como se viesse atrás

(*TODA POESIA*, 2013, p. 122)

ameixas
ame-as
ou deixe-as

(*TODA POESIA*, 2013, p. 105)

entro e saio
dentro
é só ensaio

(*TODA POESIA*, 2013, p. 88)

Humor, amor, amargor, amizade, abismo, substantivos que percorrem os poemas, os anos, a vida. Os adjetivos, ele guardou para si. Mencionar tais categorias da língua faz pensar nas ideias que o poeta teceu e desenvolveu acerca da própria língua. Utilizando a palavra como matéria-prima de trabalho, ele muito se preocupou com suas possibilidades e seus limites. Para isso, buscou parcerias com Jakobson, Freud, Peirce, Saussure, Adorno, Benjamin. Mexeu em teorias da linguagem, aprofundou-se na teoria dos signos, pensou a poesia com um inutensílio indispensável à vida, na incompatibilidade entre arte e mercado e, por fim, na palavra como signo histórico, ético e político. Reservou ao poema o privilegiado lugar de ser, sem ter que dizer porque é.

Em um ensaio de *Anseios crípticos*, intitulado *Arte in-útil, arte livre?*, o poeta pensa:

> A curiosa ideia de que a arte não está a serviço de nada a não ser de si mesma é relativamente recente. Data do romantismo europeu do século XIX, apogeu da 1ª Revolução Industrial e da hegemonia burguesa, momento em que o artista se toma um desempregado crônico. (...) A doutrina "arte pela arte" foi formulada, pela primeira vez, com todas as letras, na França do século XIX, pelos poetas parnasianos e simbolistas (Gautier, Leconte de Lisle, Baudelaire, Mallarmé). (...) Isso se deve principalmente ao fato de que esses poetas, libertados dos lastros morais ou patrióticos, puderam fazer a poesia avançar tecnicamente, em termos de linguagem, até os extremos limites, de que o "Lance de Dados", de Mallarmé, é o paradigma último.

> (...)
> Uma palavra, toda palavra pertence a um idioma particular, historicamente determinado no espaço e no tempo, o mais pesado lastro coletivo que o homem pode carregar. (...)
> Cada palavra tem sua história, sua biografia, sua etimologia.
> (...)
> O puro valor da palavra está na poesia. Por isso, é sempre considerada mercadoria difícil. "Poesia não vende" (...). Pois não vende mesmo. O destino da poesia é ser outra coisa, além ou aquém de mercadoria e do mercado.

Leminski defendeu tal ideia com unhas e dentes sempre que teve oportunidade. Em 1986, no ciclo de palestras promovido pela Funarte intitulado *Os sentidos da paixão*, escolheu como tema de sua conferência *Poesia: a paixão da linguagem*. Ao longo das vinte e três páginas, expressa suas ideias sobre o que é ser poeta, o que é fazer poesia, o que significa ser tomado pela palavra e pelas possibilidades de movimento que ela proporciona, transformando esse trabalho em fonte de infinito prazer. Seleciono alguns fragmentos:

> Não sou professor, não sou nenhum teórico, sou um artista, um poeta que procurava refletir sobre o que fez, mas nunca deixei que esse meu tesão por refletir sobre o que faço prevalecesse. (...) Daí essa coisa assim maluca de fazer poesia que é uma coisa que não dá nada pra ninguém. (...) Eu vou dedicar agora quarenta anos da minha vida pra desenvolver uma intimidade com a palavra que, realmente, não vai me dar nada materialmente. A poesia, ela traz esse caráter, (...) uma coisa meio masoquista, (...). A poesia não te dá nada em troca. Chego, às vezes, a suspeitar que os poetas, os verdadeiros poetas, são uma espécie de erro na programação genética. Aquele produto que saiu com falha, assim, entre dez mil sapatos um sapato saiu meio torto. É aquele sapato que tem consciência da linguagem, porque só o torto é que sabe o que é direito. Então o poeta seria, mais ou menos, um ser

> dotado de erro, e daí essa tradição de marginalidade, essa tradição, moderna, romântica, do século XIX pra cá, do poeta como marginal, do poeta como bandido, do poeta como banido, perseguido, enfim, em condições, digamos, socialmente adversas, negativas. Pensando nas relações entre poesia e linguagem, entre paixão, poesia e linguagem, formulei a coisa de que a poesia seria uma manifestação, sobretudo, de paixão pela linguagem, por causa do próprio caráter substantivo da poesia. Um poema não é como um conto, não é como um romance. Um conto, um romance são transparentes, deixam o olhar passar até o sentido. Na poesia não. O olhar não passa, o olhar pára nas palavras.

Em entrevista ao poeta, jornalista e amigo Ademir Assunção, realizada no ano de 1986, sobre não ter que justificar o seu fazer poético, Leminski disse: "eu faço poesia como a aranha faz sua teia. Não tem porquê. Estou além do porquê. É o resto da minha vida que tem que se explicar em relação a isso. Esse é o resultado do meu viver. A minha poesia, para mim, é uma atividade intransitiva".

Em outro momento de reflexão sobre a mesma ideia, diz:

> O amor. A amizade. O convívio. O júbilo do gol. A festa. A embriaguez. A poesia. A rebeldia. Os estados de graça. A possessão diabólica. A plenitude da carne. O orgasmo. Estas coisas não precisam de justificação nem de justificativas. Todos sabemos que elas são a própria finalidade da vida (...) fazemos as coisas úteis para ter acesso a estes dons absolutos e finais (...) coisas inúteis (ou in-úteis) são a própria finalidade da vida (...) as pessoas sem imaginação estão sempre querendo que a arte sirva para alguma coisa. Servir. Prestar. O serviço militar. Dar lucro. Não enxergam que a arte (a poesia é arte) é a única chance que o homem tem de vivenciar a experiência de um mundo da liberdade, além da necessidade.

Na mesma entrevista, perguntado acerca de sua posição frente à ideia de transformar o prazer estético em mercadoria:

> O Roman Jakobson traz uma contribuição importante quando diz que existe uma função poética na linguagem que é quando o discurso incide sobre a própria linguagem. É o prazer do homem na prática da linguagem. É como Freud distinguia: o princípio do prazer e o princípio da realidade. O princípio da realidade, no uso da linguagem, seria a função referencial, que é quando a linguagem se refere a uma coisa exterior a ela. E o princípio do prazer é quando a linguagem é o puro exercício do prazer. É um caráter lúdico da linguagem que é inegável. Porque a linguagem é a obra-prima do homem, é a condição da sociabilidade dele. Então, a poesia é realmente isso. A gente precisa resgatar a grandeza da ideia de brincar com a linguagem. Para algumas pessoas é até a brincadeira suprema, que pode ser a razão de ser da sua vida.

Não há dúvida de que Leminski fala de si mesmo. Percebe-se, diante dessas palavras, que o poeta pensa em sua atividade com a linguagem, fruto das leituras e estudos que, como se sabe, ele empreendeu fora da universidade. Em seus três livros, *Anseios crípticos* (1986), *Ensaios e anseios crípticos* (1997), e *Anseios crípticos 2*, (2001), encontram-se muitos de seus melhores momentos de pensamento crítico, de análise e de produção de uma prosa poética fluente, inspirada e inspiradora. O que ele pensa sobre esses trabalhos está colocado no documento *Paulo Poeta Leminski*:

> *Anseios crípticos* é a reunião dos meus trocados teóricos. São anseios que vêm da cripta, uma vontade de atingir a lucidez, a clareza, o sentido das coisas. São ensaios teóricos de reflexão não só sobre literatura porque não me considero um crítico literário. Sou um critico da cultura. A mim interessa refletir sobre todos os aspectos da vida. (...) a vida é 50 por cento sensorial e 50 por cento desfrute do viver, 50 por cento é o refletir sobre o significado disso. Não quero me retirar desse planeta sem ter realmente pensado. Me dá prazer mergulhar no sentido profundo das coisas.

A entrevista de Ademir Assunção toca ainda numa questão que desde a juventude persegue Leminski, ser alcoólatra e ter usado outras drogas. A imagem de seu personagem, Renatus Cartesius, que aparece no *Catatau* fumando maconha, deu o que falar. Ademir Assunção fez ao poeta a seguinte indagação: "Seu primeiro livro, *Catatau*, já chegou provocando, (...) não é conto, não é romance, não é poesia. Nele, o personagem central é nada menos que Descartes. E ele tem uma luneta em uma mão e um cachimbo de maconha na outra. São dois símbolos? Esse tipo de experiência, de alguma forma, tem a ver com a experiência poética?"

A resposta é irônica e ousada, tal qual a situação criada no *Catatau*:

> É, são dois símbolos elementares. (...) A luneta é o distanciamento. E o cachimbo de maconha é a integração. A maconha gera uma integração. Numa roda de gente queimando fumo gera-se um tipo de comunicação diferente daquele gerado em um simpósio, por exemplo, sobre metafisica e a psicologia de Jung. É uma comunicação via substância, não via palavra. (...) É até um lugar-comum a tradição, por exemplo, de que os poetas criam de madrugada, de que são alcoólatras. Baudelaire, por exemplo, escreveu muitos poemas numa mesa de bar, sob efeito do absinto. A ideia de que o discurso poético se produz em estados anômalos é uma coisa normal, que rima com a própria natureza anômala da linguagem poética...

Para além da arte, os fatos demonstram a total impossibilidade de Paulo Leminski de lidar com a doença do alcoolismo. Nunca admitiu tratar-se. Em 1988, um ano antes de sua morte, amigos tentaram (como Alice já havia feito), levá-lo aos Alcólicos Anônimos, sem sucesso.

Contornando de alguma maneira as dificuldades acumuladas pelo vício durante tantos anos, ele continua a produzir sem parar, acreditando sempre na poesia e na sua inutilidade vital. Em 1982, numa entrevista concedida a Rodrigo Garcia Lopes, para a Folha de Londrina, ele disse:

> O ser humano, historicamente, ama essa arte de um modo muito profundo. Existem povos sem prosa, mas não existe um único povo sem poesia. O povo mais atrasado do interior da África ou uma tribo de aborígenes da Austrália têm os seus cantos, suas lendas, fórmulas métricas, letras de músicas. Não existe ser humano sem poesia. Ela é um bem de primeiríssima necessidade. (...) esse treco chamado poesia existe desde Homero, com toda a sua aparente inutilidade.

Chega então o tempo de *Distraídos venceremos*, o quinto livro de poemas de Leminski[9], editado pela Brasiliense, em 1987, e o último livro publicado em vida. Na dedicatória:

> *Em direção a Alice,*
> *cúmplice nesse crime de lesa-vida*
> *chamado poesia.*
> *Para Antonio Cícero, Arnaldo "Titã" Antunes*
> *e — sobretudo — para Itamar Assumpção.*
>
> (*TODA POESIA*, 2013, p. 169)

Rodrigo Garcia Lopes, a respeito deste livro, disse:

> foi erradamente criticado como o "pior momento de sua poesia", por alguns "críticos". (...) Leminski radicalizou o processo iniciado com *Caprichos & Relaxos*. Talvez por estar na época produzindo poemas para jornais diários — onde a informação vem curta — seus poemas

9. Em algumas poucas bibliografias do poeta, consta a publicação do livro *Hai-tropicai*, uma produção de haicais com Alice Ruiz, editado em 1985 (dois anos antes de *Distraídos venceremos*), pela Tipografia do Fundo Ouro Preto, em Ouro Preto, Minas Gerais. Não tive acesso a esse livro. Tampouco encontrei menções a ele. Fica, de qualquer forma, registrada a sua existência.

> tendem para o rarefeito, o estratosférico, o frásico. (...) neste livro o poeta partia para uma aventura perigosa, meio Spielberg: ganhar o leitor comum. (...) nestes poemas Leminski emprega toda sua voltagem na tentativa de criar uma poesia híbrida: um pé na tradição, outro na transgressão.

Trata-se de um livro onde se encontram os mais clássicos poemas de Leminski, por assim dizer, aqueles que as pessoas mais comumente citam em conversas, que recordam ao pensar no poeta. São poemas que manifestam inquietudes e malabarismos interiores. Este livro traz consigo a marca definitiva do autor na sua montagem.

Distraídos venceremos é apresentado pelo próprio Leminski:

> Nas unidades de *Distraídos venceremos* (1983-1987), resultado do impacto da poesia de *Caprichos & relaxos* (1983) sobre a fina e grossa cútis da minha sensibilidade lírica, *calmes blocs ici-bas chus d'un désastre obscur*, cadeias de Markoff em direção a uma frase absoluta, arrisco crer ter atingido um horizonte longamente almejado: a abolição (não da realidade, evidentemente) da referência, através da rarefação.
> Seria demais, certamente, supor que eu não precise mais da realidade. Seria de menos, todavia, suspeitar sequer que a realidade, essa velha senhora, possa ser a verdadeira mãe destes dizeres tão calares.
>
> É quando a vida vase.
> É quando como quase.
> Ou não, quem sabe.
> Curitiba, janeiro de 1987.
>
> (*TODA POESIA*, 2013, p. 404)

Para deleite, alguns dos poemas de *Distraídos venceremos*:

aviso aos náufragos

Esta página, por exemplo,
não nasceu para ser lida.
nasceu para ser pálida,
um mero plágio da Ilíada,
alguma coisa que cala,
folha que volta pro galho,
muito depois de caída.

Nasceu para ser praia,
quem sabe Andrômeda, Antártica,
Himalaia, sílaba sentida,
nasceu para ser última
a que não nasceu ainda.

Palavras trazidas de longe
pelas águas do Nilo,
um dia, esta página, papiro,
vai ter que ser traduzida,
para o símbolo, para o sânscrito,
para todos os dialetos da Índia,
vai ter que dizer bom-dia
ao que só se diz ao pé do ouvido,
vai ter que ser a brusca pedra
onde alguém deixou cair o vidro.
Não é assim que é a vida?

(*TODA POESIA*, 2013, p. 175)

Vim pelo caminho difícil,
a linha que nunca termina,
a linha bate na pedra,
a palavra quebra na esquina,
mínima linha vazia,
a linha, uma vida inteira,
palavra, palavra minha.

(*TODA POESIA*, 2013, p. 178)

por um lindésimo de segundo

tudo em mim
anda a mil
tudo assim
tudo por um fio
tudo feito
tudo estivesse no cio
tudo pisando macio
tudo psiu

tudo em minha volta
anda às tontas
como se as coisas
fossem todas
afinal de contas

(*TODA POESIA*, 2013, p. 182)

pelos caminhos que ando
um dia vai ser
só não sei quando

(*TODA POESIA*, 2013, p. 235)

meiodia três cores
eu disse vento
e caíram todas as flores

(*TODA POESIA*, 2013, p. 235)

A exemplo de todos os livros de poemas de Leminski, este também traz poemas curtos e reforça a habilidade de transformar o máximo no mínimo. Leyla Perrone-Moisés, uma das admiradoras mais fiéis de Leminski, afirmou: "como outros poetas de nosso século, ele encontrou no haicai o humor e a imagem, a economia verbal e a objetividade, qualidades que, segundo Octávio Paz, são também os elementos centrais da poesia moderna".

Em outubro de 1987, Leminski sofre um acidente doméstico. Depois de contrair uma doença venérea, resolve se tratar em casa. Ao tentar cauterizar o ferimento, deixa cair o conteúdo nos órgãos genitais. O resultado disso: uma grave queimadura que o deixa internado por sete dias na ala dos queimados do Hospital S. Vicente, em Curitiba. Sobre esta terrível dor, um poema:

sete dias na vida de uma luz

durante sete noites
uma luz transformou
a dor em dia
uma luz que eu não sabia
se vinha comigo
ou nascia sozinha

durante sete dias
uma luz brilhou
na ala dos queimados
queimou a dor
queimou a falta
queimou tudo
que precisava ser cauterizado

milagre além do pecado
que sentido pode ter
mais significado?

Hospital S. Vicente
Ala dos Queimados
Curitiba, outubro de 1987

(*TODA POESIA*, 2013, p. 258)

Intercalando essa produção poética que acontece entre os anos de 1976-1987, Leminski escreve, além das biografias e das traduções, o romance-novela *Agora é que são elas*, 1984, editado pela Brasiliense; e o único livro infanto-juvenil de sua obra, *Guerra dentro da gente*, 1988, editado pela Scipione. Entre prosa e poesia, as publicações da década de 1980 somam dezoito livros editados. Essa é uma fase em que acontecem mudanças políticas importantíssimas no país. Após a extinção do AI-5, no final da década de 70, em novembro de 80, foi aprovada a emenda constitucional que restabelecia eleições diretas para governador, e em novembro de 1983 articulou-se o maior movimento de massas da história do Brasil, a campanha das Diretas Já!, atmosfera que envolve o lançamento de *Agora é que são elas.*

Esse livro foi bastante criticado. Talvez tenha causado surpresa e estranhamento por ser um texto totalmente diferente do que até então Leminski havia produzido. Após o *Catatau,* um texto totalmente às avessas, depois do sucesso dos livros de poemas, ele escreve um romance que tem enredo, personagens interagindo e que tem começo, meio e fim, "não necessariamente nesta ordem", segundo suas próprias palavras. Não se poderia esperar de Leminski um romance tão redondo.

Por ocasião da morte do poeta, Boris Schnaiderman escreveu um longo artigo especificamente sobre esse romance-novela, com o título *Em torno de um romance enjeitado.* Ali, uma análise equilibrada do ponto de vista crítico e uma visão apaixonada do professor como leitor atento. Esse artigo influenciou também a minha leitura do livro, e foi determinante na formação de meu ponto de vista sobre a obra. Reproduzo trechos do artigo:

> Parece incrível essa morte! Paulo Leminski era a própria exuberância, o transbordamento, o impulso vital, o sem-medida, o incontido, a anti-repressão.
> Agora, vêm os balanços nos jornais, com os indefectíveis "no entanto", "por outro lado", "pensando bem". (...)
> Num ponto, porém, detratores e amigos parecem estar de acordo: haveria nesse conjunto uma descaída, uma fraqueza indubitável — o romance *Agora é que são elas.* É uma opinião que se consagrou, há um consenso quase absoluto. Logo que o livro saiu, a crítica lhe caiu em cima, implacável (...). Seria um livro fracassado, resultado de um equívoco (...).

(...) E o próprio Paulo Leminski se convenceu, aparentemente, da desimportância de seu filhote. *Catatau* é que seria o seu romance importante (...). Numa entrevista com Denise Guimarães, publicada pouco antes de sua morte, ele disse: "*Agora é que são elas* é uma brincadeira com a mentira de escrever um romance redondo hoje. (...) O romance não é um ícone do século xx. Os grandes romancistas do século XX nasceram no século XIX. Kafka, Thomas Mann, Joyce (...). Escritores com a cabeça feita no século XX não são capazes de escrever um romance. São produtores de mensagens do século XX. O romance não é mais possível. (...)".
(...) Essa morte do romance, (...) parece não se sustentar diante de uma série de escritores, como Guimarães Rosa, Lezama Lima, William Faulkner, Italo Calvino. Seriam todos eles continuadores do século XIX na ficção? Não me parece. Acho muito mais acertada a visão de Bakhtin, que encara o romance como um gênero dinâmico, (...) que reaparece sempre em formas novas.
Na base disso e de uma releitura do romance de Leminski, tenho que contrariar a opinião consagrada da crítica, os desafetos e amigos do poeta e a própria opinião deste, reafirmada pouco antes de morrer, pois, na medida em que posso tratar desse tema, considero *Agora é que são elas* uma das obras de ficção mais interessantes dos últimos anos.
(...)
Depois da prosa-poesia altamente elaborada de *Catatau*, Leminski absolutizou a sua experiência e a vertente da arte da palavra que ela representava. Daí as suas afirmações sobre a morte do conto e do romance. Mas, ao mesmo tempo, esse tradutor de Beckett e dos modernos ficcionistas americanos, percebia no mundo uma nova narratividade, ligada aos novos meios de expressão. (...)
É nesta perspectiva que leio *Agora é que são elas*, este objeto fascinante e perturbador que adquire nova dimensão quando penso no amigo morto e na sua trajetória.

Uma das qualidades da dicção leminskiana é o fluxo da narratividade. Esse rastro mostrado em *Catatau* não se extingue com o tempo. Percorre os romances, os ensaios e, muitas vezes, os poemas. Para ler Leminski, definitivamente, precisa-se de fôlego. Em *Agora é que são elas*, essa percepção é clara. Esse romace-novela, como ele o denominou, tem como personagem ninguém menos que Vladimir Propp, da *Morfologia do Conto Fantástico*, que desempenha o papel de um analista. Na época do lançamento do livro, um artigo de Eduardo Quirino na *Folha de S. Paulo* explica a trama:

> Quando Vladimir Propp, após ler um sem número de contos maravilhosos russos, colocou-os no liquidificador e coou 31 funções com as quais elaborou a *Morfologia do Conto Fantástico*, na certa não esperava que alguém fosse pegar estas funções e transformá-las no fio condutor de um romance. Justo um romance, que exige normas (...). E Paulo Leminski fez isto (...). Propp, um analista, (...) tem um cliente, sem nome, sem traços, um personagem ao mesmo tempo herói e falso-herói, que o professor tenta curar levando-o para o mundo da ficção, (...) mas o personagem clama por vida, a vida dos romances e não a existência nos contos fantásticos. E ele resiste à análise com a sentença: "Tem uma coisa sobre a qual não quero falar", pois sabe que é apenas um personagem e que só existe a partir de palavras: quando as omite se opõe a ser analisado.

Destaque também para a escolha do nome Norma, dado às três mulheres que frequentam a narrativa.

> Aos 18 anos pensei ter atingido a sabedoria.
>
> — Tem fogo?
>
> Isso lá é jeito de chegar numa dona, conversar com uma senhora, hein, seu isso e aquilo, que pensou ter atingido a sabedoria? Mulher

tem que ser abordada com vinte e cinco canhões de bolhas de sabão, princesa e flor do oriente, rosa de incenso, filet-mignon da parte esquerda do meu cérebro, abre os braços, isto é, os pássaros, isto é, faça-se a luz, paradise me now...

O professor Propp, meu analista, me garantiu, ninguém me reconheceria nesta festa. Segundo ele, nas histórias de magia e de mistério, o narrador está sempre ausente, nunca participando da festa, quero dizer, das ações.

E como TUDO tinha mudado me dei ao direito de também. Meu rosto, de senhorial mudou para o desespero, de raivoso passou para o desânimo, em meu rosto, meu rosto mudou, rapidamente, flashes de slide projetados na cara de uma estátua por uma máquina desgovernada.

E Norma? Cadê Norma?   Sua ausência grita nesta foto com o mais agudo ahhhhh que olhos humanos já ouviram.

A ideia de uma festa sem objeto, uma festa que não comemora nada, me pareceu tão absurda quanto, sei lá, quanto a súbita visão de uma coisa-em-si. (...) Casamento não era. Faltava no ar aquele clima venéreo, venusiano, dos casamentos, onde todo mundo ficava olhando para os noivos, viajando nas sacanagens que eles logo vão estar praticando, todo mundo vê nas bochechas vermelhas da noiva o fogo da expectativa (...). Busquei outros sinais, sinais de qualquer um desses acontecimentos que vão da vida à morte, batizados, bar-mitzvas, noivados, bodas de prata, colação de grau, exéquias, velórios, guardamentos. Nenhum sinal. Perguntei ao vestido das mulheres, a seus penteados renascentistas, e nada...

Me acostumei a viver sem perguntar por quê. E a só frequentar as questões periféricas, como?, quando?, onde?.

Dos trinta e um hábitos de Norma...

Propp dizia que não há profetas nas histórias de deslumbramento. Seria intolerável, os esquemas rejeitarem imediatamente um personagem que aparecesse contando o que vai acontecer mais adiante. Seria negar toda a lógica narrativa.

Propp tinha me provado que o percurso da minha vida já tinha satisfeito todos os estágios da
sua lista de funções dos personagens. Saúde era perfazer todo o percurso do herói. Mal sabia ele que... bem, mas tem uma coisa sobre a qual eu nem quero pensar.

Em 1988, Leminski escreve um pequeno livro de 64 páginas, *Guerra dentro da gente*, editado pela Scipione — um daqueles livros escritos para crianças e adolescentes, mas do qual adultos tiram proveito. A epígrafe é bonita: "Nessa vida, pode-se aprender três coisas de uma criança: estar sempre alegre, nunca ficar inativo e chorar com força por tudo que se quer."

Parece também, pela apresentação feita pelo autor, que a história tem muito a ver com a sua vida:

Menos guerra, mais amor

Neto e filho de militares (meu avô materno e meu pai fizeram carreira no Exército), cresci com a ideia de que a guerra era a mais nobre atividade a que podia se dedicar um ser humano. Aos dezesseis anos, vivi, pela primeira vez, o medo de uma confrontação nuclear: a guerra total, sem vencidos nem vencedores.
"Faça amor, não faça a guerra", disse a geração que acompanhou pela televisão as batalhas do Vietnã e pôde ver o seu horror. Mas a guerra não desaparece. O homem é, por excelência, um guerreiro. Seus maiores

progressos estão na arte de matar e destruir. O amor-antídoto é um milagre cada vez mais raro.
Este livro é uma fábula onde os milagres são frequentes, onde existem armas para acabar com todas as armas. Afinal, toda palavra é, aqui, um pequeno gesto de amor.

É a história de um menino pobre chamado Baita que aprende com um velho, Kutala, as artes da guerra. Enredo simples com palavras carregadas de sentido.

Baita ficou quieto, cada vez mais com raiva do velho. "Por que é que ele tem de ter razão sempre? Será que ele não vê que eu não sou mais um garoto? Preciso me livrar dele. (...) Não preciso de ninguém. De agora em diante, vou ser meu próprio general." Pensou um pouco em tudo isso e dormiu como um peixe morto. Acordou à primeira luz com alguém gritando do alto do mastro do navio:

ali
bem ali naquela pedra
alguém sentou olhando o mar

o mar não parou
pra ser olhado

foi mar
pra tudo quanto é lado

A vida no mar é triste; dormir é fugir para a terra dos sonhos, a casa dos pais, os dias de infância...
— Quem é esse homem que fala coisas engraçadas? – Baita perguntou para o velho.
— É um poeta.

— E o que é isso?

— É alguém que fala diferente. Eles não dizem "estrelas", que nem a gente. Dizem "as flores do céu". Não falam só noite. Falam "o manto da noite". É gente perigosa. Estão sempre por perto dos reis e dos ricos, para conseguir a sua amizade e proteção. Quando eu era general, mandava matar todos os poetas que encontrava. Um dia, um deles falou mal de mim para o rei.

Ele disse:

Rei que é rei não confia
Nem no seu próprio irmão.
Por que, então, confiaria
Sua espada a uma outra mão?

— Se os poetas são gente tão má, por que é que não acabam logo com eles?

— As pessoas têm medo. Eles são mágicos, feiticeiros. Dizem que ouvem vozes no vento, no
barulho do mar e entendem os gritos dos bichos, (...) são muito espertos, fazem o que querem
com as palavras. Nunca acredite no que eles falam. Sempre dizem o contrário do que sentem.

— Eles não trabalham?

— Só pensam em festas, viagens, palácios bonitos.

— E como ganham a vida?

— As pessoas dão tudo para eles em troca de suas palavras bonitas. Comida, casa, roupas,
cavalos.

O poeta desceu do mastro e disse ao velho e ao garoto:

parem
eu confesso
sou poeta

cada manhã que nasce
me nasce
uma rosa na face

parem
eu confesso
sou poeta

só meu amor é meu deus

eu sou seu profeta

— Donde é que você vem, poeta? — Baita perguntou.
O poeta respondeu:

Vim pelo caminho difícil,
a linha que nunca termina,
a linha bate na pedra,
a palavra quebra uma esquina,
mínima linha vazia,
a linha, uma vida inteira,
palavra, palavra minha.

No dia 7 de junho de 1989, morre o poeta Paulo Leminski. O parceiro Itamar Assumpção escreveu um poema que ilustra o espírito dessa amizade e da vida praticada pelo poeta:

Leminski,
ei, psiu, sou eu, Beleléu
não fui no enterro teu
porque você não irá no meu
estamos quites, adeus

A prematura morte acelera edições de obras. Entre 1990-1997, serão publicados os livros de poemas: *La vie en close*, 1991, pela Brasiliense, *Winterverno*, 1994, pela Fundação Cultural de Curitiba, *O ex-extranho*, 1996, pela Iluminuras em parceria com a Fundação Cultural de Curitiba, e *Melhores Poemas de Paulo Leminski*, 1996, pela Global, que é uma reunião dos poemas já publicados.

Fora das publicações poéticas, saem: *Vida*, 1990, pela Sulina, reunião das quatro biografias escritas pelo poeta; *Uma carta uma brasa através*, 1992 — cartas a Régis Bonvicino (correspondência), pela Iluminuras; *Descartes com lentes*, 1993, (conto, coleção Buquinista), pela Fundação Cultural de Curitiba; *Metaformose — uma viagem pelo imaginário grego*, 1994, pela Iluminuras e ainda *Ensaios e anseios crípticos*, 1997, pela Polo Cultural.

Passados os primeiros anos da morte do poeta, com todas as publicações acima citadas, começam a sair algumas obras sobre Leminski. Em 1999, sai a segunda edição da correspondência entre Leminski e Bonvicino, com algumas alterações, a começar pelo título: *Envie meu dicionário: cartas e alguma crítica*, pela editora 34. Desta vez, diferente da primeira, as cartas vêm completas, em *fac-símile*, com as anotações, rasuras, detalhes como desenhos e traços bem típicos da escritura do poeta.

No ano de 2000, sai a dissertação de mestrado de Romulo Salvino, pela Educ, Editora da PUC-SP, com o título *Catatau: As meditações da incerteza*. Em 2001, há um "boom" leminskiano. Fora todas as notícias em jornais e revistas já listadas, destaco os livros: *Aço em flor: a poesia de Paulo Leminski*, de Fabrício Marques, pela editora Autêntica; O *Fantasma*, de José Castello, editado pela Record, romance que tem Leminski como personagem; o lançamento do CD-Rom *Leminski Multimídia, vida e obra*, elaborado pelo publicitário Sérgio Augusto Machado; a segunda edição, bilíngue, de *Winterverno*; e a publicação dos *Anseios crípticos 2*, inéditos de Paulo Leminski, publicados pela Criar.

Sobre *La vie em close* e *O ex-estranho*, Alice Ruiz disse: "ambos estavam no envelope, logo depois do pequeno prefácio, feito por Paulo, como uma pista de um título possível para este estranho livro

(...). Minha função é reuni-las, com o respeito e a qualidade que o Paulo sempre exigiu, sem permitir que treinos e exercícios venham a público, como muito já se viu acontecer depois que um artista se vai (...). Os poemas inéditos publicáveis terminam aqui."

Para encerrar, poemas de *Winterverno*:

liberdade
vento
onde tudo
cabe

(*TODA POESIA*, 2013, p. 362)

acabou a farra
formigas mascam
restos da cigarra

(*TODA POESIA*, 2013, p. 322)

sabe da última?
a chuva lavou
a minha culpa

(*TODA POESIA*, 2013, p. 366)

O ENCANTO RADICAL — A OBSESSÃO TRADUZIDA E BIOGRAFADA

pedaço de prazer
perdido
num canto do quarto escuro
inferno paraíso
vivo ou morto
te procuro
(*TODA POESIA*, 2013, p. 269)

A tarefa de tradutor, como Benjamin a nomeou, entra na vida de Leminski justamente com o texto do americano Fante, *Pergunte ao pó*, do original "Ask the dust". Este vai ser o primeiro dos oito textos integrais por ele traduzidos e lançados em livro, entre os anos de 1984 e 1986:

— o romance "Ask the dust" (*Pergunte ao pó*), de John Fante;

— os poemas de "Endless life" (*Vida sem fim*), de Lawrence Ferlinghetti;

— a prosa/poesia "In his own write" e "A spaniard in the Works" (*Um atrapalho no trabalho*), de John Lennon;

— a prosa poética "Giacomo Joyce" (idem), de James Joyce;

— o romance "Le surmâle" (*O supermacho*), de Alfred Jarry;

— o ensaio poético "Tayo to tetsu" (*Sol e aço*), de Yukio Mishima;

— o romance "Satyricon" (idem), de Petrônio;

— o romance "Malone meurt/Malone dies" (*Malone morre*), de Samuel Beckett.

Destaco as palavras de Alice Ruiz no livro *Vida*, que reúne as biografias de Cruz e Souza, Bashô, Jesus e Trótski assinadas por Leminski:

> ***Sobrevida***
>
> Este *Vida* é, antes de mais nada, um espelho, um parâmetro de uma outra vida. Não foi por acaso que o autor escolheu esses quatro nomes para biografar. Mas foi provavelmente o acaso, também conhecido como destino, que colocou esses quatro exemplos de radicalidade na vida de Paulo Leminski. São eles que nos clareiam a visão da trajetória do poeta. Ou, pelo menos, da trajetória de seus sonhos.
>
> (...) São poetas, santos, mestres e revolucionários, que representam quatro aspectos de uma mesma vida. (...)
>
> Paulo Leminski, a quem não interessava nada que não contivesse ideias e poesia, viveu nessa vida como um exilado. (...) E precisa reinventar, através de signos, símbolos, sonhos e palavras, um simulacro mais próximo do seu conceito de vida. A poesia é como uma testemunha deste estranhamento.
>
> (...)
>
> Estes mortos precoces, dois por assassinato e dois por precariedade, foram seus heróis por excelência (entre outros que ele traduziu, como Joyce, Lennon, Petrônio, Jarry, Beckett, Mishima). (...)
>
> Agora, relendo essas biografias, eu o encontro, inteiro, em cada linha. Agora [2013], mais de vinte anos se passaram desde que o exílio involuntário de Paulo Leminski acabou. Mas ele soube, a exemplo de seus biografados, sobreviver à sua própria vida.
>
> *Vida* é uma prova viva disso.

Sigo na tarefa de reunir as traduções e as biografias, por meio dos autores traduzidos e biografados por Paulo Leminski, entendendo que, mesmo atravessadas pelos inegáveis interesses do mercado ou por quaisquer outros que queiram atribuir-lhes, têm na sua origem a afinidade pessoal e a elaboração de um juízo de valor tecidos pelo poeta, o que cria um campo de articulação possível entre traduções e biografias, no contexto de sua obra.

O trabalho das traduções acontece simultaneamente ao das biografias, entre 1983 e 1986: *Cruz e Sousa, o negro branco*, 1983; *Matsuo Bashô, a lágrima do peixe*, 1983; *Jesus a.C.*, 1984; *Trótski, a paixão segundo a revolução*, 1986.

Todas as traduções e biografias aqui citadas foram editadas pela Brasiliense. Leminski não está sozinho nessa relação. Flora Süssekind esclarece:

> Ana Cristina Cesar e Italo [Moriconi Jr] tiveram a inteligência de perceber, ainda em 1977, o impacto do sucesso da antologia *26 poetas hoje*, publicada por Heloísa Buarque no ano anterior, as ambiguidades com que passariam a se defrontar a partir de então a opção marginal. Entre o "trampolim" para uma grande editora e a persistência num esquema alternativo de produção. Divisão que se apresentaria de maneira mais nítida no início dos anos 80, quando Chico Alvim, a própria Ana Cristina [1952-1983], Leminski, Chacal, Alice Ruiz e, mais tarde, Cacaso seriam convidados pela Editora Brasiliense para reunir em volume seus livros editados inicialmente de forma independente. O que se realizaria com bastante sucesso.

No caso de Leminski, duas de suas obras publicadas até 1980, *Catatau* e *Polonaises*, foram edições do autor, enquanto que *Quarenta clics* e *Não fosse isso* haviam saído por editoras pequenas, a Etecetera e a PAZ. Assim, aproveitando a oportunidade, Leminski reúne poemas de *Polonaises* e *Não fosse isso* para lançar com sucesso, pela Brasiliense, *Caprichos & relaxos*, em 1983, no mesmo ano em que edita a primeira biografia, sobre Cruz e Sousa.

Seguindo as observações da crítica Flora Süssekind, uma frase de Silviano Santiago esclarece pontos levantados anteriormente:

> Foi preciso que o texto poético começasse a dialogar cada vez mais com os *media* e menos com o próprio sistema literário, cada vez mais com o alinhavo emocional do diário, com o instantâneo, com o registro, em dose, da própria geração. "A biblioteca deixa de ser o lugar por excelência do poeta e o seu país é o *mass media*", dizia Silviano Santiago, em 1975. E é entre referências cada vez mais frequentes ao universo da televisão, da propaganda, dos quadrinhos, dos jornais populares, das canções de sucesso e o detalhado relato do que se passa na rua, no cotidiano desses poetas sempre em trânsito que se vai estabelecendo um novo tipo de pacto, menos literário e mais confessional, com o leitor. (...) textos às vezes preguiçosos escritos meio a contragosto, (...) como este das *Polonaises*, (1981) (sic) de Paulo Leminski, (...) não se nota nada de especialmente precioso. Dias comuns, sem graça até:
>
> hoje o circo está na cidade
> todo mundo me telefonou
> hoje eu acho tudo uma preguiça
> esses dias de encher linguiça
> entre um triunfo e um waterloo

Essa constatação faz lembrar o comentário crítico de Carlos Dala Stella sobre como os poemas de Leminski funcionam às vezes como out-door e se assemelham à mercadoria. A época era para isso. A época era isso. A mídia ocupa o lugar dos espaços de literatura. O mercado dita normas. Os poetas, sobretudo, perdem o pé com esse deslocamento do espaço do foco literário e "abismam-se com os sentimentos mínimos, as mudanças milimétricas", nas palavras de Flora Süssekind.

> das coisas
> que eu fiz a metro
> todos saberão
> quantos quilômetros
> são

aquelas
em centímetros
sentimentos mínimos
ímpetos infinitos
não?

(*TODA POESIA*, 2013, p. 37)

Os olhares de Flora Süssekind são imensamente úteis para a contextualização das produções aqui listadas, ainda mais pelo fato de que ela cita Leminski em boa parte do seu texto. Da citação há pouco mencionada, pode-se vislumbrar com maior nitidez os movimentos do poeta pela música popular, pelo trabalho com a publicidade e a propaganda, e a sua rápida passagem pela televisão, em 1988, no *Jornal de Vanguarda*, na TV Bandeirantes.

A aguda percepção que a Editora Brasiliense tem dos sentimentos experimentados pela geração de poetas é determinante para o rumo das produções da época. O momento é de subjetividade, de atitudes confessionais, de egos disseminados envolvidos no cotidiano e revelados pelas vozes de muitos poetas. Ana Cristina Cesar representava perfeitamente as atitudes dos poetas das décadas de 70/80. Contemporânea de Paulo Leminski, Ana se suicidou aos 31 anos, não sem antes marcar sua relevância poética. E se, a exemplo dela, existia a obsessão por falar de si mesmo, por que não encontrar outros?

É aí que a Brasiliense entra, ao encaminhar um projeto que se transforma em grande sucesso editorial e comercial: a coleção *Encanto Radical*, de biografias curtas, praticamente perfis de figuras relevantes do meio cultural não só brasileiro mas estrangeiro também. A configuração destes pequenos livros é semelhante à de outras oleções que a Brasiliense publica, como *Primeiros Passos* e *Tudo é História*. Essas empreitadas contam sempre com a colaboração de nomes conhecidos e respeitados nas diversas áreas, também citados anteriormente. É assim que Paulo Leminski é chamado para escrever as biografias e trabalhar nas traduções.

Com essa nova configuração, a prosa e a poesia experimental, tão típicas da década de 70, perdem seu lugar e sua razão de ser. O momento pede profissionalização de autores, vendas significativas, uma razoável comercialização da literatura. O valor estético se rende ao valor de mercado. E os autores da década de 80 percebem nessa mudança a possibilidade de viver dos seus livros. Contratados por editoras importantes, estão empregados, o que significa uma receita estável pelo menos por algum tempo. Como diz ainda Süssekind:

> Mergulhando de cabeça na indústria cultural, (...) ou na profissionalização literária (vide os exemplos de Leminski, poeta-tradutor contratado da Editora Brasiliense, ou de Flávio Moreira da Costa, com "salário de romancista", na Editora Record), na definição de um perfil intelectual para o escritor brasileiro dos anos 80 fica difícil ignorar sua posição frente ao mercado e suas exigências (...). Não é de estranhar, então, que Paulo Leminski (...) tome por oponente uma figura meio alegórica de "crítico". É assim mesmo que, nas suas novas funções de cronista de jornal, se refere à crítica como "inútil" e "incapaz" de deflagrar um grande movimento artístico sequer, em artigo publicado em 27 de abril de 1985 na *Folha de S. Paulo*.

Assim, a obsessão traduzida e biografada por Leminski possui duas significações: uma, devotada aos nomes dos indivíduos que traduziu e biografou; a outra, a que emerge do estado de espírito de uma época, da sua época, a obsessão pelo falar de si, de onde advém a proliferação de biografias.

Ao lembrar da conhecida frase de Arthur Rimbaud, "Je est un autre", ou seja, "Eu é um outro", é possível refletir sobre a impossibilidade de alguém falar de si mesmo franca e objetivamente, na dificuldade de ser sincero. O que acontece então é que esse "Eu" acaba falando de si como de um outro, o que cai fatalmente em um texto mais literário do que confessional, seja ele um poema ou uma biografia. Paralelamente, a tradução, sendo a re-escritura, a re-criação de um texto-fonte, possibilita a um "Eu" renascer a partir de um outro, nessa circunstância, diferente de si.

O que é muito particular nesse cruzamento que Leminski faz entre as traduções e as biografias é que há traduções no corpo das biografias e há perfis biográficos sobre os autores cujos textos foram traduzidos. Uma parte do levantamento efetuado por Ivan Justen Santana:

> (...) em *Cruz e Sousa* (1983):
> - epígrafe do primeiro capítulo com um provérbio bantu (uma linha) (...).
> (...) em *Matsuó Bashô* (1983):
> - trecho inicial do diário *Sendas de Ôku* (26 linhas) de Bashô; frases de conselho (4 linhas) extraídas dos escritos de Bashô;
> - trecho da coleção de pensamentos *Regras para Peregrinar* (15 linhas) de Bashô;
> - 35 haicais de Bashô;
> - um haicai de Kikáku;
> (...)
> - trecho da *Carta sobre a Compreensão Imóvel* (18 linhas), texto em japonês de autor desconhecido;
> (...)
> - poema curto *Numa estação de metrô* (dois versos) de Ezra Pound;
> - poema curto *Ao vento que ruge* (quatro versos) de Wallace Stevens;
> (...) em *Jesus a.C.* (1984):
> - epígrafe do capítulo *Nem só de pão*: trecho do versículo dois, capítulo um, livro do profeta Isaías;
> - epígrafe do capítulo *A voz gritando no deserto*: versículo três, capítulo 40, livro do profeta Isaías;
> - versículos de um a cinco, capítulo 17, evangelho de Mateus;
> (...)
> - trechos do capítulo 13 do evangelho de Mateus, com as parábolas do trigo e do joio, do grão de mostarda, do fermento, do tesouro e da rede;

- trechos do Sermão da Montanha, versículos 13 e 16, capítulo cinco, 22, 23, e de 26 a 29, capítulo seis, evangelho de Mateus; (...)

Para ilustrar a segunda situação, o livro *Anseios crípticos 2* é a melhor fonte. Nele, ensaios que considero parte importante da obra do poeta, comentam sobre o trabalho e a vida não só dos autores traduzidos mas de outros que fazem parte, da mesma forma que os primeiros, do elenco das suas afinidades. Ensaios escritos à maneira leminskiana, o que pode ser compreendido por meio dos seguintes fragmentos:

As veias abertas da Roma antiga

"De C. Petrônio não há muito que dizer. Dormia o dia inteiro e dedicava as noites para seus trabalhos e prazeres. Muitos ficam famosos por seus empenhos (*industria*). Ele era famoso por sua preguiça (*ignavia*). (...) foi aceito no círculo mais íntimo do imperador Nero, onde reinou como um verdadeiro árbitro da elegância (*elegantiae arbiter*). Nero nada fazia sem antes consultar seu sofisticado cortesão. Isso suscitou a inveja de Tigelino, (...) que contra Petrônio arma uma intriga, envolvendo seu nome com conspiradores. Sabendo-se perdido, antes da ordem do príncipe, Petrônio decide suicidar-se, abrindo as veias do braço. (...) Escreveu uma narrativa onde descreve os excessos do imperador (...)." Poucos livros têm biografia tão acidentada como este *Satyricon*, o primeiro dos romances, a obra mais escandalosamente original da literatura latina.

*

Joyce é o maior prosador do século XX.
Semelhante afirmação está sujeita a dois tipos de contestação, extremos. Não é bem assim. Maior, em que sentido? Afinal, há Proust. Há Kafka.

— Thomas Mann!

— Faulkner!

(...)

Não é o maior prosador do século XX. É o maior prosador *que jamais houve*.
Maior que Cervantes? E Quevedo?
E Balzac?
E Stendhal? E Flaubert?
E Dostoievski?! E Tolstoi?!
Em que sentido, nesse time de gigantes, Joyce vem a ser *o maior*?
Primeiro, claro, pelo insuperável domínio dos poderes de som e sentido da língua em que escreve (...).
Depois, pela coerência arquitetônica única que conseguiu imprimir ao conjunto de sua obra (...).
Os Dublinenses: a Irlanda vista do lado de fora.
Retrato do Artista: a Irlanda vista de dentro.
Ulysses: entrechoque entre o fora e o dentro, monólogo interior, o Dia, a História.
Finnegans Wake: síntese dialética entre o fora e o dentro, pura linguagem, a Noite, o Sonho.
Na triunfal cavalgada das valquírias dessas quatro obras-primas, *Giacomo* Joyce faz as vezes, talvez, de um filho bastardo, fruto de um prazer furtivo, de um amor clandestino, de um erro da juventude, de uma fantasia erótica.
(...)
Em *Giacomo Joyce*, já dá pra ver o surgimento dos germes do monólogo interior, a técnica central do *Ulysses* e uma das grandes conquistas do século XX.

*

A poesia "beat" é uma vanguarda?
Se considerarmos o Uivo (Howl) de Ginsgerg (1956) como uma espécie de manifesto (...) da poesia "beat", ela é praticamente contemporânea da Poesia Concreta brasileira, cujo Plano Piloto é exatamente de 1958.
No Brasil, em 1956, Décio Pignatari fazia "Terra", Haroldo de Campos dava à luz seu "SI LEN CIO" e Augusto de Campos compunha "Tenso".

> Nunca os astros de Estados Unidos e Brasil estiveram em tão rigorosa oposição.
> Lá, a vanguarda, representada por um Ginsberg, um Ferlinghetti, um Corso, passava-se numa pauta *oral*.
> Aqui, a vanguarda concreta representava, sobretudo, uma radicalização da dimensão *visual* da poesia.
> (...)
> A poesia "beat" é indissolúvel de um gesto comportamental, que foi a vida *beatnik* (...).
> A poesia concreta brasileira resultou de um *trabalho* intelectual, realizado com alta ênfase na racionalidade (...).

Esses três longos fragmentos dão a dimensão dos perfis delineados por Leminski sobre os autores que traduziu, permitindo visualizar não apenas aspectos biográficos, mas também teóricos.

A propósito das traduções, Boris Schnaiderman, em *Simbioses Poéticas*, referiu-se da seguinte maneira ao trabalho de Leminski:

> É opinião quase unânime, tanto entre os amigos como entre os detratores de P.L. (...) que, em sua obra, após o *Catatau* e os seus melhores poemas, haveria uma fase de diluição, provocada pela necessidade de atender às encomendas. Não vejo assim, pois situo Leminski em nossa complexa sociedade industrial, onde a encomenda faz parte dos vaivéns do processo. Sua obra é para mim simplesmente impensável sem a sua múltipla atividade (...), cada uma dessas atividades se contaminava das demais (...). O tradutor Leminski era, ao mesmo tempo, poeta, ficcionista, etc. Todas as traduções que realizou fazem parte de seu projeto criativo. Traduzir era um meio de conviver mais com a obra, de se colar ao texto e de transpô-lo para seu próprio universo.

As análises que faz do trabalho do poeta são coerentes, sem exageros. A força da obra de Leminski está na sua diversidade e na habilidade do poeta em alcançar uma configuração de conjunto. Tendo o *Catatau* como origem e molde, a partir dele as outras criações se desenvolvem. O receio que o poeta relatava de que esse texto-fonte se diluísse frente a uma produção inferior evidencia que o *Catatau* ocupa o lugar de origem da obra. Em suas palavras: "tenho que pensar no catatau e ter presente que qqr gesto novo (livro, texto publicado) vai dar um feed-back sobre o catatau e afetar o seu valor social, coletivo. Se eu cometer um gesto mais banal, mais complacente, isso vai mudar o peso do catatau. Quero ser claro. Quero ser comunicação. Banal — NUNCA! Óbvio — JAMAIS!"

Há opiniões que caminham em sentido diferente, igualmente importantes para o equilíbrio das coisas, tal qual a de Tarso de Melo, emitida em sua conferência *Tradição da Tradução*:

> Como é certo ver nas biografias assinadas por Leminski (...) uma relação mais que literária com a vida e a poesia de seu autor, não é difícil afirmar que o poeta, com o conjunto de traduções que publicou, almejou criar para si uma retaguarda, incluindo em nossa cultura, à sua maneira, alguns livros que, ligados a seu nome e à sua palavra, pudessem constituir alguma espécie de cenário para a sua produção pessoal. Um pouco ao estilo da paideuma de Ezra Pound, mas voltado especificamente à formação de um leitor de sua obra — porém, como é possível se identificar com os autores indicados por Pound sem se interessar pela produção pessoal do norte-americano, pode-se também admirar tal conjunto de traduções apenas e tão-somente como um conjunto de traduções realizados pelo poeta.

Confirma-se aqui a postura leminskiana do fazer com paixão. Sua relação com os trabalhos vai sempre além da literatura. Um vínculo afetivo liga o poeta aos autores traduzidos e biografados, uma busca de si, no outro. Esse ir além do fato literário, seja na biografia, seja na tradução, mostra o Leminski professor e didático, ao sugerir ao leitor campos maiores de informação.

Outro ponto fundamental da declaração de Tarso de Melo é que, mesmo considerando que Leminski use as traduções como retaguarda de sua obra, ele não descarta o valor da tradução como possibilidade de inclusão de textos de outras culturas na nossa, a tradução como caminho possível de convivência entre autores de diferentes nacionalidades.

A escolha dos nomes a traduzir traz consigo a intenção do poeta em apontar para seu eruditismo, sempre muito mencionado. É possível dizer que o poeta tenha percebido que a tradução seria uma porta aberta para se tornar mais conhecido. Daí a escolha a dedo, para a época, dos nomes traduzidos, daí a inclusão das traduções, segundo ele, como parte da obra.

A posição de Pascale Casanova parece esclarecedora nesse sentido:

> A tradução é a grande instância de consagração do universo literário. Desdenhada como tal por sua aparente neutralidade, ele é contudo a via de acesso principal ao universo literário para todos os escritores "excêntricos": é uma forma de reconhecimento literário e não uma simples mudança de língua, puro intercâmbio horizontal que se poderia (deveria) quantificar para tomar conhecimento do volume das transações editoriais no mundo. A tradução é, ao contrário, o maior desafio e a arma primordial da rivalidade universal entre os jogadores, uma das formas de luta no espaço literário internacional.

Há ainda uma questão a pensar referente ao exercício da tradução, e que atinge também a produção poética e em prosa de um autor, que é a da literariedade das línguas — termo que encontro em Casanova, e que cabe na trajetória de Leminski como escritor. Ele acreditava que a língua materna era um fator de limitação no sentido da divulgação. Em entrevista a Ademir Assunção, publicada na revista *Medusa*:

> Não existe nenhuma língua no mundo que seja superior a outra quanto ao seu potencial expressivo. Todas as línguas são igualmente capazes de expressar, são igualmente ricas, musicais. A questão toda se trata

> da experiência histórica do povo que fala essa língua. (...) Tudo vai das circunstâncias. A questão toda é você perguntar, por exemplo, se Shakespeare seria o grande teatrólogo que é se ele não tivesse coincidido com o apogeu imperial na Inglaterra. (...) Camões teve a sorte de escrever em português num momento imperial. A sorte que um Fernando Pessoa não teve. (...) quando ele escreveu Portugal não era mais nada. (...) então você é vítima, é uma espécie de objeto sexual da língua em que você nasce. Você não pode ser maior do que ela. (...) Você pode escrever um grande poema épico num dialeto da Índia, e não adianta nada, ele não terá realmente um reconhecimento. O português é uma província em nível planetário (...). Nesse sentido, o poeta, o escritor, a gente que lida com a palavra, a gente é vítima da nossa língua.

Parece que há, nas palavras do poeta, certa frustração com a língua, que o impede de ser lido e conhecido por mais pessoas. Para Casanova, a literariedade difere de um idioma para outro: "Em virtude do prestígio dos textos escritos em certas línguas, existem no universo literário línguas consideradas mais literárias que outras e que pretensamente encarnam a própria literatura. A literatura está ligada à língua a ponto de se identificar 'a língua da literatura' (a 'língua de Racine', a 'língua de Shakespeare'), à própria literatura."

Tendo como mestres os irmãos Campos, cujas traduções são extremamente respeitadas, Leminski trabalhou com afinco e dedicação, e buscou cumprir a ideia da tradução como transcriação. Segundo Susana Kampff Lages, o tradutor:

> ocupa lugar de destaque no projeto concretista (...). O movimento da poesia concreta surge e se afirma como reação a um tipo de poesia de caráter sentimental ou confessional como é praticada pelos poetas da geração de 1945 (exceção feita a João Cabral de Melo Neto). (...) a figura e a atividade do tradutor mostram-se exemplares (...) o tradutor encontra-se sempre numa situação de posterioridade em relação ao

> original. Para realizar sua tarefa de reconstrução textual, ele deve superar de alguma forma essa posição de secundariedade e afirmar-se como autor de um novo texto, o texto traduzido. Uma tentativa de superação dessa ordem apresenta-se no trabalho de Augusto e Haroldo de Campos, de Décio Pignatari e, mais recentemente, de Nelson Ascher, como tradutores. Suas transcriações multiplicam-se em triduções, transluciferações, transfingimentos, transficcionalizações, transpoetizações, intraduções, transfusões, transmutações, projetando ao infinito as possibilidades interpretativas e nomeadoras de todo possível ato de tradução.

Leminski parece ter seguido à risca essa orientação. Aliás, ele não deixava de ser tradutor (e professor) mesmo quando compunha versos originais:

ouverture la vie em close

        em latim
"porta" se diz "janua"
        e "janela" se diz "fenestra"

        a palavra "fenestra"
não veio para o português
        mas veio o diminutivo de "janua",
"januela", "portinha",
que deu nossa "janela"

"fenestra" veio
        mas não como esse ponto da casa
que olha o mundo lá fora,
        de "fenestra", veio "fresta",
o que é coisa bem diversa

já em inglês
"janela" se diz "window"
porque por ela entra
o vento ("wind"') frio do norte
a menos que a fechemos
como quem abre
o grande dicionário etimológico
dos espaços interiores

(*TODA POESIA*, 2013, p. 248)

Mas o poeta mostra a diferença entre fazer poesia e traduzir:

> Quando faço um poema ou escrevo uma peça de ficção tenho diante de mim a minha vida e a minha experiência bruta. Quando estou traduzindo, tenho um texto diante de mim, a única diferença é esta. (...) Sem dúvida traduzir é mais difícil. Para produzir poesia, que é o centro de minha produção, não levo muito tempo. Levo tempo me preparando para entrar no espírito do poema, (...) não sofro para escrever, sofro antes.

Ao comentar seu trabalho com as traduções, Leminski afirmou:

> As traduções (...) são textos que eu considerei importante passar para o português. (...) "Pergunte ao pó" é um romance americano dos anos 30, extraordinário principalmente pela força da marcação dos personagens. Há até um diretor de cinema que está a fim de filmar a história e me convidou para fazer o roteiro com ele. (...)
> "Um atrapalho no trabalho", que o Beatle [John Lennon] publicou em meados dos anos 60. São textos meio de humor, meio experimentais. Este livro deu muito trabalho porque tive que recriar brincadeiras de linguagem e este é o mais dificil no trabalho textual. As brincadeiras

de linguagem são intransferíveis, um trocadilho não pode ser passado para outra língua. A tradução mais difícil é a do texto criativo, é como traduzir poesia, que é rigorosamente intraduzível. Não é como a prosa, que é um vidro cristalino (...). A poesia é opaca; se é opaca é uma substância, um objeto, e o objeto não tem tradução. A única coisa que se pode fazer e que se chama de tradução de poesia, é a produção de um análogo. (...) é o que eu chamo de transcriação. Sabia que o livro teria boa receptividade junto ao público jovem porque se tratava de um músico, um ídolo. (...)
Joyce talvez seja o maior prosador do século XX, e o livro que traduzi, "Giacomo Joyce", é uma pequena novela com a história curiosa de um amor meio furtivo que ele teve quando morava na Itália. Esta história autobiográfica foi mantida em segredo entre seus papéis e só foi editada muito depois da morte de Joyce, por um irmão dele. É a primeira vez que o texto está sendo traduzido para o português. (...)
Jarry é o precursor dos dadaístas e dos surrealistas, um maluco do início do século [XX] mais conhecido por suas peças teatrais. Foi ele que inventou o personagem Ubu Rei. E o "Supermacho", é um romance de 1909 estranhamente modemo: não só a linguagem é muito dinâmica, rápida, enxuta e elétrica, como a temática é brutalmente erótico-pornográfica. Um romance que não teve a mínima dificuldade para dar certo neste 1986. (...)
"Sol e aço", é o testemunho de Yukio Mishima, seu último texto escrito um dia antes dele cometer o harakiri [Aqui há um engano de Leminski: este não é o último texto de Mishima. Sua última obra é o quarto volume da tetralogia *Mar da Fertilidade* (1965-1971), entregue à editora no dia anterior ao de seu suicídio e publicado postumamente.]. É meio um ensaio, meio uma reflexão, meio biografia. (...)
"Satyricon", de Petrônio que todo mundo conhece porque tem umas traduções por aí. Mas traduções feitas de segunda mão, a minha é a primeira direta do latim. (...)
Beckett, "Esperando Godot" é uma das obras-primas do século XX, mas tem também algumas novelas curtas, entre as quais "Malone

> morre", que é uma velha paixão minha. Tenho este livro desde meus quinze anos e esta foi a primeira oportunidade que tive de traduzi-lo. Beckett é um caso curioso de anomalia linguística, É irlandês e como irlandês um falante de língua inglesa. Por volta de 38, ele foi para a França, adotou a língua francesa. É um caso de exilado de sua língua natal. O próprio "Esperando Godot" tem original em francês, e o original de "Malone morre" também é em francês. Acontece que depois de editado, o próprio Beckett traduziu-o para o inglês. E de repente eu tinha uma anomalia na minha frente: dois originais, porque os dois são do mesmo punho, e claro, Beckett é um excelente tradutor de Beckett, e além disso, um virtuose de línguas. Não tive dúvidas, e fiz o que chamei de bitradução, traduzindo tanto do inglês quanto do francês. Porque há ligeiras discrepâncias de textos, às vezes a frase em inglês é mais extensa do que em francês, tem coisa que o texto francês não tem, fora o fato do sabor das duas línguas ser diferente.

Assim, é no prazer e na busca de sentidos que os trabalhos de tradução se realizam, do mesmo modo que todas as outras atividades desenvolvidas pelo poeta.

Cruz e Sousa, Bashô, Jesus Cristo, Trótski

Éramos muito solitários na Curitiba dos anos
70 e 80, na nossa casa da Cruz do Pilarzinho.
Conosco viviam Descartes, assombrando o *Catatau*,
que lá do seu jeito era assombrado por James Joyce,
Lewis Carroll, Ezra Pound. Passavam por lá também
os velhos mestres do Hai-kai: Bashô, Buson, (...).
Muitas vezes tivemos para o jantar a presença de
Maiakóvski, François Villon, Oswald de Andrade,
Drummond, Camões, Emily Dickinson,
enquanto para o almoço chegavam inopinadamente
Trótski, Gandhi, Confúcio.
Claro que os vivos também vinham, embora
não saibam disso, por isso deixemos assim.
Alice Ruiz[10]

Conforme as palavras do poeta, as quatro biografias são resultado da sua obsessão pelas figuras biografadas, muito diferentes umas das outras. Escritos no curto prazo de três anos, estes textos: *Cruz e Sousa, o negro branco*, 1983, *Matsuo Bashô, a lágrima do peixe*, 1983, *Jesus a.C.*, 1984 e *Trótski, a paixão segundo a revolução*, 1986, são todos publicados pela Brasiliense que, ao editar estas biografias, preenchia uma demanda de mercado.

As três primeiras saíram na coleção *Encanto Radical*. Quanto ao texto referente a Trótski, saiu pela coleção *Antologias & Biografias*.

---

10. LEMINSKI, Paulo. Metaformose, uma viagem pelo imaginário grego. Apresentação de Alice Ruiz; nota introdutória de Régis Bonvicino. 2. ed. São Paulo: Iluminuras, 1998. p.7.

Reunidas postumamente em um único volume com o título *Vida*, essa edição cumpre o desejo do poeta assim expresso:

> Com os três livros que publiquei, o Cruz e Sousa, o Bashô, o Jesus, e o que agora estou escrevendo sobre Trótski, quero fazer um ciclo de biografias que, um dia, pretendo publicar num só volume, chamado *Vida*. São quatro modos de como a vida pode se manifestar: a vida de um grande poeta negro de Santa Catarina, simbolista, que se chamou Cruz e Sousa; Bashô, um japonês que era samurai, abandonou a classe samurai para se dedicar apenas à poesia e é considerado o pai do haicai; Jesus, profeta judeu que propôs uma mensagem que está viva 2000 anos depois; Trótski, o político, o militar, o ideólogo, que ao lado de Lênin realizou a grande revolução russa, a maior de todas as revoluções, porque revolucionou profundamente a sociedade dos homens. Revolucionou de tal maneira que a sociedade hoje está dividida em dois blocos: o Ocidental e o Oriental. A vida se manifesta, de repente, sob forma de Trótski, ou de Bashô, ou de Cruz e Sousa, ou de Jesus. Quero homenagear a grandeza da vida em todos os momentos. [Depoimento de Paulo Leminski no dia 24/6/1985.]

Penso que estes textos estariam melhor qualificados se chamados de "ensaios biográficos". Essa nomeação se adequaria à sensação que emerge da leitura, que acontece com leveza e sutileza. Nada do academicismo que ele negava frontalmente. Há dados históricos, evidentemente, que circulam em movimentos acionados pela dicção da prosa leminskiana, extremamente pessoal, marcada pela afetividade, pelo envolvimento urgente com a palavra, pela linguagem poética presente em seus escritos. O que acontece com essas narrativas biográficas é o importante resgate de duas figuras que marcam a humanidade em diferentes momentos do tempo, Jesus e Trótski, e dois poetas muito especiais, Bashô e Cruz e Sousa.

É bem provável que a Brasiliense tenha estabelecido um padrão para as suas coleções. De qualquer forma, Leminski coloca o seu tom pessoal. Em cada um destes "ensaios" há uma abertura de impacto, escrita pelo poeta para a apresentação do seu biografado. Há também algo de didático, anunciando no final os livros consultados, algumas sugestões de leituras complementares e comentários sobre as traduções que aparecem no percurso do texto. Cada biografia possui aproximadamente setenta páginas, exceto a de Trótski, que chega a por volta de 130. Há dedicatórias em cada seção ou capítulo de texto, escritos que foram de forma independente uns dos outros.

O ensaio sobre o poeta simbolista João da Cruz e Sousa (1861-1898) assim inicia:

> "O Setor de Pessoal da Estrada de Ferro Central do Brasil, vem, por meio desta, denunciar à Diretoria desta Empresa, que foi encontrado em poder de João da Cruz e Sousa, negro, natural de Sta. Catarina, funcionário desta Empresa, na função de arquivista, um poema de sua lavra, com o seguinte teor:
>
> *Tu és o louco da imortal loucura,*
> *O louco da loucura mais suprema,*
> *A terra é sempre a tua negra algema,*
> *Prende-se nela a extrema Desventura.*
>
> *Mas essa mesma algema de amargura,*
> *Mas essa mesma Desventura extrema*
> *Faz que tu'alma suplicando gema*
> *E rebente em estrelas de ternura.*
>
> *Tu és o Poeta, o grande Assinalado*
> *Que povoas o mundo despovoado,*
> *De belezas eternas, pouco a pouco.*
>
> *Na Natureza prodigiosa e rica*
> *Toda a audácia dos nervos justifica*
> *Os teus espasmos imortais de louco!*

Pede-se providências."

Este livro é uma providência.

A providência tomada por Paulo Leminski, ao escrever sobre Cruz e Sousa, revela a necessidade de falar sobre o poeta negro e de tirá-lo da margem. Na história do catarinense Cruz e Sousa entram muitos outros poetas, como por exemplo Edgar Allan Poe, pela semelhança entre suas vidas: "O poeta assimilou sua contradição social, étnica e cultural, em nível onomástico, incorporando ao nome negro João da Cruz o Sousa dos senhores. Cruz. E Sousa. Cruz. Mas Sousa. O nome como marca a fogo de propriedade, uso luso, aliás, os escravos adotando, no Brasil, o apelido dos seus proprietários."

> Destino idêntico contemplou-se esse Edgar Allan Poe, precursor do Símbolo, que Cruz e Sousa tanto admirava.
> Filho de atores pobres, Edgar Poe foi adotado por um gentleman do Sul, de nome Allan, que Poe incorporou, mas separava, na assinatura do seu nome, como uma excrescência, delatando em plano gráfico-icônico seu hibridismo social, coisa que Mallarmé, com olhar icônico e atento às formas, viu muito bem.
> Em apêndice às traduções de Poe, Mallarmé reproduz a rubrica de Poe:
> (...)

Percebe-se o "spleen", do jargão romântico, cuja possível tradução em português se aproxima da sensação de nostalgia, traço característico entre tantos autores. Esse sentimento, expressado por Byron, também entra na história de Cruz e Sousa. Leminski inclui Baudelaire, que sentia muito "spleen", Álvares de Azevedo, que viveu muito "spleenético", além do próprio Cruz e Sousa, que sabia bem o que significava essa sensação, misto de tédio e pessimismo.

À página 22, Leminski registra: "Restos desse *spleen* se espalham sobre a náusea de Sartre e a *noia* do cineasta Antonioni, que a explorou, *ad nauseam*, em *L'avventura*, *La notte* e *L'eclisse*, os clássicos cinematográficos desse feeling. (...) A inutilidade social e produtiva das classes dominantes encontrou sua tradução na in-utilidade do trabalho dos artistas: Proust e outros, que morreram de *spleen*."

Como se percebe, o ensaio biográfico de Leminski foge ao padrão das narrativas do gênero. É solta, fluente, não colada a uma cronologia. O movimento é o de um contador de histórias. O jazz e o blues aparecem no sentimento dos negros americanos, traduzido para o dos negros brasileiros na palavra "banzo", que chega novamente em Mallarmé, um dos pais do Simbolismo, para quem uma das palavras favoritas era azul, *l'azur*, *blue*, azul. Blues, uma música azul, chamada tristeza.

Assim é que, entre nomes e sentimentos, a história de Cruz e Sousa vai se fazendo. Leminski diz que, diferentemente de Bashô, que não nasceu poeta, pois durante os primeiros 40 anos de sua vida não produziu nenhum poema que pudesse ser chamado de notável — Cruz tinha nascido poeta. Mesmo em suas produções mais verdes, mesmo as mais banais, desponta sempre um pensamento, uma rima, um verso, um jogo de palavras, denunciando o poeta de raça.

O tema do negro-branco (e, clandestinamente, o do branco-negro Leminski) caminha por entre os dados, os traços da raça preservados, ao contrário dos índios, que desde o início do Brasil descoberto foram massacrados. O "currículo branco do negro Cruz". Sob o som de "Elvis Presley, Beatles, Rolling Stones", citados no ensaio, Leminski diz que "nos palcos da vida, Cruz se sentirá sempre aquele ponto invisível, trabalhando na peça, sem direito a aplausos. Invisível. Negro. Cego. Ray Charles. Stevie Wonder. (...) Mas viver não é tudo."

Nesse retrato de Cruz e Sousa, Leminski deixa claro de onde fala sobre o poeta negro: o seu tempo, o seu lugar. As associações com a arte e os artistas posteriores a Cruz e Sousa mostram isso. Esse retrato se completa com a esposa Gavita, o grande amor e a grande dor da vida de Cruz e Sousa. Com ela, quatro filhos homens, dois mortos em vida do poeta, dois logo depois. Gavita enlouquece. Da loucura dela, poemas dolorosos:

Mudez Perversa

Que mudez infernal teus lábios cerra
que ficas vago, para mim olhando
na atitude de pedra, concentrando
no entanto, n'alma, convulsões de guerra!

A mim tal fel essa mudez encerra,
tais demônios revéis a estão forjando,
que antes te visse morto, desabando
sobre o teu corpo grossas pás de terra.

Não te quisera nesse atroz e sumo
mutismo horrível que não gera nada,
que nada diz nada, não tem fundo e rumo.

Mutismo de tal dor desesperada,
que, quando o vou medir com o estranho prumo
da alma, fico com a alma alucinada!

Ressurreição

Alma! que tu não chores e não gemas,
teu amor voltou agora.
Ei-lo que chega das mansões extremas,
lá onde a loucura mora!

[...]

Outro detalhe observado por Leminski e caprichosamente descrito: "em Cruz, um certo dilema simbolista de fascinação pelo branco, que, em Mallarmé, é a página antes do poema, traduz-se por signos bem evidentes, em tesão pela carne da mulher branca: papel a ser escrito, sexualmente, pela negra tinta".

Por sua vez, Bashô (1644-1694), em seu percurso nos vinte e três primeiros anos, não deve ter sido muito diverso do currículo dos jovens de sua classe: severa disciplina de corpo e alma, convivência com os seus, assimilação dos valores da casta samurai. Embora quase nada saibamos da infância e adolescência, "parece que não lhe faltou, em casa, o calor que, depois, derramou sobre todos os seres. A julgar por estes haikais, o amor da mãe:

velho lar
eu chorando sobre
o cordão umbilical

eu a pegasse na mão
lágrimas a derretiam
geada de outono

Bashô encantava Leminski desde muito tempo. Quando esse ensaio biográfico foi pela primeira vez publicado, em 1983, o poeta estava com 39 anos, já muito afeito à brevidade das construções poéticas proporcionadas pelo haicai, e com a prática zen.

> O que é esse tal de zen? Boa pergunta.
> Superficialmente, é uma das inúmeras seitas de budismo chinês que começaram a aportar às ilhas do Sol Nascente, a partir do século VIII, da nossa era.

(...)

Monge zen, nascido samurai, Bashô botou em prática, no haikai, a fé que alimentou sua alma durante cinquenta vagabundos anos, com signos substanciais.

(...)

Longa a viagem da palavra sânscrita *dhyana* (= "meditação"), passando pelo chinês *Chang*, para virar *Zen*, no Japão: profunda a influência do zen, em toda a cultura japonesa (literatura, artes plásticas, teatro, arquitetura, vida diária).

(...)

O cristianismo nasceu das palavras de Jesus, o zen brotou de um silêncio de Buda.

Um dia, o Iluminado apresentou aos discípulos uma flor, sem dizer palavra, em lugar do costumado sermão. Um único discípulo entendeu: Mahakasyapa, primeiro patriarca zen, a doutrina da meditação silenciosa, a concentração descontraída, a dança quieta, a iluminação súbita, a superação dialética dos contrários, na vida diária.

Isso tudo são palavras. Não foi assim que Bashô assimilou estes valores. Zenicamente, incorporou-os através de práticas.

(...)

O problema do Budismo é a descoberta da Dor. O resgate da Dor. E a entrega dos que se sacrificam para livrar outros da Dor.

(...)

Em termos da semiótica de Peirce, a experiência zen seria, eu acho, a tentativa de recuperar a Primeiridade, o ícone, a experiência pura, antes das palavras (...).

Este trecho faz eco a muitos aspectos da construção pessoal de Paulo Leminski e do seu envolvimento com a poesia japonesa, Bashô, haicai. A construção que atravessa sua obra define caminhos e atitudes frente à vida e à literatura. Ser zen é, finalmente, estar ligado silenciosamente ao movimento da vida diária, essa cotidianeidade que acompanha os poetas, os literatos, os filósofos, desde a modernidade.

Uma curiosidade sobre a forma japonesa de armazenar poemas. Existe o "*Nikki*", que significa diário, em japonês. Segundo Leminski, o diário é um dos gêneros mais importantes, o que para nós não se configura como forma literária habitual. Bashô deixou seus diários recheados de haicais, o mais célebre desses diários é *Sendas de Ôku*. Há ainda análise sobre as diferentes formas de haicai, as filosofias que norteiam o karatê e o judô (práticas exercitadas por Leminski), e uma analogia entre o haicai japonês e sua feitura no ocidente, da qual trago alguns fragmentos:

> Ponto de confluências de inúmeras "religiões", ponto-diamante, o zen é uma fé de artistas. Uma fé que valoriza, absolutamente, a experiência imediata. A intuição. O aqui-e-agora. A superfície das coisas. O instantâneo. O pré ou post-racional.
> (...)
> As minúsculas pegadas do haikai são visíveis no Imagismo inglês, liderado por Ezra Pound nos anos 1920. Franceses, ingleses, alemães e até latino-americanos o praticaram na alvorada do século XX.
> (...)
> No Brasil, o haikai disse *ô-hayô* com o modernismo de 1922.
> Por via francesa, evidentemente.
> Tiveram caso com ele, nos anos 1920, entre outros, Afrânio Peixoto, Ronald de Carvalho e, principalmente, Guilherme de Almeida (...).
> Difícil não desconfiar, de resto, que os poemas-minuto de Oswald de Andrade, micromomentos de superinformação, não tenham inspiração no haikai (...).
> Nos anos 1930, até a celebérrima pedra no caminho de Drummond traz consigo um certo perfume zen, que acusa, lá atrás, o haikai de Bashô.
> Nem faltam registros de livros de haikai brasileiros nos anos 1940.
> Nos anos 1950, o haikai encontrou-se com a poesia de vanguarda: no concretismo paulista. (...)
> Poucos criadores brasileiros, porém, prestaram tantos serviços à forma cultivada por Bashô quanto Millôr Fernandes. Não contente em

popularizar a palavra "haikai", Millôr ainda produziu alguns dos melhores espécimes no gênero, entre nós.

Para encerrar, o haicai mais conhecido de Bashô, na tradução de Leminski:

velha lagoa
o sapo salta
o som da água

E do posfácio, entre outras coisas, haicais do curitibano:

saudades desfraldadas
nunca esqueço vocês
em minhas orações subordinadas

— garçom, mais uma dose!,
coração doendo
de amor e arteriosclerose

pra que cara feia?
na vida
ninguém paga meia

nuvens brancas
passam
em brancas nuvens

Já no ensaio biográfico sobre Jesus, há uma *Carta de Intenções* que precisa ser transcrita para que se compreenda a escolha de Leminski por alguns aspectos:

> Este livro é dirigido por vários propósitos.
>
> Entre os principais, primeiro, apresentar uma semelhança *o mais humana possível desse Jesus*, em torno de quem tantas lendas se acumularam, floresta de mitos que impede de ver a árvore.
>
> Outro, a de ler o *signo-Jesus* como o de um subversor da ordem vigente, negador do elenco dos valores de sua época e proponente de uma *utopia*.
>
> Outro ainda, seria a intenção de revelar o poeta que Jesus, profeta, era, através de uma leitura *lírica* de tantas passagens que uma tradição duas vezes milenar transformou em platitudes e lugares-comuns.

Em outro trecho: "ninguém foi mais imaginado que Jesus. (...) Praticamente não há episódio da vida de Jesus, conforme os Evangelhos, que não tenha sido traduzido, iconicamente, para a pintura ou a escultura ocidentais: a arte renascentista italiana que o diga."

Nessa vida narrada por Leminski há um trabalho especial direcionado pelo poeta para a palavra de Jesus, palavra dita, nunca escrita, apenas ouvida e traduzida pelos seus apóstolos, Mateus, Marcos, Lucas e João, nos ditos evangelhos canônicos. As noções de biografia e de tradução aqui se misturam novamente para dar conta dos ditos e feitos do menino judeu criado em Nazaré, que brinca "nas ruelas (...) os eternos jogos da infância, (...) um menino que, um dia, vai mudar o mundo como ninguém. Ihoshuha, Joshua, Josué, Jesus: longa viagem vai fazer este nome".

Antes, porém, de pensar na palavra de Jesus, há que se pensar em sua imagem literalmente criada, imaginada e, como tal, consagrada. Imagem essa que também foi traduzida. De boca em boca, um retrato se desenha. E Leminski diz:

> Os evangelhos nada nos informam sob a aparência física de Jesus. Não sabemos se era alto ou baixo. Gordo ou magro. De olhos azuis ou castanhos.
> (...)
> As igrejas fizeram dele um retrato hiperidealizado, lindo rosto, quase andrógino, com grandes olhos sonhadores, às vezes, absurdamente azuis num semita sefardim: excessos de amor.
> Tudo que podemos saber de Jesus, fisicamente, é que usasse cabelos compridos: os *nazir* não cortavam cabelo.
> Talvez usasse roupa branca: era um traço ritual dos essênios. (...)
> Fora isso, só temos a tradição da Igreja primitiva, que registra que Jesus era *feio*, talvez o reflexo de uma profecia de Isaías, onde o Messias é apresentado como pessoa de aspecto desprezível, metáfora do estado político do povo hebreu, na época da invasão de babilônios e assírios.

Assim, entre parábolas, metáforas, apólogos, a palavra de Jesus se dissemina e quem a ouve sabe que ali há mistérios. Cultivando a imagem que se tem de Jesus falando a uma multidão, Leminski recupera diversas dessas falas, pensando-as sob o aspecto de uma linguagem cifrada que é, na verdade, o que ele é. Para mostrar isso, o poeta atualiza a linguagem, observando-a dentro do prisma semiótico, de signo, de algo que, representado, faz emergir uma outra significação. É por isso que ele comenta:

> As parábolas de Jesus são ícones. E na família dos signos, ícones são signos *produtores de informação*, signos emissores.
> Há dois mil anos, extrai-se significado das parábolas atribuídas a Jesus pelos evangelhos. Nem é outra coisa que estamos tentando fazer aqui.
> (...)
> É a linguagem de um nabi, um profeta, como tantos que o povo de Israel produziu, a linguagem de um poeta, que nunca chama as coisas pelos próprios nomes, mas produz um discurso paralelo, um análogo, que os gregos chamavam *parábola*, "desvio do caminho".

E então, para encaixar as palavras de Jesus no século XX, mostrando sua perene atualidade, Leminski busca em uma das suas mais fortes afinidades a base para tal tarefa. Temos então, nesse ensaio biográfico de Jesus, a presença de Joyce. Porque,

> De acordo com os evangelhos, Jesus adorava jogos de palavras.
> Ao convidar os pescadores do mar da Galileia a segui-lo, disse: "farei de vocês pescadores de homens".
> E ao escolher seu sucessor, Simon Bar-Jona, deu-lhe o nome de *Quefas* = "pedra", em aramaico, "Pedro, tu és pedra, e sobre esta pedra, edificarás a minha igreja", paronomástico veio que, no século XX, foi radicalizado no *Finnegans Wake*, pelo irlandês e católico James Joyce.
> A escritura crística está muito presente, nessa prosa máxima da modernidade, gigantesca e monstruosa parábola que conta a história da queda de um pedreiro irlandês (...) e sua subsequente ressurreição no velório, quando gotas de uísque dos convivas tocam seus lábios.
> (...)
> Para Joyce, a queda de Finnegan do alto do muro é emblema da queda de toda a humanidade, depois do pecado de Adão, legenda fundamental da mitologia judaico-cristã.
> (...)
> O *Wake* é todo percorrido pela presença de Patrick, São Patrício, o apóstolo da Irlanda (...).
> O olhouvido trocadilhesco de Joyce percebe a similaridade dos nomes Pedro/Patrick, brincando com ela, a partir da forma inicial "*thuartpeatrick*", "*you are Peter/Patrick*", "tu és Pedro e sobre essa pedra...", na abertura do *Wake*.

Essa analogia reúne aspectos do Leminski leitor, cujas leituras se transformam no fio condutor que percorre a sua obra costurada por palavras. Por isso, em determinados momentos, falando sobre textos de Leminski, me ocorre a sensação de que todos os outros aí se misturam, então parece que aqui há partes do *Catatau* ou de *Agora é que são elas*.

E mais, nomes de autores entram e saem de todos as frestas, trocadilhos, palavras-valises, "portmanteaux" carregados por Lewis Carroll, Joyce, Laforgue, e agora, no começo de tudo, Jesus? Esses caminhos sinuosos tomados pelo poeta em seus escritos, tanto nos textos breves quanto na poesia e na prosa mais densa, é que fortalecem isso que chamam de dicção, no caso, a dicção leminskiana, a maneira de trabalhar em movimento de vaivém, a habilidade de trazer para um escrito partes de outro, envolvendo saberes e dúvidas, tecendo tramas e criando espaços de interlocução não apenas no interior de sua obra, mas exteriormente, quando somos envolvidos por esse movimento todo.

Na sequência de olhares dirigidos a Jesus, aquele sobre a tradução de suas palavras é especialmente interessante:

> Nenhum evangelho é em aramaico. Jesus já se nos aparece *traduzido*. (...)
> (...) de Marcos talvez seja o mais antigo (...). Seu approach é o mais popularesco de todos. (...) estamos lidando com uma documentação heterogênea, advinda de várias fontes, frequentemente contraditórias. Como achar o verdadeiro Jesus por trás dessa floresta de versões sobre sua pessoa, feitos e ditos?
> Parece óbvio que os evangelhos representam a compilação de tradições transmitidas oralmente no interior da(s) igreja(s) primitiva(s), "feitos e ditos do Senhor", passados de boca a boca, de orelha a orelha, evidentemente, ampliados e deformados pela imaginação oriental, tão afeita a prodígios.
> O próprio caráter fragmentário e descosturado dos evangelhos confirma essa hipótese.
> (...) ligados, parataticamente, pela conjunção "e", o que faz deles uma *obra aberta*, onde outros episódios poderiam ser insertados sem dano do conjunto.
> "E Jesus disse." "E Jesus foi." "E Jesus veio."
> Não resta, porém, a menor dúvida de que, por trás desses ditos e feitos, existiu uma pessoa real, de carne e osso, um rabi da Galileia, que mudou o mundo como poucos.

> A ser verdade tudo o que dizem os Evangelhos, não há nenhum personagem da Antiguidade sobre o qual saibamos tanto quanto sobre Jesus. Infância, família, formação: detalhes mínimos, que não temos sobre Péricles, Sócrates, Alexandre, César, Augusto, Cícero ou Virgílio.

Leminski sabe que encontrar o verdadeiro Jesus é definitivamente impossível. No final do ensaio, o poeta dedica cerca de uma dúzia de páginas ao seu parabolário, e transcreve parábolas conhecidas, como por exemplo a do filho pródigo. Encerra comentando a origem das traduções dos textos evangélicos feitas por ele de originais gregos, e dizendo que Jesus é um momento de significação ininterrupta: um signo de leitura infinita.

De acordo com Leminski, *Trótski, a paixão segundo a revolução* é a chave de ouro das suas biografias. E segundo ele, quem quiser saber o que foi a Revolução Russa, ou a própria história da Rússia, deve começar lendo *Os irmãos Karamázov* (1880), de Fyodor Dostoiévski. Este romance, escrito vinte e cinco anos antes do início da Revolução Russa, é premonitório:

> (...) não só retrata com perfeição a Rússia passada e presente, em suas estruturas mais profundas, mas ainda prefigura uma Rússia por vir.
> Quando Dostoiévski escreveu esse romance, Freud apenas engatinhava.
> Mas nele já se encontra todo o fundamental da teoria freudiana.
> A luta do pai e do filho pela posse de uma mulher (o velho Karamázov e Dmitri disputam os favores de Grúchenka).
> O parricídio, o assassinato do pai pelo filho.
> Para Freud, é o parricídio primordial que funda a civilização.
> E toda a revolução social de grandes proporções é uma luta dos filhos contra a tirania dos pais (pais, padres, patrões, padrões).
> Após o que, o ciclo recomeça, os filhos assumindo o poder que, um dia, foi dos pais. Os filhos destroem os pais, porque querem ser como eles.
> Quando um dos Karamázov mata o pai, começa a Revolução Russa, esse terremoto histórico, onde Trótski teve um papel decisivo.

A preparação da Grande Revolução de 1917, ou Revolução de Outubro, ou ainda, Revolução Bolchevique, contra o czarismo russo, durou praticamente doze anos, nos quais aconteceram duas guerras e duas revoluções, para que os bolcheviques chegassem ao poder. Três nomes que marcam a história mundial estão envolvidos nessa longa e dolorosa trajetória: Lênin, Trótski e Stálin.

Segundo Leminski, "todos conheceram a prisão, a deportação, a fuga, o medo da delação, as reuniões secretas, o uso de documentos falsos, todas as agruras de uma intensa vida de criminosos políticos".

Desta revolução, Leminski levanta aspectos políticos, ideológicos, culturais. Detenho-me em algumas partes desses últimos aspectos, ligando-os a Trótski, um dos maiores intelectuais que a Rússia conheceu, porque é possível vislumbrar, por meio desse caminho, movimentos intelectuais russos que tiveram grande influência no mundo cultural e intelectual do século XX no Ocidente.

Esse é o ensaio biográfico de Leminski com mais ilustrações, entre elas, desenhos do poeta russo Vladimir Maiakóvski.

Dentro desse quadro cultural russo, Leminski destaca que os movimentos russos de vanguarda no início do século XX são pré-revolucionários, e que desde o final do século XIX, junto a outros, sacudiam e renovavam a arte europeia (expressionismo, impressionismo, fauvismo, futurismo italiano, cubismo etc). As elites russas circulavam por Paris, Berlim, Londres, Roma — os Ivans Karamázov do século XX.

O que a Revolução faz na verdade é um corte nesse vínculo entre a arte e a literatura russa com a arte e a literatura europeia, pois "ao inaugurar o mundo da igualdade proletária ao lado do mundo da liberdade burguesa, quebraria a unidade de sentido da Lisboa de Fernando Pessoa à Moscou de Maiakóvski".

Leminski revisita o importante movimento das ciências da linguagem, por meio do Círculo Linguístico de Moscou, o chamado formalismo russo, com destaque para Roman Jakobson, um dos grandes afetos do poeta. Nesse círculo, foram levantadas questões relevantes até hoje, o estranhamento, a surpresa, a intertextualidade, a função poética.

Lembra ainda a forte imagem dos balés russos em suas apresentações, sobretudo em Paris, montados por Diaghilev, empresário de raro gênio, que revelou ao mundo valores do naipe de um Stravinski na música, e de um Nijinski e uma Ana Pavlova na dança. Basta dizer que Diaghilev teve como cenaristas: Picasso, Braque, Matisse, a nata da pintura ocidental.

A Rússia é tão intensamente profunda culturalmente nesse início de século XX que vem confirmar, segundo Leminski, as palavras poundianas de que os artistas são realmente "as antenas da raça".

Pensando sobre a Revolução Russa e sobre Trótski, Leminski reencontra Maiakóvski, outra de suas afinidades essenciais, sobre quem diz: "seu longo poema sobre 'Lênin', por exemplo, é um mero exercício de grandiloquência vazia: o grande Maiakóvski está alhures, nos poemas iniciais, radicalmente experimentais, nos poemas de amor, nas peças de circunstância".

O panorama dessa Rússia construída pelo poeta é bem familiar. Nomes como Chagall, Kandinski, Eisenstein, Górki, circulam nos anos 20 do século passado não só em Moscou mas no mundo. Mas para Leminski, "a miragem de uma lua-de-mel entre a rebeldia das vanguardas e o Estado soviético é pura ilusão. (...) Maiakóvski suicidou-se em 1930 [aos 37 anos], Eisenstein acabou domesticado, fazendo filmes patrióticos (...). A revolução devorou seus filhos mais talentosos. (...) A maior parte deles teve destino trágico ou doloroso: exilados, desaparecidos, suicidados, confinados em campos de concentração ou simplesmente castrados em sua criatividade."

Foi nesse contexto que o poeta Maiakóvski, perseguido durante toda a sua carreira pela acusação de ser "incompreensível para as massas", lançou a frase-síntese do programa da *LEF* (em russo, Frente Esquerda da Arte, uma revista da qual ele era o diretor): "sem forma revolucionária, não há arte revolucionária".

É nessa atmosfera que Trótski se constrói como político e intelectual. Segundo Leminski,

> era um homem de gosto literário muito cultivado. Escritor de tremenda força (algumas páginas da *História da Revolução Russa* são obras-primas de vigor e finura), conhecia o romance francês, a poesia inglesa e alemã, que lia no original.
>
> (...)
>
> Suas posturas em matéria de arte e literatura estão mais bem expressas no volume *Literatura e Revolução*, onde aborda temas como "O Futurismo", "A cultura e a Arte Proletárias", "A política do Partido na Arte" ou "Arte revolucionária e arte socialista".
>
> Esse livro tem uma história curiosa.
>
> Foi fundamentalmente escrito no verão de 1922. Trótski pretendia apenas redigir o prefácio para a edição estatal das suas *Obras*, que estava para sair. Mas Trótski era acometido de uma verdadeira grafomania, índice de sua exuberância teórica e argumentativa: nunca se contentou apenas em fazer. Ele tinha que dizer, para si e para os outros, o que significava o que estava fazendo. Era um obcecado pelo sentido: não se conformava em viver num mundo sem significado.
>
> E assim, em vez de um mero prefácio, saiu um livro inteiro, a mais lúcida meditação sobre a arte e literatura deixada por um bolchevique.

Foi talvez o lado ambicioso e egocêntrico de Trótski, segundo Leminski, que o conduziu para a derrocada final, para a perda do poder, para o exílio. Na realidade os bolcheviques nunca o consideraram um dos seus. Da mesma forma, ele nunca conseguiu ver nos companheiros seus iguais. Ele era evidentemente diferente pela inteligência, cultura. Era um grande escritor. Mas a arrogância nele se movimentava com frequência. Teve perdas pessoais intransponíveis, filhos mortos, "suicidados", além das amarguras próprias do exílio naquelas circunstâncias. Morreu assassinado, em 1940, com uma picareta enterrada na cabeça, por um agente soviético, Mercader, que se infiltrou na casa onde Trótski então morava, no México.

No final do ensaio sobre Trótski, Leminski inclui alguns apêndices que trazem palavras de Trótski sobre determinados assuntos, como cinema e religião. Há o testamento por ele deixado, além de indicações de Leminski sobre a bibliografia e a a crítica utilizada para a biografia, e de uma listagem das obras de Trótski.

Uma informação final: "há gerações, o público soviético não tem acesso a nenhuma obra de Trótski. Durante seu laboriosíssimo exílio/diáspora, de treze anos, levou consigo, nas condições mais adversas, grande massa de documentos, cartas, mensagens e manuscritos. Constituem hoje os '*Trótski Archives*', e estão na Hougton Library, na Harvard University, nos Estados Unidos".

Terminadas as leituras dos ensaios biográficos, nota-se que Leminski prioriza em todos eles a linguagem, a literatura, a arte. Em todos os biografados há menções a isso. A questão da religião e da revolução se tornam secundárias. São pretextos, ou paratextos, para que se pense a linguagem, a sua atualização pela leitura. Leminski está sempre criando uma "coterie", uma reunião de autores, de artistas, uma história sem fronteiras ou cronologia, uma história literária de afinidades.

Leminski biógrafo, Leminski biografado: o fechamento do círculo das afinidades eletivas

Perfeição só existe
na integração/dissolução
do sujeito no objeto.
Na tradução do eu no outro.
É por isso que você
gostou tanto desse livro.
Você, agora, sabe.
Você, eu sou Cruz e Sousa.
Paulo Leminski

ESTAS PALAVRAS FECHAM O ENSAIO BIOGRÁFICO DE LEMINSKI SOBRE Cruz e Sousa. Por meio delas, surge uma forte imagem: o movimento circular que envolve as palavras traduzidas, as vidas biografadas, o autor, o tradutor e o biógrafo Paulo Leminski. E mais: as minhas palavras como autora deste texto, minha leitura como tradutora dos escritos de Leminski e, finalmente, o meu olhar como biógrafa da vida de sua obra. O círculo de afinidades eletivas que inspiram o poeta se reúne à afinidade que mantenho com ele e com muitos dos seus eleitos. É mais um elo que se fecha.

A questão da escolha de Leminski pelos nomes traduzidos e biografados vem ao encontro da minha escolha em biografar o conjunto de sua escritura, o seu fazer literário. Nesses encontros todos acontece a história, proporcionada pelas leituras que faço de seus textos, atravessadas pelas leituras de outros que faço por sua influência.

Cito Leyla Perrone-Moisés: "toda história é uma leitura do passado. Na história literária, a leitura é constitutiva do fato, já que os fatos literários (obras) só encontram a sua realização plena na leitura: eles são programados para (re)acontecer na leitura, criando sentidos que renascem e variam a cada época. 'O poema', diz Octávio Paz, 'é uma virtualidade trans-histórica que se atualiza na história, na leitura'."

Assim, ao ler não apenas a obra poética, tradutória e biográfica, mas os romances, a prosa poética, os ensaios "crípticos" de Leminski, transformo minha leitura numa atitude histórica, em que recupero a obra do autor, dando-lhe um lugar e atribuindo-lhe um papel dentro do campo literário local e nacional.

Ao considerá-la como tal, situada que está no seu tempo e em suas circunstâncias, essa obra pode ser vista historicamente não apenas como o reflexo de uma realidade, mas sobretudo como uma realidade em si. Transformada pela leitura que o Leminski indivíduo e o Leminski autor fazem do seu tempo histórico por meio de uma escritura, a obra traz consigo a pluralidade inerente aos fatos históricos. E a configuração que a obra adquire, a de ser simultaneamente um fato literário e histórico, reforça a epígrafe que abre este livro: "Ler a história como literatura, ver na literatura a história se escrevendo, isto é possível?" O caminho percorrido até aqui mostra que sim.

A produção dos ensaios biográficos e das traduções, sem as questões de mercado que as envolve, reaparecem aqui como textos criativos que são, dentro do conjunto de outros textos do autor Leminski. Desejo pensá-las como movimento de interlocução entre autores provenientes de diferentes tempos, em uma não-linearidade cronológica que atualiza o tempo histórico.

Leminski pensa seus autores reunindo-os numa contemporaneidade que aproxima diferenças. Isso parece se encaixar no pensamento de T. S. Eliot: "O sentido histórico compele um homem a escrever não meramente com sua própria geração em seus ossos, mas o sentimento de que o conjunto da literatura europeia, desde Homero, e dentro dela o conjunto da literatura de seu próprio país, tem uma existência simultânea e compõe uma ordem simultânea."

Entendo que Leminski faz isso muito bem. Ele circula por autores onde possa buscar a ideia do novo como sentido de algo que cabe em seu tempo presente, mesmo naqueles mais antigos, pois o novo independe do tempo dessas vidas. Ele pressente que a noção de clássico, na pós-modernidade, não se confunde mais com a noção de tradição.

Para Calvino, "a tradição (...) 'é uma continuidade cultural', mas que existe sempre a partir de um presente da leitura: 'O dia de hoje pode ser banal e mortificante, mas é sempre um ponto em que nos situamos para olhar para a frente ou para trás. Para poder ler os clássicos, temos de definir 'de onde' eles estão sendo lidos, caso contrário tanto o livro quanto o leitor se perdem numa nuvem atemporal."

Leyla Perrone-Moisés observou:

> Em suas catorze definições do que é um clássico, Calvino, como Borges, privilegia a leitura e a subjetividade do leitor (as marcas que a obra deixa 'nas dobras da memória', a autodefinição que o leitor nela encontra), mas também aponta algumas virtudes próprias das obras: a inesgotabilidade do sentido ("Um clássico é um livro que nunca termina de dizer aquilo que tinha para dizer"); a resistência aos comentários ("Um clássico é uma obra que provoca incessantemente uma nuvem de discursos críticos sobre si"); o efeito-surpresa ("Os clássicos são livros que, quanto mais pensamos conhecer por ouvir dizer, quando são lidos de fato mais se revelam novos, inesperados, inéditos").

Nos ensaios biográficos e nas traduções leminskianas há a posição de lançar um olhar retroativo aos autores com os quais trabalha. Isso é visível nas já comentadas introduções que faz às biografias, por exemplo. E há, sem dúvida, nos autores biografados e nas obras traduzidas, as características mencionadas por Calvino, as quais considero exemplares, entre elas a de que a ideia de clássico está vinculada também ao sentido do inesgotável que há em cada texto, a sempre possível re-significação.

Em entrevista para Lorena Klenk, em 1986, a respeito da tradução que fez do *Satyricon* de Petrônio, Leminski afirmou: "o que eu quis foi trazer viva e dinâmica para o agora uma obra que era viva e dinâmica há dois mil anos atrás".

Ora, a tradução presta fidelidade ao original, mas com uma linguagem atualizada, segundo o próprio Leminski. Linguagem atualizada é, por exemplo, traduzir a expressão: "Por Júpiter capitolino" simplesmente por "Céus!", e se sentir à vontade para permear a tradução de um clássico milenar com expressões como "encarar" e "esse não é o meu negócio".

Por essa tradução, acusam Leminski de ter modernizado excessivamente a obra. Outros, porém, a valorizaram, tal como a do professor de Língua e Literatura Latina Ariovaldo Peterlini, da USP: "certo estou de que, se Petrônio fosse contemporâneo nosso e escrevesse hoje o *Satyricon*, escreveria provavelmente como Leminski escreveu".

Traduções e biografias foram exercícios literários de Leminski que suscitaram comentários. De artigo para a revista *Livro Aberto*, destaco as palavras de Nelson Ascher: "A história não se faz com o 'se', mas se seu fígado não tivesse cedido antes, é lícito supor que o talento de Leminski o teria conduzido mais à prosa, onde seus projetos — pelo que se pode deduzir de seus dois romances — eram tão ousados e, sim, ambiciosos, que mesmo seu trabalho de tradução — Joyce, Petrônio, Beckett, etc., poderia ser lido como um aprendizado, uma preparação para o futuro, um futuro em prosa."

Seria mais um caminho para ler a obra de Paulo Leminski: dar ênfase também ao valor literário da sua prosa — e este livro é uma colaboração para divulgá-la mais e mais, já que, como se sabe, o poeta recebeu mais olhares do que o prosador.

CONSIDERAÇÕES FINAIS

Ouço ao longe, muito longe, a voz do eco que me chama,
mas já não tenho um nome para ser chamado.
Que deuses me tomam como matéria-prima?
Em que fábula me transformo?
Paulo Leminski[11]

materesmofo
temaserfomo
termosfameo
tremesfooma
metrofasemo
mortemesafo
amorfotemes
emarometesf
eramosfetem
fetomormesa
mesamorfeto
efatormesom
maefortosem
saotemorfem
termosefoma

---

11. LEMINSKI, Paulo. *Metaformose, uma viagem pelo imaginário grego*. 2. ed. São Paulo: Iluminuras, 1998. p. 7.

faseortomem
motormefase
matermofeso
metaformose

(*TODA POESIA*, 2013, p. 163)

Reservo para este momento final as palavras do livro *Metaformose* (1994), de onde extraio a epígrafe e o poema acima. Escrito na década de 80, o poema foi incluído em *Caprichos & relaxos* (1983), e serviu de título para um livro póstumo. A exemplo dos jogos de caça-palavras, há códigos escondidos que, encontrados, apontam para o ciclo de uma vida: SER, MORTE, FETO, MAE, MATER, a própria transformação da vida, embaralhada na desmontagem da palavra "metamorfose". Tendo sido pensado a princípio como uma releitura ensaística das *Metamorfoses* de Ovídio, metamorfoseou-se em uma experiência criativa, na qual o autor se reflete no personagem, inserindo neste mito muito de sua viagem interior.

Quanto à epígrafe, ela apresenta não só as palavras com as quais o livro *Metaformose* termina, mas, mais que isso, promove um retorno ao primeiro livro de Leminski, o *Catatau*, concluído com uma pergunta: "Bêbado como polaco que é. Bêbado, quem me compreenderá?" E não só aí a semelhança. Na introdução a uma edição brasileira das *Metamorfoses* de Ovídio, há a seguinte explicação:

> *Metamorfoses* são um longo e contínuo poema em 15 livros (...). Narra-se em ordem cronológica a mudança da forma dos homens em animais, plantas e minerais, desde a origem mitológica do mundo até o tempo do poeta. O poema tem caráter etiológico, isto é, conta a origem dessas mesmas plantas, animais e minerais, articulada em torno de fábulas em que se registra uma transformação. É precisamente no descrever essa transformação que se percebe a capacidade plástica da

> linguagem de Ovídio, que capta a dinâmica fantasiosa de membros humanos a desformar-se antes para então se conformar em nova figura cuja origem do primeiro espécime mitologicamente ali se narra. As *Metamorfoses* apresentam espetacularmente como que os efeitos especiais da linguagem verbal."

Essa explicação esclarece bem a viabilidade da comparação com o *Catatau*, feita por alguns dos estudiosos da obra de Leminski. Sob a forma de uma linguagem cujos efeitos especiais são visíveis, no *Catatau* flora, fauna e minerais constituem a paisagem frente a qual Descartes estranha a nova terra, como no exemplo a seguir: "(...) orto e zoo, oca de feras e casa de flores. (...) A dois lances de pedra daqui, volta e meia, dois giros; meia volta, vultos a três por dois".

Narciso, personagem mitológico de *Metaformose*: "A luz está fraca, as ondas destas águas parecem cansadas, como a mulher depois do orgasmo. Sinto diminuir a força de tudo, as pedras sobem lentamente como plumas, já sem força para se agarrar ao chão."

Em Descartes e Narciso, o movimento do ego. Desse modo, início e fim de um caminho se unem pelo traço forte de um Eu que se des-forma e se con-forma, trans-formado em bêbado e em fábula, respectivamente. Ao fazer isso, reúne simbolicamente, por meio da palavra, o indivíduo e o autor Leminski, o começo e o fim de sua obra e, resgatando a ambos, o começo e o final deste livro.

Depois de longos anos debruçada sobre a obra de um autor, o que se transformou com esta leitura e o que esta leitura transformou? Em um acontecimento real, transformei-me. A experiência alheia é tão brutal quanto a nossa própria. A esperança alheia é tão forte quanto a nossa. O medo alheio é tão assustador como o nosso. Os rostos aflitos ou suaves, amargos ou doces, são os mesmos em todos nós. O que muda é a máscara, não o rosto.

É assim que olho para o indivíduo Leminski. Mais uma face, desta vez histórica, encaixou-se com as outras faces num corpo em consonância com as marcas de seu tempo. Viveu a dor e a alegria de pertencer à geração conflituosa dos anos 70. E desse lugar, para usar a frase de Marguerite Duras, Leminski decerto "enfrentou a solidão sem a qual o texto não se produz, a solidão do autor; essa real solidão do corpo transforma-se na outra, inviolável, a solidão da escrita".

No conjunto dos textos escritos por Leminski vejo aprofundamento, leveza, prazer. A leveza proposta por Calvino, a da gravidade sem peso, ou a busca da leveza como reação ao peso do viver. Vejo também em seus escritos o prazer da escritura. Por meio dela, a busca do sentido, a voracidade em juntar as peças do quebra-cabeça que é a vida, o viver. E, ao encontrar o prazer na leitura de sua obra, penso em Roland Barthes, quando diz:

> Se leio com prazer esta frase, esta história ou esta palavra, é porque foram escritas no prazer (este prazer não está em contradição com as queixas do autor). Mas e o contrário? Escrever no prazer me assegura — a mim escritor — o prazer do meu leitor? De modo algum. Esse leitor, é mister que eu o procure (...) sem saber onde ele está. Um espaço de fruição fica então criado. Não é a 'a pessoa' do outro que me é necessária, é o espaço: a possibilidade de uma dialética do desejo, de uma imprevisão do desfrute: que os dados não estejam lançados, que haja um jogo.

Acredito que há na obra de Leminski um espaço onde esse prazer não foi de todo descoberto, e que está lá, esperando pelo leitor que ouse usufruí-lo, alargando os limites aparentes nos poemas. Como Romulo Salvino lembrou:

> Leminski é um escritor que, embora razoavelmente conhecido do público em geral, pelo menos daquele mais afeito à literatura, ainda não logrou propriamente um espaço no cânone literário brasileiro — isso apesar de diversos estudiosos, com as mais variadas orientações teóricas, terem avaliado bastante favoravelmente a sua obra, como são os casos de Léo Gilson Ribeiro, Antônio Risério, Régis Bonvicino, Boris

> Schnaidermann, Ivan da Costa, Haroldo de Campos, Leyla Perrone-Moisés e Carlos Ávila, apenas para citar em ordem cronológica alguns pioneiros, sem considerar a sua maior ou menor importância para os estudos leminskianos. A fortuna crítica em torno de sua produção é ainda bastante pequena, embora sempre crescente.

A questão do reconhecimento não é simples. Leyla Perrone-Moisés, em seu livro tão especial sobre os autores-críticos, pensando a questão do reconhecimento, tece considerações: "a magnífica obra de Guimarães Rosa (...) ao aparecer suscitou mal-entendidos e não foi rapidamente reconhecida. (...) Reconhecer um grande escritor, logo que ele surge, é tarefa difícil. Considerando que é o tempo, e, ao longo deste, a adesão de uma comunidade de leitores que vão conferir autoridade ao julgamento, há sempre o risco do engano."

Até o momento da publicação deste livro, trinta e cinco teses de doutorado e noventa e três dissertações de mestrado tiveram a obra de Paulo Leminski como objeto de estudo, defendidas em instituições acadêmicas de todo o Brasil[12].

Tais pesquisas abrangem áreas distintas como Letras, Teoria Literária, Literatura Comparada, Linguística, Comunicação, e História, comprovando a amplitude do alcance dos escritos de Leminski. Para além dos estudos que se debruçam sobre sua obra poética, há teses voltadas para seu trabalho de tradutor, como a de Lívia Mendes Pereira, da Universidade Estadual de Campinas, cujo título é *Paulo Leminski, tradutor de Petrônio: Satyricon, Estudo e Comentário*, publicada em 2020.

Também se encontram trabalhos voltados aos ensaios leminskianos, como a pesquisa de Paula Renata Melo Moreira, que em 2011 publicou sua tese *Ensaísmo de Paulo Leminski: panorama de um pensamento movente* pela Universidade Federal de Minas Gerais.

Como curiosidade, cabe notar que a maior parte das teses de doutorado coloca o *Catatau* como foco da pesquisa, o que demonstra

12. Fonte: CAPES — https://catalogodeteses.capes.gov.br/catalogo-teses/#!/

o perene impacto da primeira e mais emblemática publicação de Leminski. Outro ponto de destaque é perceber que, ao contrário do que se poderia imaginar, a maioria dos trabalhos realizados nos últimos vinte anos é de fora de Curitiba e do Paraná, com dissertações e teses publicadas em São Paulo, Rio de Janeiro, Ceará, Goiás etc. Paulo Leminski, como se sabe, deixou há muito de ser um poeta local para tornar-se um artista influente nos quatro cantos do país.

De fato, o percurso de sua obra no meio acadêmico ajuda a explicar o êxito editorial de *Toda poesia* (Companhia das Letras, 2013), livro que reúne sua obra poética completa, e que já ultrapassou duas centenas de milhares de exemplares vendidos. O sucesso alcançado pela edição impulsionou as traduções das obras de Leminski (que já eram feitas antes) noutras paragens e idiomas, como espanhol, italiano e inglês.

Toda poesia também consta da lista de leituras obrigatórias de alguns exames vestibulares do Brasil, como é o caso da Universidade Estadual de Ponta Grossa (2021) e da Unicentro (2019 e 2020).

A qualidade literária dos textos leminskianos é inegável. Isso me conduz a uma ideia interessante que encontrei na biografia de Hannah Arendt, escrita por Julia Kristeva, cujo título é "Le génie féminin":

> Todas as pessoas possuem uma vida e muitos dentre nós viveram aventuras mais ou menos divertidas que alimentam a crônica familiar, às vezes o jornal local ou mesmo a televisão; no entanto, isso não serve de pretexto para uma biografia memorável. Chamemos de 'gênio' aqueles que nos levam a contar sua história porque ela está vinculada às suas invenções, às inovações destinadas ao desenvolvimento do pensamento e dos seres, da floração de perguntas, de descobertas e de prazeres que elas criaram. Suas contribuições nos dizem respeito de forma tão particular que não podemos recebê-las sem enraizá-las na vida de seus autores. O impacto de certas obras não se reduz à soma de seus elementos. Depende da incisão histórica que elas operam, de suas repercussões e da forma pela qual nós as recebemos. Quem quer que se encontre nessa intersecção, tem nela uma possibilidade

> de torná-la real: o gênio é esse indivíduo. Pouco importa se ele não fez senão nascer, trabalhar e morrer. Nós o dotamos de uma biografia para ter a medida de que ela não se explica pelo excesso, pelo luxo, por algum fato complicado. No entanto, se nós atribuímos isso aos gênios e não a todas as pessoas, é para que fiquemos atentos: para além de uma invenção, de uma obra ou de uma ação, existe alguém, alguém viveu tudo isso. Somos nós alguém? Você é alguém? Tente ser esse alguém!

Não somos todos afortunados com a possibilidade de ter a vida biografada. Isso acontece com aqueles que, por assim dizer, são especiais. Paulo Leminski está entre eles e pressentiu ainda em vida que ocuparia esse lugar. O poeta experimentou o sabor da fama ainda em vida — uma vida humana inteira por meio de suas palavras. Deixou também algumas palavras proféticas, como o texto com o qual encerro este livro, publicado em *Gozo fabuloso,* e que sugere como Leminski gostaria de ser lembrado.

> *O resto imortal*
>
> Queria não morrer de todo. Não o meu melhor. Que o melhor de mim ficasse, já que sobre o além sou todo dúvidas. Queria deixar aqui nesse planeta não apenas um testemunho de minha passagem, pirâmide, obelisco, verbetes numa obscura enciclopédia, campos onde não cresce mais capim.
> Queria deixar meu processo de pensamento, minha máquina de pensar, a máquina que processa meu pensamento, meu pensar transformado em máquinas objetivas, fora de mim, sobrevivendo a mim.
> Durante muito tempo, cultivei esse sonho desesperado
> Um dia, intuí. Essa máquina era possível.
> Tinha que ser um livro.

Tinha que ser um texto. Um texto que não fosse apenas, como os demais, um texto pensado. Eu precisava de um texto pensante. Um texto que tivesse memória, produzisse imagens, raciocinasse.
Sobretudo, um texto que sentisse como eu.
Ao partir, eu deixaria esse texto como um astronauta solitário deixa um relógio na superfície de um planeta deserto.
Claro, eu poderia ter escolhido um ser humano para ser essa máquina que pensasse como eu penso. Bastava conseguir um aluno. Mas pessoas não são previsíveis. Um texto é.
A impressão do meu processo de pensamento não poderia estar na escolha das palavras nem no rol dos eventos narrados. Teria que estar inscrito no próprio movimento do texto, nos fluxos da sua dinâmica, traduzindo para o jogo de suas manhãs e marés.
Um texto assim não poderia ser fabricado nem forjado. Só podia ser desejado. Ele mesmo escolheria a hora de seu advento.
Tudo que eu poderia fazer nessa direção era estar atento a todos os impulsos, mesmo os mais cegos, nunca sabendo se o texto estava vindo ou não.
Era óbvio um texto assim teria, no mínimo, que levar uma vida humana inteira. Na melhor das hipóteses.
[...]

(*Gozo fabuloso*, 2004, pp. 136-7)

Curitiba, janeiro de 2024.

REFERÊNCIAS

1. LEENHARDT, J. e PESAVENTO, S. 1. (Orgs.). *Discurso histórico e narrativa literária*. Campinas, SP: Editora da UNICAMP, 1998.308 p.; p. 9. (Momento).
2. PALLARES-BURKE, M. L. G. *As muitas faces da história*: nove entrevistas.- São Paulo: Editora UNESP, 2000. 349 p.; p. 16,217,248,274,275.
3. BRÉCHON, R. *Estranho estrangeiro*: uma biografia de Fernando Pessoa. Tradução de: Maria Abreu e Pedro Tamen. 2. ed. Rio de Janeiro: Record, 1999.598 p.; p. 1; 15, 17-19.
4. BURKE, P. *A Escola dos Annales* (1929-1989): a Revolução Francesa da historiografia. Tradução de: Nilo Odalia. São Paulo: Fundação Editora da UNESP, 1997. 154 p.; p. 104.
5. CESAROTTO, O.; SOUZA LEITE, M. P. *Jacques Lacan*: uma biografia intelectual. 2. ed. São Paulo: Iluminuras, 2001. p. 11-12.
6. PAZ, O. *Sóror Juana Inés de La Cruz*: as armadilhas das fé. 2. ed. Tradução de: Wladir Dupont. São Paulo: Mandarim, 1998. 164 p.; p. 16.
7. TEIXEIRA, I. New historicism. *Cult*, p. 32, dez. 1998.
8. FOUCAULT, M. *A ordem do discurso*: aula inaugural no College de France, pronunciada em 2 de Dezembro de 1970. Tradução de: Laura Fraga de Almeida Sampaio. 4. ed. São Paulo: Edições Loyola, 1998. 80 p.
9. ARENDT, H. *A condição humana*. 10. ed. Tradução de: Roberto Raposo; posfácio de Celso Lafer. Rio de Janeiro: Forense Universitária, 2000. 354 p.; p. 15-16, 135, 190.
10. LE GOFF, J. *Os intelectuais na Idade Média*. Tradução de: Maria Júlia Goldwasser. 4. ed. São Paulo: Brasiliense, 1995. 144 p.; p. 8, 10,20,21,23, 24, 25, 26, 29,31,32,39,40,52,54,57, 60,64,78,81,9~ 118, 120, 123.
11. VERGER, J. *Homens e saber na Idade Média*. Tradução de: Carlota Boto. Bauru, São Paulo: EDUSC, 1999.278 p.; p. 9. (Educar).
12. LAGARDE, A.; MICHARD, L. XXe siecie: les grands auteurs français du programme. Paris: Bordas, 1962.704 p.; p. 601-02. (Lagarde & Michard, v. 6).
13. ________. XVIIe siecie: les grands auteurs français du programme. Paris: Bordas, 1970. 450 p.; p. 8-9, 13. (Lagarde & Michard, v. 3).

14. DARNTON, R. *Boemia literária e revolução*: o submundo das letras no Antigo Regime. Tradução de: Luís Carlos Borges. São Paulo: Cia. das Letras, 1987.272 p.; p. 10, 14-15,32.

15. SILVA, H. R. da. *Texte, action* et *histoire*: réflexions sur le phénomene de l'engagement. Paris: Édition L'Harmattan, 1994. 134 p.; p. 21.

16. CASANOVA, P. *A república mundial das letras*. Tradução de: Marina Appenzeller. São Paulo: Estação da Liberdade, 2002. 436 p.; p. 21, 24, 30-33, 39, 47, 122, 134, 169.

17. LAGARDE, A.; MICHARD, L. XIXe siecle: les grands auteurs français du programme. Paris: Bordas, 1969.576 p.; p. 8. (Lagarde & Michard, v. 5).

18. HARVEY, D. *Condição pós-moderna*: uma pesquisa sobre as origens da mudança cultural. Tradução de: Adail Ubirajara Sobral e Maria Stela Gonçalves. 2. ed. São Paulo: Ed. Loyola, 1993.350 p.; p. 18,21-23.

19. WEINHARDT, M. Baudelaire: a conquista da modernidade. In: PAZ, F. M. (Org.).; HARDMAN, F. F. [et al.]. *Utopia e modernidade*. Curitiba: Ed. da UFPR, 1994. p. 37, 39,42,44. (Pesquisa; n. 12).

20. ARENDT, H. *Homens em tempos sombrios*. Tradução de: Denise Bottmann. 2. reimp. São Paulo: Cia. das Letras, 1987.253 p.; p. 7, 133, 135, 146, 149.

21. BENJAMIN, W. *Charles Baudelaire*: um lírico no auge do capitalismo. Tradução de: José Martins Barbosa e Hemerson Alves Baptista. São Paulo: Brasiliense, 1989.272 p.; p. 23-25, 29, 70, 78-89, 93. (Obras escolhidas; v. 3).

22. ARAÚJO, R. *Edgard Allan Poe*: um homem em sua sombra. São Paulo: Ateliê Ed., 2002. 143 p.; p. 22.

23. SILVA, H. R. da. *Fragmentos da história intelectual*: entre questionamentos e perspectivas. Campinas, SP: Papiros, 2002. 159 p.; p. 15-16, 22. (Coleção textos do tempo).

24. CHARTIER, R. *Cultura escrita, literatura e história*: conversas de Roger Chartier com Carlos Aguirre Anaya, Jesús Anaya Rosique, Daniel Goldin e Antonio Saborit. Tradução de: Ernani Rosa. Porto Alegre: ARTMED Editora, 2001. 190 p.; p. 4, 46,51.

25. LEMINSKI, punk, dark, minimal, o homem de Chernobyl. *Correio de Notícias*, 04 jul. 1986. não paginado.

26. PERRONE-MOISÉS, L. *Altas literaturas*: escolha e valor na obra crítica de escritores modernos. São Paulo: Cia. das Letras, 1998. 240 p.; p. 10-13, 30, 36, 59-60, 72, 128-29, 151, 181.

27. MICELI, S. *Intelectuais à brasileira*. São Paulo:Cia. das Letras, 2001. 435p.; p. 15.

28. ________. *Intelectuais e classe dirigente no Brasil*. [S. 1.], 1979.

29. SANTANA, 1. J. *Paulo Leminski*: intersemiose e carnavalização na tradução. São Paulo, 2002. 161 f., f. 57, 179-181. Dissertação (Mestrado em Estudos da Tradução) - Língua e Literatura Inglesa e Norte-Americana, Universidade de São Paulo.

30. LEMINSKI, P. Vida e literatura: distâncias. *Polo Cultural*, 06 abro 1978.

31. ________. Poesia: a paixão da linguagem. In: CARDOSO, S. [et al.]. *Os sentidos da paixão*. São Paulo: Cia. das Letras, 1987. p. 283-306; p. 284, 285.

32. GUIMARÃES, D. Leminski. Nicolau, 1988, p. 6-10; p. 6, 7, 8, 9.

33. FERNANDES, J. C. Leminskianos. *Gazeta do* Povo, Curitiba, 06 jun. 1999, Caderno G, p. 5.

34. ASSUNÇÃO, A. Leminski: o bandido que sabia latim. *Medusa*, n. 6, p. 1-18; p. 3, 5, 7-9, ago.lset. 1999.

35. SÜSSEKIND, F. *Literatura e vida literária*: polêmicas, diários e retratos. Rio de Janeiro: Jorge Zahar Ed., 1985.94 p.; p. 16,20, 42, 63, 67-68, 70-72, 73, 74, 78, 89. (Brasil: os anos de autoritarismo).

36. *PAULO Leminski*. 2. ed. Curitiba: Ed. da UFPR, 1994. 67 p.; p. 5,6, 7, 10, 12-13, 15-17,20,23,26,27,32,33,34,40-44,51,56,57. (Série Paranaenses, n. 2).

37. LOPES, R. G. Meu encontro com a «besta dos pinheirais». *Radar*, p. 18-21, set.lout.2002.

38. FUNDAÇÃO CULTURAL DE CURITIBA. *Memória de vida*: Paulo poeta Leminski. 1944 - 1989. Curitiba: Fundação Cultural de Curitiba, 1989. 32 p.; p. 3, 8, 10,19,21,22,23,24.

39. GOTLIB, N. B. *Clarice uma vida que se conta*. 3. ed. São Paulo: Ática, 1995.493 p.; p. 39.

40. FOUCAULT, M. *O que é um autor?* Tradução de: António Fernando Cascais e Eduardo Cordeiro; prefácio de José A. Bragança de Miranda e António Fernando Cascais. 3. ed. Lisboa: Vega: Passagens, 1992. 164 p.

41. CHARTIER, R. *A ordem dos livros:* leitores, autores e bibliotecas na Europa entre os séculos XIV e XVIII. Tradução de: Mary Del Priori. 2. ed. Brasília: Ed. Universidade de Brasília, 1999. 119 p.; p. 33, 34, 39, 40, 44-47,50,53,55,56,80, 104, 189.

42. BURKE, P. A invenção da biografia e o individualismo renascentista. In: *Estudos Históricos*, Rio de Janeiro, v.l°, n.° 19, p. 83-97, 1997.

43. HANSEN, J. A. Autor. In: JOBIM, L. *Palavras da crítica*. Rio de Janeiro: Imago, 1991. p. 10-43.

44. PUECH, J.-B. Du vivant de l'auteur. *Poétique*, Paris, n.O 63, p. 279-299; p. 280, sept. 1985.

45. BONNET, J.-C. Le fantasme de l'écrivan. *Poétique*, Paris, nO 63, p. 261-277; p. 262,280, sept. 1985.

46. BAUDELAlRE, C. *As flores do mal*. Tradução de: Pietro Nassetti. São Paulo: Martin Claret, 2001. 191 p. (A obra prima de cada autor, 52).

47. ZILBERMAN, R. *Fim do livro, fim dos leitores?* São Paulo: Ed. SENAC, 200l. 131 p. (Ponto futuro; 3).

48. BARTHES, R. O *rumor da língua*. Tradução de: Mario Laranjeira. São Paulo: Editora Brasiliense, 1988.376 p.; p. 23, 37-38, 42.

49. HALL, S. *A identidade cultural na pós-modernidade*. Tradução de: Tomaz Tadeu da Silva e Guacira Lopes Louro. 4. ed. Rio de Janeiro: DP&A, 2000. 102 p.; p. 9, 11, 21.

50. BARBOSA, I. C. A experiência humana e o ato de narrar: Ricoeur e o lugar da interpretação. *Revista Brasileira de História*. São Paulo, ANPUHJEd. Unijuí, v. 17, n. 33,p. 295, 300-02, 304, 1997.

51. LEVI, G. Usos da biografia. In: FERREIRA, M. e AMADO, J. *Usos & abusos da história oral*. Rio de Janeiro: Fundação Getúlio Vargas, 1996. p. 167-91; p. 167, 169-70, 173.

52. ROUSSEAU, J.-J. *As confissões de Jean-Jacques Rousseau*. Tradução e prefácio de Wilson Lousada. São Paulo: Livraria José Olympio Editora, 1948.595 p.; p. 7.

53. FERRO, M. La biographie, cette handicapée de l'histoire. *Magazine littéraire*: L 'individualisme -le grand retour. Paris, n. 264, p. 85-93; p. 85-86, avr. 1989.

54. LORIGA, S. A biografia como problema. In: REVEL, J. (Org.). *Jogos de escalas*: a experiência da microanálise. Tradução de: Dora Rocha. Rio de Janeiro: Editora Fundação Getúlio Vargas, 1998.264 p.; p. 229, 235-36, 241.

55. BLOOM, H. A inevitável presença do autor. *Folha de S. Paulo*, 29 out. 1995.

56. SCHMIDT, B. B. Construindo biografias... historiadores e jornalistas: aproximações e afastamentos. In: *Estudos Históricos*: indivíduo, biografia, história. São Paulo: Editora Fundação Getúlio Vargas, n. 19, p. 3-21; p. 3,4,5,6,8, 1997.

57. ZAMBRANO, M. A metáfora do coração e outros escritos. Tradução de: José Bento. Lisboa: Assírio & Alvim, 1993. 149 p.; p. 73.

58. MAUROIS, A. *Aspects de la biografie*. Paris: Bernard Grasset, 1930.261 p.; p. 31, 51,52,232,238.

59. ELMANN, R. *Ao longo do riocorrente*: ensaios literários e biográficos. Tradução de: Denise Bottmann. São Paulo: Cia. das Letras, 1991. 287-301 p.; p. 278.

60. FILIZOLA, A. *O cisco e a ostra*: Agustina Bessa-Luís biógrafa. Campinas, 2000. Tese (Doutorado em Teoria Literária) - Instituto de Estudos e Linguagem, Universidade Estadual de Campinas. 398 f.; f. 67.

61. REALEZA sem pompa. *Veja*, São Paulo, p. 100, 13 fev. 2002.

62. VAZ, T. [Antonio Carlos Martins Vaz]. *Paulo Leminski*: o bandido que sabia latim. Rio de Janeiro: Record 2001. 378 p.; p. 20, 28, 30, 31,36,38,41,46,47,49,50, 59, 61, 71 72, 73 , 74 , 77 82 87 89-129, 104, 109, 110, 111, 112, 116, 165, 172, 174, 184,185,186,232 239 262 268 285,294,304,309,311,342-43,360,361,362.

63. BOURDIEU, P. L'illusion biographique. In: *Actes de la recherche en Sciences Sociales*, n. 62-63, p. 69-72; p. 69, 70, juin 1986.

64. LE GOFF, J. *São Luís*. Tradução de: Marcos de Castro. Rio de Janeiro: Record, 1999. 862 p.; p. 20.

65. MORAIS, F. *Chatô*: o rei do Brasil, a vida de Assis Chateuabriand. São Paulo: Cia. das Letras, 1994.736 p.

66. ERIBON, D. *Michel Foucault* e seus contemporâneos. Tradução de: Lucy Magalhães. Rio de Janeiro: Jorge Zahar, 1996.244 p.; p. 10, 16.

67. MARQUES, F. *Aço em* flor: a poesia de Paulo Leminski. Belo Horizonte: Autêntica, 2001. 136 p.; p. 76, 102.

68. ESTENSSORO, H. As máscaras de Mishima. *Bravo!*, p. 26-33, maio. 2002.

69. MISIDMA, Y. *Cores proibidas*. Tradução de Jefferson José Teixeira. São Paulo: Cia. das Letras, 2002. 568 p. 70. MORAES, P. R. B. de. *Fidalgos do café e livros do Brasil*: Monteiro Lobato e a criação de Editoras nacionais. Rio de Janeiro, 1995. 116 f.; f. 74. Dissertação (Mestrado em Antropologia Social) - Universidade Federal do Rio de Janeiro.

71. GAGNEBIN, J. M. *Walter Benjamin*: os cacos da História. São Paulo: Brasiliense, 1982.96 p. 72. WERNECK, H. Livros. *Isto É*, p. 15-17, 26jun. 1985.

73. BACK, S. Leminskino (um filme para ser lido). *Folha de S. Paulo*, 28 jul. 2002, Caderno Mais!, p. 10.

74. CAMARGO, P. Leminski sobre tela. *Gazeta do Povo*, Curitiba, 20 ago. 2002, CadernoG.

75. CARVALHO, T. Um outro (ou mais um) Leminski. *O Estado do Paraná*, 25 ago. 2002, p. 7.

76. *CAROS AMIGOS*. Rebeldes Brasileiros: homens e mulheres que desafiaram o poder. Paulo Leminski e Mário Pedrosa. [S.l.]: Editora Casa Amarela, v. 2, n. 9, s/d, p. 642-657.

77. NICOLATO, R. Poesias de guardanapo. *Gazeta do Povo*, Curitiba, 25 out. 2002, Caderno G, p . 1.

78. FERNANDES, J. C. A revolução dos dândis. *Gazeta do Povo*, Curitiba, 27 out. 2002, Caderno G, p. 4.

79. NICOLATO, R. Consangüinidade nada aparente. *Gazeta do Povo*, Curitiba, 17 novo 2002, Caderno G, p. 5.

80. MARTINS, F. Parque da Ciência será aberto no dia 8. *Gazeta do Povo*, Curitiba, 30 novo 2002, p. 5.

81. LACERDA, C. L. de. Leminski, ou para além do mito local. *Gazeta do Povo*, Curitiba, 30 novo 2002, p. 10.

82. LACERDA, C. L. de. Leminski: dândi, por que não? *Gazeta do Povo*, Curitiba, 07 dez. 2002, p. 10.

83. ASSOCIAÇÃO BAMERINDUS. Poesia é jóia, não bijouteria. *Folha do Livro*, n. 13, abro 1987.

84. LÉVI-PIARROUX, Y. L'autre de l'historien. *Espaces Temps*. Paris, n. 59-61, p. 47-55; p. 48, 1995.

85. KONDER, L. *Walter Benjamin*: o marxismo da melancolia. 2. ed. Rio de Janeiro: Campus, 1989. 144 p.; p. 11,45-46.

86. BENJAMIN, W. *Rua de mão única*. Tradução de: Rubens Rodrigues Torres Filho e José Carlos Martins Barbosa. 5. ed. São Paulo: Brasiliense, 1995.256 p.; p. 196-197. (Obras escolhidas; v.2).

87. TREVISAN, D. *Em busca de Curitiba perdida*. 7. ed. Rio de Janeiro: Record, 2002. 90 p.; p. 9, 42.

88. LEMINSKl, P. Nossa linguagem. *Revista Leite* Quente. Curitiba: Fundação Cultural de Curitiba/Casa da Memória, v.l, n.l, p. 8-12, mar. de 1989.

89. CICLO DO PENSAMENTO CURITIBANO, 1, 1984. Curitiba: Fundação Cultural de Curitiba, 1984. p. 55-59; p. 56.

90. LEMINSKl, o Petrônio dos anos 80. O *Estado* do Paraná, 26 jan. 1986, Almanaque, não paginado.

91. LEMINSKl, P. O Conto do conto. *Polo Cultural*, 25 maio 1978.

92. SANTOS, M. R. dos. Wilson Martins, um profissional da leitura. *Top Magazine*, p. 13, 10 abro 1999.

93. LEMINSKl, P. Vítola receita poesia. *Polo Cultural*, 10 jul. 1978.

94. SANDMANN, M. Nalgum lugar entre o experimentalismo e a canção popular: as cartas de Paulo Leminski a Régis Bonvicino. In: *Revista Letras*, p. 121-141; p. 140, jul./dez. 1999.

95. LEMINSKl, parnasiano-chie viciado em carne humana. *O Estado do Paraná*, 11 set. 1987. não paginado.

96. MORAES, P. R. B. de; SOUZA, M. G. de. Invisibilidade, preconceito e violência racial em Curitiba. *Revista de Sociologia e Política*. Curitiba, n. 13, p. 7-14, 1999.

97. PERRONE-MOISÉS, L. Leminski, tal que em si mesmo. *Revista USP*, p. 99, set./ nov. 1989.

98. LOPES, R. G. Anseios, ensaios, insights. *Cult*,jan. 2002. p. 21.

99. KASPCHAK, C. Descartes cannabis. *Gazeta do Povo*, Curitiba, 25 ago. 1999, Caderno G, p. 6.

100. SANCHES NETO, M. Uma leitura narcisista. *Gazeta do Povo*, Curitiba, 26 novo 1997, Caderno G, p. 6.

101. SOSSÉLLA, S. R. *Caprichoso & relaxado*. Maringá: Centro Educacional Nobel, 1990. 49 p.; p. 9.

102. DALA STELLA, C. Literatura e publicidade. *Gazeta do Povo*, Curitiba, 06 jul. 1999, Caderno G, p. 8.

103. BENJAMIN, W. *Magia e técnica, arte e política*: ensaios sobre literatura e história da cultura. Tradução de: Sérgio Paulo Rouanet. 7. ed. São Paulo: Brasiliense, 1994.256 p.; p. 114-15. (Obras escolhidas; v.l).

104. POUND, E. *Abc da literatura*. Tradução de: Augusto de Campos e José Paulo Paes. São Paulo: Cultrix, 1970. 219 p.

105. CAMPOS, A. de; PIGNATARI, D.; CAMPOS, H. de. *Mallarmé*. 3. ed. São Paulo: Perspectiva, 1991. 196 p. (Signos, n. 2).

106. MELLO, H. F. de. Drummond, o antibusto. *Cult*, p . 42-49; p. 45, out. 2002.

107. GINSBERG, A. *Uivo, kaddish e outros poemas*. Tradução de: Claudio Willer. Porto Alegre: L&PM, 1999. 130 p.; p. 9-10. (L&PM Pocket; v. 188).

108. BLOOM, H. *A angústia da influência*: uma teoria da poesia. Tradução de: Arthur Nestrovski. Rio de Janeiro: Imago, 1991. 210 p.

109. SALVINO, R. V. *Catatau*: as mediações da incerteza. São Paulo: EDUC, 2000, 314 p.; p. 18-22. (Hipótese).

110. FAVARETTO, C. *Tropicália, alegoria, alegria*. São Paulo: Kairós, 1979. 186 p.; p. 23, 32.

111. GONÇALO JÚNIOR. Bem mais que uma batida. *Gazeta Mercantil*, São Paulo, 17 ago. 2001, Cultura, p. 6.

112. MOHYLOVSKI, P. Não sou poeta de fim de semana. *Folha de S. Paulo*, 07 jun. 1992, Caderno Letras, p. 6.

113. MUNCINI, M. A.; VILLANI, A. As memórias de Fernanda Pivano, tradutora italiana da Geração Beat. *Cult*, p. 5-11, p. 5, 8, mar. 2002.

114. LOPES, R. G. Uma poesia entre o lema, o mim e o apocalipse. *Nicolau*, s/ data, p. 10.

115. LEMINSKI, P. Poesia: a paixão da linguagem. In: CARDOSO, S. [et. al.]. *Os sentidos da paixão*. São Paulo: Cia. das Letras, 1987. p. 283-306; p. 284-85.

116. WORMS, L. S.; COSTA, W. B. *Brasil século XX:* ao pé da letra da canção popular. Curitiba: Nova Didática, 2002. 200 p.; p. 138-142.

117. SCHNAIDERMAN, B. Em tomo de um romance enjeitado. *Revista USP*, p. 107-112; p. 99, set./nov. 1989.

118. GARSCHAGEN, B. *Vertigem*. Disponível em: Blog spot. Acesso em: 14 fev. 2003.

119. BENJAMIN, W. A tarefa do tradutor. In: *Cadernos de Mestrado*. Rio de Janeiro: Universidade Federal do Rio de Janeiro, 1992. p. 8-56.

120. FANTE, J. Pergunte ao pó. Tradução de: Paulo Leminski. 3. ed. São Paulo: Brasiliense, 1984. 165 p.

121. SCHNAIDERMAN, B. Simbioses poéticas (Leminski tradutor). *Nicolau*, s/ data, p.24.

122. LAGES, S. K. *Walter Benjamin*: tradução e melancolia. São Paulo: Editora da Universidade de São Paulo, 2002. 260 p.; p. 90-92.

123. MELLO JÚNIOR, J. de. Leminski: prosa e poesia de um polaco mulato. *Livro Aberto*, n. 12, p. 12-13, maio 1999.

124. OVÍDIO, 42 a. C. - 17 cd. C. *Metamorfoses de Ovídio*. Tradução de Bocage; introdução de João Angelo Oliva Neto. São Paulo: Hedra, 2000. 224 p.

125. DURAS, M. *Escrever*. Tradução de Rubens Figueiredo. Rio de Janeiro: Rocco, 1994. 116 p.; p. 14-15.

126. CALVINO, I. *Seis propostas para o próximo milênio*. Tradução de Ivo Barroso. 1. ed. 4. reimp. São Paulo: Companhia das Letras, 1990. 142 p.; p. 32, 39.

127. BARTHES, R. *O prazer do texto*. São Paulo: Perspectiva, 1977.86 p.; p. 8-9.

128. KRISTEVA, J. *Le génie féminin:* Hannah Arendt: Tome premier. Paris: Fayard, 1999.408 p.; p. 9-10

FONTES CONSULTADAS NA PESQUISA DOCUMENTAL

a) Bibliografia de Paulo Leminski

LEMINSKI, P. *Agora é que são elas*. São Paulo: Brasiliense, 1984. p. 2, 11, 13, 15, 19, 20, 76, 85, 98 (Circo de letras, 21).

________. *A lua no cinema*. [S.I.]: Arte Pau-Brasil, 1989.

________. *Anseios crípticos*: peripécias de um investigador do sentido no torvelinho das formas e das idéias. Curitiba: Edições Criar, 1986. 142 p.; p. 16,29,41,42, 44, 50, 51, 61-63, 73, 74, 75, 77, 78, 107.

________. *Anseios crípticos 2*. Curitiba: Criar Edições, 2001. 118 p.; p. 7, 9-17, 19-23,25, 29-30, 37-38, 43, 48, 63, 71, 75, 76, 89-91.

________. *Caprichos & relaxos* (incluindo os poemas de Não fosse isso... e Polonaises) 2. ed. São Paulo: Círculo do Livro, 1983. 54 p.

________. *Catatau*. Curitiba: Edição do autor, 1975.214 p.

________. *Catatau*. 2. ed. Porto Alegre: Sulina, 1989. p. 7-8,13, 14,15, 17,24,28,32,34, 35, 40, 41, 44, 46, 62, 63, 65, 67, 71, 72, 75, 78, 79, 82, 83, 84, 85, 86, 88, 89, 91-92, 94,101,107,109, 111, 12~ 137, 152, 165, 166, 185, 195, 208.

________. *Cruz e Souza, o negro branco*. São Paulo: Brasiliense, 1983. 79 p. (Encanto radical, 24).

________. *Distraídos venceremos*. São Paulo: Brasiliense, 1987. p. 15, 18,23,42,47, 56, 59,70,77,83,87,89,90,97,108-110,116.

________. *Ensaios e anseios crípticos*. Organização e seleção de Alice Ruiz e Áurea Leminski. Curitiba: Polo Editorial do Paraná, 1997.97 p. (Polo Editorial do Paraná, 7).

________. BONVICINO, R. *Envie meu dicionário*: cartas e alguma crítica. Colaboração de Tarso M. de Melo. 2. ed. São Paulo: Ed. 34, 1999. 272 p.; p. 17, 21, 25, 32-35, 37,39,40,41,42-45,47,48, 52, 56, 60, 63, 72, 80, 81, 108, 111, 115, 116, 157, 159, 183,186,188,193,208-210,212,238,239,240,262-264,267.

________. PIRES, J. *Quarenta clics em Curitiba*. Curitiba: Etecetera, 1976. 40 folhas. Quarenta clics em Curitiba. 2. ed. Curitiba: Secretaria do Estado da Cultura,1990. 40 folhas soltas.

________. VIRMOND, J. *Winterverno*. Curitiba: Prefeitura Municipal de Curitiba, 1994. não paginado.

________. *Winterverno*. 2. ed. São Paulo: Iluminuras, 2001. não paginado.

________. *Guerra dentro da gente*. São Paulo: Scipione, 1988. 64 p.

________. *Guerra dentro da gente*. 3. ed. São Paulo: Scipione, 1997.64 p. (Diálogo). p.

________. *Jesus A. C.* São Paulo: Brasiliense, 1984.

________. *La vie en close*. São Paulo: Brasiliense, 1991. 182 p.

________. *Gozo fabuloso*. São Paulo: DBA, 2004. 184 p.

________. *Matsuó & Bashô*. São Paulo: Brasiliense, 1983. 103 p. (Encanto radical, 40).

________. *Melhores poemas de Paulo Leminski*. Seleção de Fred Góes e Alvaro Marins. São Paulo: Global, 1996.220 p.; p. 9, 11-12, 16,31,32,33,40,42,49,50,54,60,69, 70,84,89,91,92, 111, 139, 183,205. (Os melhores poemas, 33).

________. *Metaformose, uma viagem pelo imaginário grego*. Apresentação de Alice Ruiz; nota introdutória de Régis Bonvicino. 2. ed. São Paulo: Iluminuras, 1998. 72 p.; p. 7, 13, 14, 39.

________. *não fosse isso e era menos/não fosse tanto e era quase*. Curitiba: ZAP, 1980. n.p.

________. *O ex-estranho*. Organizado por Alice Ruiz e Áurea Leminski. Curitiba: Fundação Cultural de Curitiba; São Paulo: Iluminuras, 1996.80 p.; p. 14-15,38, 39,46. (Catatau).

________. *Polonaises*. Curitiba: Edição do autor, 1980. n. p.

________. *Trótski*: a paixão segundo a revolução. São Paulo: Brasiliense, 1986.

________. *Uma carta uma brasa através - cartas* a Regis Bonvicino: (1976-1981). Seleção, introdução e notas de Régis Bonvicino. São Paulo: Iluminuras, 1992. 187 p.; p. 27.

________. *Vida*: Cruz e Souza: Bashô: Jesus: Trótski. Porto Alegre: Sulina, 1990. 348 p.; p. 6, 24, 27, 29, 39-41, 47, 66, 77, 81,108,110-12,126-28,131-32,141, 146, 147, 161, 164,165,177,179,220-21,237,320,321,323,327-31.

b) Acervo pessoal da autora

AGORA é que são elas é relançado na Feira do Poeta. *Jornal do Estado*, 24 ago. 1999, p. d3.

AJZENBERG, B. Configuração do mito. *Folha de S. Paulo*, 06 jun. 1999, Caderno Mais!, p. 9.

AMIGOS homenageiam o poeta Paulo Leminski. *Jornal do Estado*, 26 ago. 2000. n. p.

ANTENORE, A. Leminski, entre o capricho e o relaxo. *Folha de S. Paulo*, 26 maio 2001, Folha Ilustrada, p. 5.

ASSUNÇÃO, A. Leminski: o bandido que sabia latim. *Medusa*, n. 6, p. 1-18, ago./set. 1999.

ÁVILA, C. «Flashes» de uma trajetória. *Revista USP*, p. 101-106, set./nov. 1989.

BLOOM, H. A inevitável presença do autor. *Folha de S. Paulo*, 29 out. 1995.

BONVICINO, R. A antilírica concisa do poeta Paulo Leminski. *Folha de S. Paulo*, 21 ago. 1994, p. 6.

BRAND, J. °Adão pelado. *Gazeta do Povo*, Curitiba, 06 jul. 1999. Caderno G, p. 3.

BRÜGGEMANN, F. Poeta era o maior crítico da linguagem. *O Estado do Paraná*, 11 jun. 1989, p. 2.

CAMARGO, P. Fragmentos de um homem comum. *Gazeta do Povo*, Curitiba, 06 jul. 1999, Caderno G, p. 3.

CARTAS de Leminski vem à luz. *Folha de S. Paulo*, 07 jun. 1992, Caderno 2, p. 6.

CÉU embaixo. *Folha de S. Paulo*, 15 ago. 1999, Caderno Mais!, p. 5.

CHAGAS, L. Além do mito. *Isto É*, p. 99, 25 abro 2001.

Coleção Catatau: uma coedição FCC/Iluminuras. Lançamento nacional no Perhappiness 1996. OccaM, Curitiba, maio. 1996, p. 18.

COURI, N. Dez anos sem Leminski, o samurai apocalíptico. *O Estado de S. Paulo*, J9 jun. 1999, Caderno 2, p. 5.

DESTEFANI, C. Tempos modernos. *Gazeta do Povo*, Curitiba, 01 dez. 2002, p. 24. Entrevista concedida a Douglas Diegues por José Castello. *Cult*, jun. 2001. p. 5-9.

________. Fragmentos de um homem comum. *Gazeta do Povo*, Curitiba, 06 jun. 1999, Caderno G, p. 5.

________. Leminskianos. *Gazeta do Povo*, Curitiba, 06 jun. 1999, Caderno G, p. 5.

________. Procura-se Leminski. *Gazeta do Povo*, Curitiba, 06 jul. 1999, Caderno G, p. 8.

________. Travessia em mar bravio. *Gazeta do Povo*, Curitiba, 28 novo 1998, Caderno G, p.5.

FERRAZ, H. O sol urbano da poesia brasileira. *Cult*, p. 15-17, jul. 1997.

FISCHER, L. A. Biografias são para observar de perto a trajetória da vida alheia. *Folha de S. Paulo*, 28 jan. 2002. p. 11.

FLORES, R. E se ainda me lembro muito bem. *Gazeta do Povo*, Curitiba, 19 ago. 2001, Caderno G, p. 5.

HOME page sobre o poeta é coordenada por Alice Ruiz. *Jornal do Estado*, 24 ago. 1999, p. d3.

IV SEMANA PAULO LEMINSKI "IMAGEM & MOVIMENTO". UNESP, Faculdade de Ciências e Letras - Campus Araraquara: 29-31 out. 2001. 1 cartaz: preto e branco.

KASPCHAK, C. Polaco mostrou talento com a música. *Gazeta do Povo*, Curitiba, 06 jun. 1999, p. 6.

LEITE, Z. C. A vida mata Paulo Leminski. *Folha de Londrina*, 09 jun. 1989, p. 30.

LEMINSKl, P. Poesia: a paixão da linguagem. In: CARDOSO, S. [et. al.]. *Os sentidos da paixão*. São Paulo: Cia. das Letras, 1987. p. 283-306.

________. SUPLICY, J. Winterverno. Folha de S. Paulo, 30 set. 2001, Caderno Mais!, p. 24.

LOPES, A. M. Na falta dos grandes gestos inaugurais. *O Estado do Paraná*, 06 jun. 1999, Almanaque, p. 1.

________. O poeta da face pop. *O Estado do Paraná*, 06 jun. 1999, Almanaque, p. 1.

________. Um catatau de sonhos na mochila. *O Estado do Paraná*, 06 jun. 1999, Almanaque, p. 8.

LOPES, R. G., Anseios, ensaios, insights. *Cult*, p. 21-24,jan. 2002.

________. Paulo Leminski. *Folha de Londrina*, 23 ago. 1992, Caderno Letras.

MARTINS, W. De imitação em imitação. *Gazeta do Povo*, Curitiba, 23 ago. 1999, Caderno G, p. 8.

MEDEIROS, J. São Paulo homenageia Leminski. *Jornal do Estado*, 31 ago. 1999, p. d5.

MENDONÇA, M. A. Catatau: um gabinete de raridades. *OccaM*, Curitiba, maio 1996, p.3 e4.

MINAS GERAIS. Secretaria de Estado da Cultura. Suplemento literário n. 48, jun. 1999, p. 1-3.

MONTEIRO, N. A agitação de dez anos sem Leminski. *Paraná*, 13 ago. 1999, p. 8.

NEM que maldito, o poeta morre irreverente e incompreendido. *O Estado do Paraná*, 11 jun. 1989, p. 2.

NICOLATO, R. A literatura em cena. *Gazeta do Povo*, Curitiba, O1 dez. 2002, Caderno G,p.3.

________. Anseios um tanto crípticos. *Gazeta do Povo*, Curitiba, 12 abro 2001, Caderno G, p.1.

O suicídio da vanguarda. *Folha de Londrina*, 05 ago. 1973. Caderno 3, p. 1.

O último livro de Paulo Leminski. *Gazeta do Povo*, Curitiba, 09 out. 2001, Caderno G, p.3.

PALKA, A. L. Retrospectiva Leminski chega à São Paulo. *O Estado do Paraná*, 13 maio 1990, p. 13.

PAULO Leminski. *Gazeta do Povo*, Curitiba, 06 jun. 1999, Caderno G, p. 1.

PAULO Leminski dez anos depois. *O Estado do Paraná*, 06 jun. 1999.

PAULO Leminski. *Jornal do Estado*, 28 ago. 2000.

PERIN, A. O poeta e suas mulheres. *Gazeta do Povo*, Curitiba, 06 jun. 1999, Caderno G,p.7.

PERHAPPINESS. *Cult*, p. 5, novo 2002.

PERHAPINESS 99: 10 anos Paulo Leminski (1944-1989). [S.l.: s.n.], 13-29 ago. 1999. 1 cartaz: color.

PERIN, A. Para conhecer a obra de Paulo Leminski. *Gazeta do Povo*, Curitiba, 24. ago. 1999, Caderno G.

PESSOA, C. A. Um poema do Paulo. *Gazeta do Povo*, Curitiba, 03 ago. 2000.

PÔSTER-POEMA: homenagem do Caderno 2 da Folha de Londrina a Paulo Leminski (1944-1989). *Folha de Londrina*, 09 jun. 1989, Caderno 2, p. 30.

REVISTA faz dossiê sobre escritor. *Jornal do Estado*, 24 ago. 1999, p. d3.

RIBEIRO, A. Peça se inspira na obra do poeta curitibano. *Jornal do Estado*, 24 ago.1999, p. d3.

RUIZ, A. Ao aniversário de morte um convite à vida. *O Estado do Paraná*, 06 jun. 1999, Almanaque, p. 3.

ROCHA, F. As cartas e o poeta. *Bravo!*, p. 40-44, ago. 1999.

SANCHES NETO, M. Poeta da sensibilidade adolescente. *Gazeta do Povo*, Curitiba, 07 jun. 1999, Caderno G, p. 8.

SANTIAGO, S. O biógrafo, a cidade e um fantasma. *O Globo*, Rio de Janeiro, 01 set. 2001.

SANTOS, M. R. dos. Wilson Martins, um profissional da leitura. *Top Magazine*, p. 10-13, 10 abro 1999.

SCHLEDER, E. Há 20 anos, verdura amadurecia no eixo. *Gazeta do Povo*, Curitiba, 19 ago. 2001, Caderno G, p. 12.

Paulo Leminski, uma saga polaco-afro-zen-tupiniquim. *Cult*, p. 18-20, jan. 2002.

SLOWIK, H. Polêmicas e irreverência. *Gazeta do* Povo, Curitiba, 06 jun. 1999, Caderno G, p. 6.

UM Perhappiness multimídia. *Jornal do Estado*, 8 ago. 1999, p. 1.

VÍTOLA, P.; MARCHESINI, C. Leminski é cada vez mais. *O Estado do Paraná*, 22 ago. 1999, Almanaque, p. 3.

XAVIER, V. Contos e alguma crítica. *Gazeta do Povo*, Curitiba, 06 jul. 1999, Caderno G,p.8.

ZIBORDI, M. Leminski prazer em conhecer. *Gazeta do Povo*, Curitiba, 29 jun. 2001, Caderno G, p. 1.

c) *Fontes eletrônicas* online

BONVICINO, R. Com quantos paus se faz um Catatau. Disponível em: http://www.uol.com.br Acesso em: 14 fev. 2003.

CARRASCO, L. O enigma Catatau, a obra prima de Paulo Leminski. Disponível em: Ekklesia. Acesso em: 14 fev. 2003.

GARSCHAGEN, B. Vertigem. Disponível em: Blog spot. Acesso em: 14 fev. 2003.

LEMINSKI, P. Catatau. Disponível em: http://www.leminski.hpg.ig.com.br/catesp.htm Acesso em: 14 fev. 2003.

SALVINO, R. V. Catatau - as meditações da incerteza. Endereço não disponível. Acesso em: 14 fev. 2003.

TOLEDO, P. de. Catatau no ar. Disponível em: Kamiquase. Acesso em: 14 fev. 2003.

TOLENTINHO, O. Prosa de invenção no Brasil. Endereço não disponível. Acesso em: 14 fev. 2003.

d) Acervo da Casa da Memória

COUTINHO, W. Um ímã de modernidade. *Jornal do Brasil*, 09 jun. 1989, não Paginado.

FALTAM edições da obra de Leminski. *Gazeta do Povo*, Curitiba, 20 jun. 1989, p. 4.

HILÁRIO, P. Antes tarde do que nunca. *Gazeta do Povo*, Curitiba, Curitiba, 04 jul. 1989.

KLENK, L. A. E vem aí um livro de poemas. O *Estado do Paraná*, 26 jan. 1986, Almanaque, não paginado.

LEMINSKI, P. A central elétrica: projeto para texto em progresso. *Pólo Cultural*, 15 jun. 1978.

________. A inteligência provinciana. *Pólo Cultural*, 30 mar. 1978.

________. As mil e uma (in)utilidades da poesia. *Pólo Cultural*, 13 jul. 1978.

LEMINSKI, P. *Descartes com* lentes. Curitiba: Ócios do Oficio, 1993. 30 p. (Buquinista - Prosa experimental, 1).

________. Do mundo para o Bigorrilho. *O Estado do Paraná*, 28 mar. 1976.

________. Literatura e classes sociais. *Pólo Cultural*, 11 maio 1978.

________. *O templo de Dario*: um poema de pé, um poema de pedra [S.l.: s.n.], 1978. Não paginado. (Doação do fotógrafo Dico Kremer).

LEMINSKI, P. Ready made: retrato da foto quando poesia. *Pólo Cultural*, 21 set. 1978.

________. Régis Hotel: começando por cima. *Pólo Cultural*, 18 maio 1978.

________. Riverão e Sussuarana na terra do texto. *Pólo Cultural*, 22 jun. 1978.

________. Significado do símbolo. Pólo Cultural, 07 set. 1978.

________. X poetas & uma geração possível a partir de uma idéia de Régis Bonvicino curtida com Alice e Caetano. *Pólo Cultural*, 12 out. 1978.

NAPOLITANO, M. Um lírico no auge do capitalismo. *Gazeta do Povo*, Curitiba, Curitiba, 27 maio 1996, Caderno G, p. 2.

NICOLATO, R. Poeta provisório permanente. *Gazeta do Povo*, Curitiba, Curitiba, 21 novo 2000, Caderno G, p. 6.

O LIVRO de poemas do Paulo Leminski tá no papel. *Diário Popular*, 13 jun. 1980, não paginado.

PERHAPPINESS. *Leia*, n. 129, não paginado, 1989.

SAMWAYS, M. B. *Introdução à literatura paranaense*. Curitiba: HDV Livros, 1988. p.123-124.

UM Rimbaud curitibano. *Jornal do Brasil*, 09 jun. 1989, não paginado

VILLELA IR, J. Brilha Leminski. Brilha. *Correio de Notícias*, 04 dez. 1986, não paginado.

BIBLIOGRAFIA GERAL

ABREU, M. (org.). *Leitura, história e história da leitura*. Campinas, São Paulo: Mercado das Letras: Associação de Leitura do Brasil; São Paulo: FAPESP, 1999.640 p. (Coleção Histórias de Leitura).

Alice Ruiz. Curitiba: Scientia et Labor, 1988.48 p. (Série Paranaenses, n. 3).

ALTHUSSER, L. *O futuro dura muito tempo, seguido de Os Fatos*: autobiografias. Organização e apresentação de Olivier Corpet e Yann Moulier Boutang; tradução de Rosa Freire D'Aguiar. São Paulo: Companhia das Letras, 1992.316 p.

ANDERSON, C. G. *James Joyce*. Tradução de Eduardo Francisco Alves. Rio de Janeiro: Jorge Zahar Editor, 1989. 147 p. (Vidas literárias).

ARAÚJO, A. de *Paulo Leminski*: o discípulo zen de Bashô. Curitiba, 1996. 37 f. Monografia (Especialização em Literatura Brasileira e Língua Portuguesa) - CEPPE, Sociedade Educacional Tuiuti.

ARAÚJO, I. L. *Foucault e a crítica do sujeito*. Curitiba: Ed. da UFPR, 2000. 220 p. (Pesquisa; n.44).

BAKHTIN, M. *A cultura popular na Idade Média e no renascimento*: o contexto de François Rabelais. São Paulo: HUCITEC, 1987. p. l-50.

BARRETO, L. *O homem que sabia javanês e outros contos*. Introdução de Myriam de Filippis. Edição integral. Curitiba: Pólo Editoral do Paraná, n. 5, 1997. 100 p.

BARROS, D. P. de; FIORIN, J. L. (orgs.). *Dialogismo, polifonia, intertextualidade*: em tomo de Bakhtin Mikhail. São Paulo: EDUSP, 1994. 82 p. (Ensaios de Cultura, 7).

BARTHES, R. *Sobre Racine*. Tradução de Antonio Carlos Viana Porto Alegre: L&PM, 1987. 160 p.

BASHO, M. *Trilha estreita* ao confim. Tradução de Kimi Takenaka e Alberto Marsicano. São Paulo: Iluminuras, 1997. 95 p.

BEAUVOIR, S. de. *A cerimônia do adeus, seguido de entrevistas com Jean-Paul Sartre (agosto-setembro 1974)*. Tradução de Rita Braga. 4. ed. Rio de Janeiro: Nova Fronteira, 1982. 604 p.

BENJAMIN, W. *Charles Baudelaire*: um lírico no auge do capitalismo. Tradução de José Martins Barbosa e Hemerson Alves Baptista. 1. ed. São Paulo: Brasiliense, 1989. 272 p. (Obras escolhidas; v. 3).

BERTIN, C. *A última Bonaparte*. Tradução de Rachel Meneguello. São Paulo: Paz e Terra, 1989.415 p.

BOURDIEU, P. A conquista da autonomia: a fase crítica da emergência do campo. In: *As regras da arte: gênese e estrutura do campo literário*. Tradução de Maria Lucia Machado. São Paulo: Companhia das Letras, 1996. p. 63-110.

________. Como ler um autor? In: Meditações pascalianas. Tradução de Sergio Miceli. Rio de Janeiro: Bertrand Brasil, 2001. p. 103-111.

________. La logique des champs. In: *Réponses*. Paris: Seuil, 1992.71-89.

________. O campo intelectual: um mundo à parte. In: *Coisas ditas*. Tradução de Cássia R. da Silveira e Denise Moreno Pegorim; revisão técnica de Paula Montero. São Paulo: Brasiliense, 1990. p. 169-180.

________. Por uma ciência das obras. In: *Razões práticas sobre a teoria da ação*. Tradução de Mariza Corrêa. Campinas: Papiros, 1997. p. 53-89.

BRAIT, B. *A personagem*. 4. ed. São Paulo: Editora Ática, 1990. n. p. (Princípios; v. 3).

BURKE, P. *A escrita da história: novas perspectivas*. Tradução de Magda Lopes São Paulo: Editora UNESP, 1992.356 p. (Biblioteca básica).

________. e PORTER, R. (org.). *História social da* linguagem. Tradução de Alvaro Hattnher. São Paulo: Fundação Editora da UNESP, 1997.266 p. (UNESP/ Cambridge).

BURMESTER, A. M. de O. *A (des)construção do discurso histórico*: a historiografia brasileira dos anos 70. 2. ed. Curitiba: Aos Quatro Ventos, 1998. 144 p .

________. Musil e a kakânia: as ironias da modernidade. In: PAZ, F. M. (org.).; HARDMAN, F. F. [et a1.]. *Utopia e modernidade*. Curitiba: Ed. da UFPR, 1994. p. 95-109. (Pesquisa; n. 12).

CALVET, L. *Roland Barthes: uma biografia*. Tradução de Maria Ângela da Costa. São Paulo: Siciliano, 1993. 298 p.

CAMPBELL, J. *O herói de mil faces*. Tradução de Adail Ubirajara Sobral. 10. ed. São Paulo: CultrixlPensamento, 1997.414 p.

CAMUS, A. *Le premier homme*. [S.1.]: Éditions Gallimard, 1994. Cahiers Albert Camus,7.

CANETTI, E. *A língua absolvida*: história de uma juventude. Tradução de Kurt Jahn. São Paulo: Companhia das Letras, 1987.309 p.

________. O oficio do poeta: discurso proferido em Munique, em 1976. In: *A consciência das palavras*. São Paulo: Companhia das Letras. p. 275-286.

CARDOSO, C. F. S. *Narrativa, sentido, história*. Campinas, SP: Papirus, 1997. 272 p. (Coleção Textos do Tempo).

CARVALHO, T. [Maria Aparecida Oliveira de Carvalho]. *O Catatau* de Paulo *Leminski*: (des)coordenadas cartesianas. 1. ed. São Paulo: Cone Sul, 2000. 128 p.

CASSADY, N. *O primeiro terço*. Tradução de Mauro Sá Rego Costa. Porto Alegre: L&PM, 2001. 248 p. (Coleção L&PM Pocket).

CASTELLO. J. *Fantasma*. Rio de Janeiro: Record, 2001. 382 p.

CERTEAU, M. de. *A invenção do cotidiano*: 1. artes de fazer. Tradução de Ephraim Ferreira Alves. Petrópolis, RJ: Vozes, 1994.352 p .

________. *A invenção do cotidiano*: 2. morar, cozinhar. Tradução de Ephraim F. Alves e Lúcia Endlich Orth. Petrópolis, RJ: Vozes, 1996.372 p.

CHADWICK, W. e COURTIVRON, I. de (org.). *Amor & arte*: duplas amorosas e criatividade artística. Tradução de Ana Luísa Borges. Rio de Janeiro: Jorge Zahar Editor, 1995.228 p.

CHARTIER, R. Textos, impressos e leituras. In: *A história cultural*: entre práticas e representações. Lisboa: Difel, 1985. p. 121-140.

CHAUVEAU, A. *Questões para* a história do *presente*. Tradução de IIka Stem Cohen. Bauru, SP: EDUSC, 1999. 132 p. (Coleção história).

CITATI, P. *Goethe*. Tradução de Rosa Freire d'Aguiar. São Paulo: Companhia das Letras, 1996. 507 p.

CLARK, K. *Mikhail Bakhtin*. Tradução de J. Guinsburg. São Paulo: Perspectiva, 1998. 381 p. (Perspectiva).

DAL BELLO, J. A. Drama histórico: leitura metateatral de Brecht a Dorst. São Paulo: USP, 1997. (tese de Doutorado).

DARNTON, R. *Edição e sedição*: o universo da literatura clandestina no século XVIII. Tradução de Myriam Campello. São Paulo: Companhia das Letras, 1992. 260 p.

________. *O grande massacre dos gatos e outros episódios da história cultural francesa.* Revisão técnica de Ciro Flamarion Cardoso. Tradução de Sônia Coutinho. 2. ed. 3. reimp. Rio de Janeiro: Graal, 1986.364 p. (Biblioteca de história, 13).

DELEFOSSE, M. S. Temporalité psychique dans l'écriture de l'histoire de vie. In: *Le langage et l'homme*: Revue de L'Institut Libre Marie Haps. De Boeck Université, v. XXXII, n. 2-3, p. 91-98, septembre 1997.

DEMARCHI, A. *Passagens*: antologia de poetas contemporâneos do Paraná. [et. d.] seleção de textos de Ademir Demarchi. Curitiba: Imprensa Oficial do Paraná, 2002. 428 p.

DERRIDA, J. *Salvo o nome*. Tradução de Nícia Adan Bonatti. Campinas, SP: Papirus, 1995.80 p.

DESCARTES, R. *Discurso do método*: regras para a direção do espírito. Tradução de Pietro Nassetti. São Paulo: Martin Claret, 2000. 144 p. (A obra prima de cada autor, 45).

DOSSE, F. *A história à prova do tempo*: da história em migalhas ao resgate do sentido. Tradução de Ivone Castilho Benedetti. São Paulo: Editora UNESP, 2001. 322 p.

________. *A história em migalhas*: dos "Annales" à "Nova História". Tradução de Dulce da Silva Ramos; prefácio de Elias Thomé Saliba. 2. reimp. Campinas, São Paulo: Ensaio; Campinas, SP: Editora da UNICAMP, 1992.268 p.

DUBY, G. Heloísa. *Isolda e outras damas no século XII*: uma investigação. Tradução de Paulo Neves. São Paulo: Companhia das Letras, 1995. 126 p.

________ e ARIÈS, P. *História da vida privada*: da Revolução Francesa à Primeira Guerra, v.4, São Paulo: Companhia das Letras, 1991. 637 p.

ECO, U. *Seis passeios pelos bosques da ficção*. Tradução de Hildegard Feist. 3. reimp. São Paulo: Companhia das Letras, 1994. 158 p.

ELIOT, T.S. e BAUDELAIRE, C. *Poesia em tempo de prosa*. Tradução de Lawrence Flores Pereira; organização de Kathrin H. Rosenfield. São Paulo: Iluminuras, 1996. 222 p.

ELMANN, R. Freud et la biographie littéraire. In: *Diogene*: La biographie. Gallimard, n. 139, 73-88, revue trimestrielle, 1987.

FOUCAULT, M. *As palavras e as coisas*: uma arqueologia das ciências humanas. Tradução de Salma Tannus MuchaiI. 8. ed. São Paulo: Martins Fontes, 1999. 542 p. (Tópicos).

______ *Resumo dos cursos do College de France* (1970-1982). Tradução de Andréa Daher. Rio de Janeiro: Jorge Zahar Editor, 1997. 136 p.

FRANCIS, C. e GONTIER, F. *Simone de Beauvoir*. Tradução de Oswaldo Barreto e Silva. Rio de Janeiro: Editora Guanabara, 1986. 528 p.

GAGNEBIN, J. M. *História e narração em Walter Benjamin*. São Paulo: Perspectiva: FAPESP: Campinas, SP: Editora da Universidade Estadual de Campinas, 1994. 132 p. (Estudos: 142).

________. *Sete aulas sobre linguagem, memória e história*. Rio de Janeiro: Imago Ed., 1997. 192 p.

GARCÍA LORCA, F. *Obra poética completa*. Apresentação de Ático Vilas-Boas da Mota; tradução de William Agel de Mello. 3. ed. São Paulo: Martins Fontes, 1996.739 p.

GIMENEZ, I. C. S.; FUTAGAMI, N. B. (org.). *Coletânea de contos* premiados: concurso de contos Paulo Leminski. Cascavel: EDUNIOESTE, 1997. 160 p.

HARDMAN, F. F. [et aI. l. *Utopia e modernidade*. Organização de Francisco Moraes Paes. Curitiba: Ed. da UFPR, 1994.245 p. (Pesquisa, 12).

HELLER, A. *O cotidiano e a história*. Tradução de Carlos Nelson Coutinho e Leandro Konder. 6. ed. São Paulo: Paz e Terra, 2000. 124 p. (Interpretações da história do homem; V. 2).

IANNACE, R. *A leitora Clarice*. São Paulo: Editora da Universidade de São Paulo, 2001. 223 p. (Ensaios de cultura; 18).

JOYCE, J. *Finnicius Revém*: (livro I). Introdução, versão, notas de Donaldo Schüler;desenhos de Lena Bergstein. Porto Alegre: Ateliê Editorial/Casa de Cultura Guimarães Rosa 1999. 142 p.

________. *Giacomo Joyce*. Tradução, introdução e notas de José Antonio Arantes. SãoPaulo: Iluminuras, 1999.96 p .

________. *Pomas, um tostão cada e outros poemas*. Tradução e introdução de Alípio Correia de Franca Neto. São Paulo: Iluminuras, 2001. 144 p.

________. *Retrato do artista quando jovem*. Tradução de Geraldo Vieira. 4. ed. Rio de Janeiro: Civilização Brasileir~ 1998.288 p.

________. *Ulisses*. Tradução de Antonio Houaiss. 12. ed. Rio de Janeiro: Civilização Brasileira 2000.960 p.

KEROUAC, J. *O livro dos sonhos*. Tradução de Milton Persson. Porto Alegre: L&PM, 2001.272 p. (Coleção L&PM Pocket).

KUSCHEL, K. *Os escritores e as escrituras*: retratos teológico-literários. Tradução de Paulo Astor Soethe (cap. I, V, VI), Mauricio Cardoso (cap. IH), Elvira Horstmeyer (cap. II), Ana Lúcia Welters (cap. IV). São Paulo: Edições Loyola, 1999.232 p.

LAGARDE, A.; MICHARD, L. *Moyen age*: les grands auteurs français du programme. Paris: Bordas, 1970.256 p. (Lagarde & Michard, v. 1).

________. *XVI siècie*: les grands auteurs français du programme. Paris: Bordas, 1968. 256 p. (Lagarde & Michard, v. 2).

________. *XVHle siècie*: les grands auteurs français du programme. Paris: Bordas, 1967.416 p. (Lagarde & Michard, v. 4).

LAJOLO, M. e ZILBERMAN, R. *O preço da leitura*: leis e números por detrás das letras. 1. reimp. São Paulo: Ática. 200 p. (Temas; v. 76).

LARROSA, J. *Pedagogia profana: danças, piruetas e mascaradas*. Tradução de Alfredo Veiga Neto. 3. ed. Belo Horizonte: Autêntica, 2000. 208 p.

LEHMANN, J. *Virginia Woolf*. Tradução de Isabel do Prado; revisão de Maria Luiza Heilborn. Rio de janeiro: Jorge Zahar Editor, 1989. 131 p. (Vidas literárias).

LE GOFF, J. *História e* memória. Tradução de Bernardo Leitão [et al.]. 4. ed. Campinas, SP: Editora da UNICAMP, 1996.554 p. (Repertórios).

LEMINSKl, P. *Melhores poemas de Paulo Leminski.* Seleção de Fred Góes e Alvaro Marins. São Paulo: Global, 1996.220 p. (Os melhores poemas, 33).

________. Sintonia para pressa e presságio. In: MORICONI, I. (org.). *Os cem melhores poemas brasileiros do século.* Rio de Janeiro: Objetiva, 2001. p. 279.

LOREDANO, C. *Alfabeto literário.* [S. 1.]: Capivara, 2002. 262 p.

MALLARMÉ, S. *Poemas.* Tradução e notas de José Lino Grünewald. 2. impressão. Rio de Janeiro: Nova Fronteira, 1990. 144 p.

MALCOLM, J. *A mulher calada*: Sylvia Plath, Ted Hughes e os limites da biografia. Tradução de Sergio Flaksman. São Paulo: Companhia das letras, 1995. 220 p.

MANGUEL, A. *Uma história da leitura.* Tradução de Pedro Maia Soares. São Paulo: Companhia das Letras, 1997. 406 p.

MATTOS, I. R. de. (org.). *Ler e escrever para contar*: documentação, historiografia e formação do historiador. Rio de Janeiro: Access, 1998. 282 p.

MAUROIS, A. *Em busca de Marcel Proust.* Tradução de Leonardo Fróes; prefácio de Jean Dutourd. São Paulo: Siciliano, 1995.289 p.

________. *Monteiro Lobato*: a arte e a técnica de editar. In: PAZ, F. M. (org.); HARDMAN, F. F. [et aL]. Utopia e modernidade. Curitiba: Ed. da UFPR, 1994. p. 139-161. (Pesquisa; n. 12).

MORAIS, F. *Chatô*: o rei do Brasil, a vida de Assis Chateuabriand. São Paulo:Companhia das Letras, 1994. 736 p.

NOVAES, A. (org.). *Tempo e história.* 2. reimp. São Paulo: Companhia das Letras: Secretaria Municipal da Cultura, 1992. 478 p.

OLIVEIRA, F. M. de. Paixão do rigor, jogos do acaso. In: *Revista Letras*, p. 59-73, Jul/dez. 2000.

ORLANDI, E. P. (org.) [et al.]. *Gestos de leitura*: da história no discurso. Tradução de Bethania S. C. Mariani [et al.]. Campinas, SP: Editora da UNICAMP, 1994. 278 p. (Repertórios).

OUTEIRAL, J. e MOURA, L. *Paixão e criatividade*: estudos psicanalíticos sobre Frida Khalo, Camille Claudel e Coco Chanel. Rio de Janeiro: Revinter, 2002. 163 p.

PETRÔNIO. *Satiricon.* Tradução de Alex Marins. São Paulo: Martin Claret, 2001. 176 p. (A obra prima de cada autor, 81).

PESSOA, F. *O eu profundo e os outros eus*: seleção poética. 4. ed. Rio de Janeiro, 1975.287 p.

POE, E. A. *Histórias extraordinárias.* Tradução de Pietro Nassetti. São Paulo: Martin Claret, 2001. 158 p. (A obra prima de cada autor, 32).

REVEL, J. (org.). *Jogos de escalas*: a experiência da microanálise. Tradução de Dora Rocha. 1. ed. Rio de Janeiro: Editora Fundação Getúlio Vargas, 1998.264 p.

RICOEUR, P. *Histoire et verité.* In: HANSEN, L. (org.). Philosophie terminale. Paris: Hatier, 1995. p. 175 .

________. *Tempo* e narrativa: tomo I. Tradução de Constança Marcondes Cesar. Campinas, SP: Papirus, 1994. 328 p.

RIMBAUD, A. *Iluminuras*: gravuras coloridas. Tradução, notas e ensaio de Rodrigo Garcia Lopes e Maurício Arruda Mendonça. Ed. bilingüe. São Paulo: Iluminuras, 1994. 174 p.

RUIZ S, A. *Desorientais*: hai-kais. São Paulo: Iluminuras, 1996. 126 p.

SAFRANSKI, R. *Heidegger*: um mestre da Alemanha entre o bem e o mal. Tradução de Lya Lett Luft. São Paulo: Geração Editorial, 2000.518 p.

SAVARY, O. *Haikais de bashô*. São Paulo: Editora Hucitec, 1989.82 p.SCHNAIDERMAN, B; CAMPOS, A. de; CAMPOS, H. de. *Maiakóvski - Poemas*. 6. ed. São Paulo: Perspectiva, 1997. 171 p. (Signos, n. 10).

________. Em tomo de um romance enjeitado. *Revista USP*, p. 107-112, p. 99, set./nov. 1989.

SELIGMANN-SILVA, M. *Ler o livro do mundo*: Walter Benjamin: romantismo e critica literária. São Paulo: Iluminuras: FAPESP, 1999. 250 p.

VEYNE, P. *Como se escreve a história*: Foucault revoluciona a história. Tradução de Alda Baltar e Maria Auxiliadora Kneipp. 3. ed. Brasília: Editora da Universidade de Brasília, 1982, 1992, 1995.202 p.

WHITE, H. *Meta-história*: a imaginação histórica do século XIX. Tradução de José Laurêncio de Melo. 2. ed. São Paulo: Editora da EDUSP, 1995.456 p. (Ponta; v. 4).

WHITMAN, W. *Folha das folhas* de relva. Seleção e tradução de Geir Campos e introdução de Paulo Leminski. 1. ed. São Paulo: Brasiliense, 1983. 144 p.

ZAMBRANO, M. *O homem e* o divino. Tradução de Cristina Rodrigues e Artur Guerra. [S.l.]: Relógio d'água Editores, 1995.358 p.

Este livro foi composto com tipografia
Pliego e impresso em papel Pólen Bold 90g/
m² no verão de 2024.